编委会

主　任：杨正权

副主任：沈向兴　陈光俊　侯　胜　陈利君　黄小军

委　员：（按姓氏笔画排序）

　　　　马　勇　王育谦　邓　蓝　石高峰　任仕暄　刘　婷　杜　娟

　　　　李吉星　杨　品　杨正权　吴　莹　余海秋　沈向兴　陈光俊

　　　　陈利君　陈晓未　和红梅　侯　胜　黄小军　萧霁虹　韩　博

　　　　雷著宁　熊顺清

编　辑：刘　婷　尤功胜　郑可君　秦会朵

云南省社会科学院
中国(昆明)南亚东南亚研究院 编

云南蓝皮书

云南农村发展报告

(2021—2022)

主　编　陈晓未
副主编　颜晓飞

云南出版集团
云南人民出版社

图书在版编目（CIP）数据

云南农村发展报告. 2021-2022 / 陈晓未主编. --昆明：云南人民出版社，2021.12
（云南蓝皮书）
ISBN 978-7-222-20770-7

Ⅰ．①云… Ⅱ．①陈… Ⅲ．①农村经济发展－研究报告－云南－2021-2022 Ⅳ．①F327.74

中国版本图书馆CIP数据核字(2022)第000435号

云南蓝皮书
云南农村发展报告（2021—2022）
YUNNAN LANPISHU
YUNNAN NONGCUN FAZHAN BAOGAO（2021—2022）

责任编辑：熊 凌　责任校对：刘 娟　责任印制：马文杰
封面设计：美嘉美　版式设计：马 滨

出版	云南出版集团 云南人民出版社	印张	18.5
		字数	270千
发行	云南人民出版社	版次	2021年12月第1版
地址	昆明市环城西路609号	印次	2021年12月第1次印刷
邮编	650034	印刷	云南美嘉美印刷包装有限公司
网址	www.ynpph.com.cn	书号	ISBN 978-7-222-20770-7
E-mail	ynrms@sina.com	定价	68.00元
开本	787mm×1092mm　1/16		

如有图书质量及相关问题请与我社联系：
审校部电话：0871-64164626　印制科电话：0871-64191534

目录

▶ **主题报告**
全面推进云南农业农村现代化………赵德文　陈晓未　付晴岚（002）

▶ **专题报告**
综合测算农业农村现代化水平……………………………谭　政（036）
着力构建高质量现代农业产业体系…………………………宋　媛（061）
全力推进农业农村绿色发展…………………………………胡　晶（086）
积极完善新型农业经营体系………………………………张体伟（109）
切实增强粮食安全保障能力………………………………颜晓飞（130）
持续强化农业种质保障能力……………………………陈良正等（154）
加快提升农业物质装备水平………………………………王献霞（172）
积极发展新型农村集体经济………………………付晴岚　付晞然（194）
持续提升农村基本公共服务水平…………………………陈亚山（212）
努力提高乡村治理能力……………………………………崔江红（236）
全面加强乡村文化建设……………………………………张源洁（257）

参考文献 …………………………………………………………（277）

主题报告

全面推进云南农业农村现代化

赵德文　陈晓未　付晴岚

观点概要

习近平总书记强调,"没有农业农村现代化,就没有整个国家现代化"。农业农村现代化进程,直接关系到社会主义现代化目标的进度和质量成色。全面建设社会主义现代化国家,重头在"三农",基础和潜力也在"三农"。习近平总书记强调,农业农村现代化,是国家现代化整体进程的重要组成部分,是新时代"三农"工作的总目标,是乡村振兴的重中之重,决定着我国社会主义现代化建设的成色质量。

推进农业农村现代化是全面建设社会主义现代化国家的重大任务,是解决发展不平衡不充分问题的重要举措,是推动农业农村高质量发展的必然选择。党的十九大报告清晰擘画了全面建成社会主义现代化强国的时间表、路线图。在2020年全面建成小康社会,实现第一个百年奋斗目标的基础上,再奋斗15年,到2035年基本实现社会主义现代化。从2035年到本世纪中叶,在基本实现现代化的基础上,再奋斗15年,把我国建成富强民主文明和谐美丽的社会主义现代化强国。"农业强、农村美、农民富"既是乡村振兴的重要标志,也是实现农业农村现代化的目标值;"农业高质高效、乡村宜居宜业、农民富裕富足"是基本实现农业农村现代化的目标值。

《云南农业农村现代化发展报告》由主题报告和11个专题报告构成,主题报告详尽分析云南农业农村现代化基础,发现云南推进农业农村现代化的困难和问题，提出云南农业农村现代化的实现路径。专题报告分别针对农业农村现代化进度、产业体系、绿色发展、经营体系、粮食安全、种业振兴、农业物质装备、农村集体经济、基本公共服务、乡村治理、农村文化等进行深度分析，为实现云南由农业大省向农业强省转变、实现高质量跨越式发展提供重要支撑，促进云南实现农业高质高效、乡村宜居宜业、农民富裕富足。

为了确保云南到2035年与全国同步基本实现农业农村现代化，一是采取分阶段分类协同推进的方式，力争用15年左右的时间完成由农业大省向农业强省的转变；二是结合2035年目标设定，通过提升农业竞争力，提高农村发展质量，补齐农业农村现代化"短板"；三是聚焦重点领域，在产业体系、科技支撑、绿色发展、城乡融合等方面，提供长期有效的制度供给。

一、农业农村现代化的内涵

加快农业农村现代化是在全面建设社会主义现代化国家新阶段，对"三农"工作的重大部署，是对农业现代化的重要补充，是根据新时代"三农"工作面临的新情况、新矛盾，按照新发展理念的要求做出的重大调整，其内涵更加丰富全面。为了准确把握农业农村现代化的发展水平，了解农业农村现代化进程中的弱项与薄弱环节，有必要进一步明确农业农村现代化的内涵及特征。

2017年10月，习近平总书记在党的十九大报告中指出："要坚持农业农村优先发展，按照产业兴旺、生态宜居、乡风文明、治理有效、生活富裕的总要求，建立健全城乡融合发展体制机制和政策体系，加快推进农业农村现代化。""农业农村现代化"首次被提出，具有极其丰富的内涵，既体现了"五位一体"总体布局的内容，又涵盖了农业、农村和农民的现代化。农业农村现代化是实施乡村振兴战略的总目标，实施乡村振兴战略的最终目的就是加快推进农业农村现代化。"产业兴旺、生态宜居、乡风文明、治理有效、生活富裕"是乡村振兴战略的总要求,是"五位一体"总布局在农业农村领域的具体体现,也是农业农村现代化的基本特征。同时,乡村振兴离不开城乡融合发展体制机制和政策体系,为推进农业农村现代化提供支撑和保障。产业兴旺是对农业现代化的高度概括,生态宜居、乡风文明和治理有效构成了刻画农村现代化的三个维度,生活富裕是农业农村现代化的最终目标,把农民对美好生活的向往变成现实。产业兴旺是重点,必须通过构建现代农业产业体系、生产体系、经营体系,培育农村新产业、新业态,以绿色发展方式提供有竞争力的高品质的农产品,促进农村一二三产业融合发展。生态宜居是关键,尊重自然、顺应自然、保护自然,通过绿色发展与农村环境治理,实现经济发展与环境优美的高度统一。乡风文明是保障,培育与现代化相适应的包括文明乡风、良好家风、淳朴民风在内的乡村社会文明氛围。治理有效是基础,创新农村社会治理方式,走自治、法治、德治相结合的道路,建立与现代化进程相适应的乡村社会治理体系。生活富裕是根本,现代化提升人们的生活质量,让更多的人分享现代化的成果,消除贫困和不平等。体制机制是支撑,农业农村现代化进程中,始终贯穿着制度建设,现代化的体制机制既是农业农村现代化的支撑,又是农业农村现代化的重要特征。

党的十九届五中全会提出,坚持把解决好"三农"问题作为全党工作重中之重,走中国特色社会主义乡村振兴道路,全面实施乡村振兴战略,强化以工补农、以城带乡,推动形成工农互促、城乡互补、协调发展、共同繁荣的新型工农城乡关系,加快农业农村现代化。2021年2月21日,《中共中央、国务院关于全面推进乡村振兴加快农业农村现代化的意见》(以下简称《意见》)发布。《意见》特别强调要"坚持农业现代化与农村现代化一体设计、一并推进",明确指出"要坚持把解决好'三农'问题作为全党工作重中之重,把全面推进乡村振兴作为实现中华民族伟大复兴的一项重大任务,举全党全社会之力加快农业农村现代化,让广大农民过上更加美好的生活"。《意见》明确了到2025年的目标任务:农业农村现代化取得重要进展，农业基础设施现代化迈上新台阶，农村生活设施便利化初步实现，城乡基本公共服务均等化水平明显提高。农业基础更加稳固，粮食和重要农产品供应保障更加有力，农业生产结构和区域布局明显优化，农业质量效益和竞争力明显提升，现代乡村产业体系基本形成，有条件的地区率先基本实现农业现代化。脱贫攻坚成果巩固拓展，城乡居民收入差距持续缩小。农村生产生活方式绿色转型取得积极进展，化肥农药使用量持续减少，农村生态环境得到明显改善。乡村建设行动取得明显成效，乡村面貌发生显著变化，乡村发展活力充分激发，乡村文明程度得到新提升，农村发展安全保障更加有力，农民获得感、幸福感、安全感明显提高。

综上，课题组对农业农村现代化内涵进行甄别，并在专题报告一中构建了农业农村现代化指标体系。课题组认为：农业现代化主要包括产业体系、生产体系、经营体系、支持体系等几个方面，最终服务于农业高质高效发展；农村现代化则内涵更为丰富，重点聚焦基础设施、公共服务、农村环境、农民生活等方面，服务于农村宜居宜业和农民富裕富足；最终，农民农村共同富裕是农业农村现代化的核心目标。

二、主要举措

自党的十九大以来，云南全省上下认真贯彻落实习近平总书记关于"三农"工作的重要论述和指示精神，把解决好"三农"问题作为全省工作重中之重，全面部署实施乡村振兴战略，不断强化以工补农、以城带乡，投入更多的资源和力量优先发展农业农村，确保在现代化进程中农业农村不掉队，实现新型工业化、信息化、城镇化、农业现代化同步发展。

2017年以来，云南先后出台了《中共云南省委、云南省人民政府关于贯彻乡村振兴战略的实施意见》（以下简称《意见》）、《中共云南省委、云南省人民政府关于坚持农业农村优先发展做好"三农"工作的实施意见》、《中共云南省委、云南省人民政府关于抓好"三农"领域重点工作确保如期实现全面小康的实施意见》、《中共云南省委、云南省人民政府关于全面推进乡村振兴加快农业农村现代化的实施意见》（以下简称《实施意见》）等。以《意见》和《实施意见》为基础，云南在农业农村现代化方面提出了一系列新的发展重点及全新的发展举措，对"十四五"时期及今后一个时期云南农业农村现代化发展具有重要的指导意义。《实施意见》明确提出到2025年，农业农村现代化取得重要进展，农业基础设施现代化迈上新台阶，农村生活设施便利化初步实现，城乡基本公共服务均等化水平明显提高。乡村建设行动取得明显成效，乡村面貌发生显著变化，乡村发展活力充分激发，乡村文明程度得到新提升，农村发展安全保障更加有力，农民获得感、幸福感、安全感明显提高。《实施意见》主要有下列亮点。

1. 实现巩固拓展脱贫攻坚成果同乡村振兴有效衔接

《实施意见》要求巩固拓展脱贫攻坚成果，实现与乡村振兴有效衔接，坚决守住不发生规模性返贫底线，并提出了4条具体政策措施：一是对摆脱贫困的县，从脱贫之日起设立5年过渡期，过渡期内保持现有主要帮扶政策总体稳定；二是持续巩固拓展脱贫攻坚成果；三是接续推进脱贫地区乡村振兴，集中支持一批乡村振兴重点帮扶县建设，实施脱贫村提升行动，坚持和完善东西部协作和对口支援、定点帮扶、选派驻村干部、社会力量参与帮扶等机制；四是建立健全农村低收入人口常态化帮扶机制，加强农村低收入人口常态化帮扶。

2. 加快推进农业现代化

产业振兴是乡村全面振兴的基础和关键。为实现农业基础更加稳固，确保粮食面积产量只增不减、农业质量效益和竞争力明显提升的目标，《实施意见》提出9条具体政策措施：一是严格落实粮食安全党政同责，加快构建现代养殖体系，提升粮食和重要农产品供给保障能力；二是加快发展现代种业；三是采取"长牙齿"的硬措施，落实最严格的耕地保护制度；四是加大农业水利基础设施建设；五是强化现代农业科技和物质装备支撑；六是全力打造世界一流"绿色食品牌"；七是构建现代乡村产业体系，打造农业全产业链，把产业链主体留在县城；八是推进农业绿色发展，力争3年内全省茶叶、花卉、水果、蔬菜、生猪、肉牛等重点产业绿色化生产技术达到国内一流水平，"十四五"时期在九大高原湖泊流域率先实现全面农业绿色有机化；九是推进现代农业经营体系建设，突出抓好家庭农场和农民合作社两类经营主体，培育100家重点龙头企业。

3. 大力实施乡村建设行动

乡村建设是实施乡村振兴战略的重要任务，是补上农村现代化短板的重要抓手。《中共云南省委、云南省人民政府关于贯彻乡村振兴战略的实施意见》提出10条具体政策措施：一是实施乡村振兴"百千万"示范工程；二是加快推进村庄规划工作，到2023年实现重点区域村庄规划应编尽编；三是加强乡村公共基础设施建设，推进农村公共基础设施建设往村覆盖、往户延伸；四是实施农村人居环境整治提升五年行动，到2025年农村卫生户厕基本普及，规模较大自然村卫生公厕全覆盖，农村生活污水治理水平大幅提升；五是提升农村基本公共服务水平，强化农村基本公共服务供给县乡村统筹，逐步实现标准统一、制度并轨；六是全面促进农村消费；七是加快县域内城乡融合发展，推动城乡要素平等交换、双向流动；八是深入推进山区综合开发；九是强化农业农村优先发展投入保障；十是深入推进农村改革。

4. 坚持和加强党对"三农"工作的全面领导

建立健全上下贯通、精准施策、一抓到底的工作体系，是全面推进乡村振兴的重要保障。《实施意见》提出6条政策措施：一是强化"五级书记"抓乡村振兴的工作机制；二是落实县委书记抓"三农"主体责任；三是加强党委农村工作领导小组和工作机构建设；四是加强党的农村基层组织建设和乡村治理；五是加强新时代农村精神文明建设；六是健全乡村振兴考核落实机制。

总体来看，云南推进农业农村现代化体现了5个方面的突出特点：一是注重统筹发展和安全，围绕粮食安全、耕地保护、巩固拓展脱贫攻坚成果、不发生规模性返贫等进行重点部署,坚决扛牢"三农"政治责任,坚决守好"三农"工作底线。二是注重建立长效机制,建立巩固拓展脱贫攻坚成果"一平台三机制",加快构建县域内城乡融合发展的体制机制和政策体系,强化农业农村优先发展投入保障机制,强化乡村振兴领导体制和工作机制等,切实加强对"三农"的发展保障。三是注重解决农业产业发展堵点难点,在充分把握省情、农情和全国同类产业发展情况的基础上,找出、找准主导产业和发展短板,部署实施"一二三"行动,促进农业产业全面转型升级、全产业链发展,持之以恒推动"绿色食品牌"走深、走精、走长;全面推进"一县一业",全省所有县都要明确最具优势特色、最具发展潜力的主导产业,并制定推进具体方案;聚焦种子、电商两端,解决好农业发展"卡脖子"的突出问题;推广农业生产设施化、有机化、数字化,主要指农业的生产过程和产业发展方向,是打基础、利长远的工作。四是注重示范引领乡村建设,部署实施乡村振兴"百千万"示范工程,推动省、州(市)、县(市、区)、乡(镇)四级打造一批各具特色、竞相迸发的乡村振兴示范样板,形成一点带多点、多点带全面,促进乡村振兴干在实处、行稳致远的良好局面;在全省规划建设100个乡村振兴示范乡镇、1000个精品示范村、10000个美丽村庄;省级高标准创建10个乡村振兴示范园区,示范推动全省乡村建设。五是注重加强组织领导,要求各级党委、政府必须以更有力的举措、汇聚更强大的力量来推进;对强化"五级书记"抓乡村振兴、落实县委书记抓"三农"主体责任、加强党委农村工作机构建设、强化党的农村基层组织建设和乡村治理等提出明确要求,对乡村振兴考核、督查、常态化约谈等做出部署安排。

三、主要成就

2012年以来,特别是党的十九大以来,云南省委、省政府团结带领全省各族人民认真贯彻落实农业农村优先发展方针,积极实施乡村振兴战略重大决策部署，凝心聚力，久久为功，组织实施了人类历史上规模最大、力度最强的脱贫攻坚战。各地各部门将脱贫攻坚作为全面建成小康社会的底线任务，认真贯彻落实精准扶贫方略，扎实推进精准扶贫各项工作。历经8年的持续奋斗，脱贫攻坚战取得全面胜利，现行标准下农村贫困人口全部脱贫，高原特色农业欣欣向荣，"云系"农产品蜚声海内外，农村居民收入稳步增长，消费支出持续增加，生活水平明显提高，基础条件显著改善，农村改革不断深化，农村人居环境明显改善，农村社会各项事业稳步推进，农业农村发展取得历史性成就、发生历史性变革，农业农村发展各项目标任务胜利完成，为稳定经济社会发展大局、应对国内外风险挑战争取了战略主动。

2021年中央一号文件明确提出"促进农业高质高效、乡村宜居宜业、农民富裕富足"，中国社会科学院农村发展研究所用"强富美"①的实现程度来度量农业农村现代化水平②，同时将"两高两宜两富"目标看成是基本实现农业农村现代化的目标值。鉴于此，主题报告在云南农业农村现代化成就部分，采用"两高两宜两富"进行评价。同时，结合课题组对农业农村现代化指标体系中的关键指标进行分析。

（一）农业高质高效发展态势明显

2012年以来，全省各级各部门始终坚持以习近平新时代中国特色社会主义思想为指导，深入贯彻习近平总书记关于"三农"工作重要论述和两次考察云南重要讲话精神，认真落实省委、省政府决策部署，坚持走高原特色农业现代化道路，以农业供给侧结构性改革为主线，转变农业发展方式，调整优化产业结构，强化科技支撑引领，发展适度规模经营，加快走

---

① 2018年中央一号文件中明确提出，到2050年，乡村全面振兴，农业强、农村美、农民富全面实现。
② 魏后凯、杜志雄主编：《中国农村发展报告（2021）——面向2035年的农业农村现代化》，中国社会科学出版社2021年版，第14页。

出去步伐。实施了《强化改革举措落实加快高原特色农业现代化建设的意见》《转变农业发展方式推进高原特色农业现代化的意见》《培育壮大农业小巨人的意见》等一系列政策措施，围绕"特"字下功夫，念好"山字经"、唱好"林草戏"，高原特色农业成效显著，综合竞争力不断提升，高原特色农业现代化迈出坚实步伐。

1. 打造世界一流"绿色食品牌"成效显著

2015年1月，习近平总书记考察云南期间，要求立足多样性资源这个独特基础，打好高原特色农业这张牌。2020年1月，习近平总书记再次考察云南，对高原特色农业发展成效予以充分肯定，强调要推进农业供给侧结构性改革，为丰富全国重要农产品供给做出更大贡献。

2018年以来，全省上下牢记总书记的殷殷嘱托，积极推动农业供给侧结构性改革，锐意探索、大胆实践，锁定"世界一流、中国最优"打造"绿色食品牌"的工作目标，坚持"大产业+新主体+新平台"发展思路，走产出高效、产品安全、资源节约、环境友好的绿色发展道路，落细落实"抓有机、创名牌、育龙头、占市场、建平台、解难题"六项举措，通过高位强力推动、健全机制联动、加大投入拉动、完善政策促动，推动了高原特色现代农业高质量跨越式发展。

一是农业综合实力迈上新台阶。"十三五"以来，云南第一产业增加值在全国排位从第16位进到第9位，进了7位。特别是2018年打造世界一流"绿色食品牌"以来，全省茶叶、花卉、蔬菜、水果、坚果、咖啡、中药材、肉牛8个重点产业综合产值保持了16%的年均高速增长，走出了一条具有云南特色的农业发展之路，为促进现代农业发展换挡升级打下了坚实基础。①

二是重点产业发展亮点纷呈。根据云南省统计局统计，2020年，全省粮食播种面积6251万亩、粮食总产量1895.9万吨、粮食平均单产303

---

① 根据《云南省"十四五"打造世界一流"绿色食品牌"发展规划（2021—2025年）》中数据而来。

公斤/亩，产量、单产双创历史新高，在巩固省内产销供求平衡的同时，为全国粮食安全做出了积极贡献；茶叶面积720万亩，总产量47万吨，有机认证茶园面积82万亩、有机产品认证数量1014个，面积和产品认证数量均居全国第一，成为中国有机茶第一省；花卉种植面积190万亩，是世界最大的鲜切花产区，年产鲜切花147亿枝，斗南花卉市场成为亚洲第一、世界第二大花卉交易中心；蔬菜种植面积1880万亩，产量2737万吨，"天然温室"和"天然凉棚"优势充分发挥，近70%"云菜"商品外销，成为"南菜北运""西菜东调"的重要基地；水果面积1150万亩，产量1102万吨，以蓝莓、树莓、草莓为代表的小浆果类，以沃柑为代表的柑橘类，以昭通苹果为代表的温带水果，成为全国中高端果品的代表，云南成为世界"果业天堂"；核桃种植面积4303万亩、产量149万吨，面积居全球首位，澳洲坚果占世界种植面积的54%，占全国种植面积的90%；咖啡种植面积150万亩、产量13万吨，咖啡产量占全国的95%以上；中药材种植面积900万亩、产量114万吨，均居全国第一；三七、灯盏花、滇重楼、云木香、草果、云茯苓、砂仁、石斛、白及、美洲大蠊10个品种占全国市场供给量的半壁江山；全省肉牛存栏810万头、出栏336万头、肉产量41万吨，肉牛存栏居全国第1位、出栏居第4位。

三是绿色有机成为云南农业发展的导向。根据云南省农业农村厅统计，2018年以来，全省以茶产业为突破口，实施绿色有机基地建设和产品认证奖补。2020年，云南省农业农村厅审核绿色有机奖补项目210个，兑付奖励资金超过亿元；全省有机产品获证主体953家、产品2723个，比2017年分别增长38.7%、25.4%；绿色食品获证主体567家、产品2065个，比2017年分别增长12.77%、17.98%；有机产品认证数量全国排位由2017年第8位提升至第3位，绿色食品认证数量全国排位由第11位提升至第7位。

四是形成一批云南农业金字招牌。根据云南省农业农村厅统计，2018年以来，连续3年组织"10大名品""10强企业""20佳创新企业"评选表彰活动，云南省委、省政府进行高规格表彰，对121家企业实施近2亿元资金奖励。在培育本土品牌的同时，吸引了一大批国内外农业知名企业落户发展。斗南花卉成为亚洲乃至世界鲜切花的风向标，普洱茶成为全国"最具品牌资源力"品牌，云南蓝莓、树莓、草莓、褚橙等成为全国高端水果代表，文山三七、蒙自石榴、昭通苹果、云南咖啡、诺邓火腿、广南八宝米、丘北辣椒等地方区域知名品牌，影响力和市场认可度不断提升。云南省农产品出口额长年居全国前列、西部省区第一。

五是农业发展营商环境不断优化。根据云南省农业农村厅统计，自云南省委、省政府作出打造世界一流"绿色食品牌"的重大决策部署以来，省、州（市）政府相继建立以主要领导任组长的领导小组，省级召开领导小组会议17次、表彰会3次、现场会1次，高位统筹、重点突破，相继制定绿色生产、加工提升、市场拓展、招商引资、品牌打造、科技支撑等方面政策性文件13个，构建了完善的政策支撑体系。省级财政每年设立10亿元专项资金，实施全产业链项目扶持或资金奖补。云南省税务局创新推出跨区和汇总开具发票的政策措施，切实解决农产品收购发票领购烦琐、开具复杂等难题。建行云南省分行建成"一部手机云企贷"平台，农行云南省分行推出"普洱贷""云花贷""云牛贷"等产品，积极探索破解农业企业和农民"贷款难""贷款慢""贷款贵"等问题。云南省"绿色食品牌"办公室开发了"绿色食品牌"招商引资重点企业服务平台，为生产主体提供了解决困难问题的快捷通道。

2.高质量云南农业产业体系初步构建

一是农林牧渔业全面发展，结构趋于协调。根据国家统计局云南调查总队统计，2020年全省农林牧渔业总产值达5920.5亿元，比2012年提高了1.8倍，年均现价增长11.8%。其中，农业产值达2902.2亿元，年均现价增长9.5%；林业产值达429.5亿元，年均现价增长6.2%；牧业产值达2315.4亿元，年均现价增长17.6%；渔业产值达104亿元，年均现价增长4.9%。随着农业供给侧结构性改革的深入推进，全省立足实际，强化产业优势，粮经饲三元种植结构正在加快形成，结构进一步优化，农林牧渔四业结构日益协调合理。2020年，农业产值占农林牧渔业总产值比重为49.0%，较2011年下降1.4个百分点；林业占7.3%，下降3.7个百分点；牧业占39.1%，上升2.9个百分点；渔业占1.8%，下降0.7个百分点。①

二是粮食综合生产能力不断提升，实现产量基本平衡。根据国家统计局云南调查总队统计，2012年以来，全省按照"依靠科技、稳定面积、提高单产"的思路，通过"十大科技"增粮措施、中低产田地改造、高产创建等举措，全省粮食连年丰收，粮食综合生产能力稳步提高，高原粮仓建设不断迈上新台阶。至2020年年底，全省共划定粮食生产功能区和重要农产品生产保护区5239万亩，累计建成高标准农田2093万亩。近年来，全省粮食总产量基本保持平衡，产量排名多年保持全国第14位。2020年，全省粮食产量达1895.9万吨，人均粮食占有量达402公斤。

三是经济作物产量快速增长，高原特色现代农业区域优势成效凸显。随着市场经济的深入发展和广大农户成为独立生产经营决策的主体，全省经济作物大面积种植，产量快速增长，生猪、牛羊、蔬菜、中药材、茶叶、花卉、核桃、水果、咖啡、食用菌十大重点产业优势不断显现。根据云南省统计局统计，2020年，全省生猪、牛羊、蔬菜、中药材、茶叶、花卉、核桃、水果、食用菌产值合计占农林牧渔业总产值比重为62.7%，较2015年提高9.1个百分点，年均现价增速分别为8.3%、21.9%、14.1%、24.2%、19.5%、25.6%、0.7%、11.3%、40.8%。截至2020年，全省有种植规模户6万多户；全省鲜切花、咖啡、核桃、中药材产量位居全国第1位；茶叶产量位居全国第2位；蔬菜、水果产量分别位居全国第11位、第13位；生猪存栏量位居全国第4位；肉牛存栏量位居全国第2位。

四是森林云南成效显著。2012年以来，云南省委、省政府紧紧围绕习近平总书记对云南生态文明建设的总体要求，深入实施"生态立省"战略，

---

① 云南省人民政府办公厅、云南省统计局国家统计局云南调查总队编：《云南领导干部手册2021》，云南人民出版社2021年版，第45页。

着力推进"森林云南"建设，努力构建生物多样性宝库和西南生态安全屏障，稳步推进生态修复，加强资源保护，守护生物宝库，发展绿色产业，抓好生态扶贫，林业产业快速发展，林产品产量快速增长。据云南省林草局的统计，截至2020年年底，全省林地面积达4.23亿亩，森林面积达3.59亿亩，森林覆盖率达62.4%，森林蓄积量达20.2亿立方米，天然林面积达2.48亿亩，各项指标均居全国前列。从主要林产品生产来看，2020年全省木材产量达745万立方米，是2012年的2.5倍，年均增长21%。

五是畜禽和水产养殖业快速发展。随着城乡居民收入的不断提高，人们消费水平和消费结构转换升级，人们对畜禽和水产品的刚性需求不断增加，推动畜禽和水产养殖业快速增长，主要畜禽和水产品产量快速增加。根据国家统计局云南调查总队统计，从畜禽产品来看，2020年，全省猪牛羊禽肉产量达416.04万吨，是2012年的1.1倍，年均增长1.3%；禽蛋产量达41.7万吨，是2012年的1.8倍，年均增长7.5%；牛奶产量达67.29万吨，是2012年的1.3倍，年均增长3.3%。根据云南省农业农村厅统计，从水产品来看，近年来，受渔业转型升级影响，在水产品养殖面积大幅下降的情况下，全省水产品产量基本维持平衡，水产品生产能力大幅提升，2020年，全省水产品产量64.4万吨，与2012年基本持平。①

3. 新型农业经营体系不断完善

一是新型经营主体不断壮大。农业龙头企业、农民专业合作社、家庭农场、农业经营性服务组织等新型农业经营和服务主体逐步发展壮大，全省农业产业化龙头企业数量从2013年的2734个增加到2020年的4440个；家庭农场从9824个增加到50345个，农民专业合作社从20423个增加到61880个。② 新型农业经营主体成为引领现代农业发展的主力军，有力推动了小农户与现代农业的有机衔接。

---

① 国家统计局云南调查总队编：《云南调查年鉴2021》，中国统计出版社2021年版，第153页。

② 数据来源：《云南省农村经营管理统计资料（2013—2020）》。

二是农村新产业新业态不断涌现。农业现代化融合业务发展规模逐步扩大,设施农业、观光休闲农业、农产品电商等新模式层出不穷。据云南省农业农村厅统计,2020年年末,云南省拥有设施农业占地(水面)面积9万多公顷,设施农业改变了农业生产的季节性,拓宽了农业生产的时空分布。2020年全省休闲农业和乡村旅游接待人次达5000多万,产业内涵由原来单纯的观光游,逐步拓展到民俗文化、农事节庆、科技创意等,促进了休闲农业和乡村旅游蓬勃发展。大数据、物联网、云计算、移动互联网等新一代信息技术向农业农村领域快速延伸,2020年全省50%的村有电子商务配送站点,农村电子商务全面提速,农产品网络零售额突破100亿元,年均增速20%以上;农业生产、粗精加工、农旅休闲等一二三产业融合发展加快,建成一大批"产业强镇"和"一村一品"专业村镇,促进了农民就地就近就业。

(二)农村宜居宜业环境明显改善[①]

1. 农村人居环境整治成效显著

自2018年实施农村人居环境整治三年行动以来,全省以加强村庄规划管理、农村生活垃圾治理、农村生活污水治理、农村厕所革命和村容村貌提升为主攻方向,农村人居环境明显改善,长效管护机制基本形成。截至2021年5月底,全省129011个自然村中,已有105228个自然村达到农村人居环境Ⅰ档标准,占81.6%;708个传统村落列入中国传统村落名录,居全国第2位。

一是村庄规划管理取得新进展。截至2020年年底,全省共完成65个县域乡村建设规划编制与审查,占129个县(市、区)的50.4%。完成1700个省级规划建设示范村、2033个易地扶贫搬迁集中安置新村和615个中国传统村落的档案建立及保护发展规划编制、审查和上报。开展47个古茶山(树)资源周边村庄规划编制,90.54%的行政村已完成村庄规划

---

① 该部分数据均来源于云南省农业农村厅统计。

编制。

二是农村"厕所革命"取得新突破。2018年以来,通过实施农村"厕所革命"三年行动计划,全省行政村村委会所在地公厕实现全覆盖;一类县无害化卫生户厕覆盖率达87.46%,较2018年提高18个百分点;二类县农村卫生户厕覆盖率达83%;三类县卫生厕所覆盖率稳步提升;建立农村改厕技术指导员制度,设置指导员1.94万名。

三是农村生活垃圾治理取得新提高。"城乡一体化集中处理"和"源头减量就近处理"相结合的农村生活垃圾处理模式推广面不断扩大,农村生活垃圾收运处置体系不断完善。截至2020年年底,全省91%的乡(镇)镇区和92%的村庄对生活垃圾进行收集处理,录入国家信息系统非正规垃圾堆放点销号率达92.6%。其中一类县44个乡(镇)镇区、2500个以上村庄实现生活垃圾全收集全处理;二类县270个乡(镇)镇区、2万个村庄生活垃圾得到治理,处理率达99%;三类县乡(镇)镇区、村庄生活垃圾乱堆乱放情况明显改善。

四是农村生活污水治理取得新成效。截至2020年年底,全省共完成3416个行政村环境综合整治任务,占"十三五"任务数的87.25%。62%的乡(镇)镇区对生活污水进行收集处理,27.8%的行政村有污水处理设施,92%的自然村生活污水乱排乱放得到管控。

五是村容村貌提升迈出新步伐。截至2020年年底,全省村庄清洁行动持续开展,清理农村生活垃圾178.6万吨,清理村内沟塘淤泥88.4万吨,清理村内残垣断壁18.1万处,94.98%的自然村闲置土地得到绿化,村容村貌明显改善。河湖"清四乱"行动有序推进,摸底排查"四乱"问题1828件,销号处理1781件、销号率达97.43%。

六是农村基础设施建设迈上新台阶。截至2020年年底,乡镇公路通畅率达100%,行政村通硬化路率达99.97%;农村供电可靠率达99.75%,综合电压合格率达99.08%,乡村户均配电容量达到2000伏安以上;行政村固定宽带和4G网络覆盖率达100%,自然村4G网络覆盖率达80%。

2. 农村公共服务日益完善

一是乡村教育快速发展,农民文化素质得到提升。改革开放以来,特别是党的十八大以来,国家把教育放在优先发展战略地位,提供了一系列保障措施,确保农村学龄儿童走进学堂,农村教育资源配置逐步合理、不断完善,农民文化素质显著提升。云南省第三次全国农业普查结果显示,初中文化程度的农村生产经营人员占33.3%,较第二次农业普查时提高7.3个百分点;高中或中专文化程度的农村生产经营人员占4.4%,较第二次农业普查时提高2.2个百分点;大专及以上文化程度的农村生产经营人员占1.1%,较第二次农业普查时提高0.9个百分点,农村教育推进成效显著。

二是医疗服务体系不断完善,农民健康生活得到保障。20世纪末,国家提出建立具有预防保健和基本医疗功能的农村卫生服务体系,云南省立足省情,深入推进农村医疗体系建成,农村医疗卫生状况大为改观。根据云南省第三次全国农业普查结果显示,2016年年末,全省100%的乡镇有医疗卫生机构,98.9%的乡镇有执业(助理)医师,42.8%的乡镇有社会福利收养性单位;94.7%的村有卫生室。全省乡镇拥有医疗卫生机构约1.2万个,床位约21.5万张,执业(助理)医师近7万人;村卫生室约1.5万个,村执业(助理)医师近2万人,农村医疗服务条件不断完善。

三是农村养老服务体系加快形成,农村"养老难"问题逐步缓解。党的十八大以来,云南省积极响应国家政策,大力推进农村社会养老机制改革,建立新型农村社会养老保险制度,实行社会统筹与个人账户相结合的制度模式,采取个人缴费、集体补助、政府补贴相结合的筹资方式,逐步提高农村养老服务能力和保障水平。云南省第三次全国农业普查数据显示,云南省35.1%的乡镇有本级政府创办的敬老院。

四是农村娱乐设施建设加强,乡村精神文化发展繁荣兴旺。2012年以来,云南省不断加大对农村文化事业的投入,加快农村文化娱乐设施基础建设,农民生活娱乐方式增多,极大丰富了农民的文化生活。云南省第三次全国农业普查结果显示,全省99.4%的乡镇有图书馆、文化站,7.7%的乡镇有剧场、影剧院，12.6%的乡镇有体育场馆，52.3%的乡镇有公园及休闲健身广场；38.9%的村有体育健身场所；93.1%的乡镇有幼儿园、托儿所，99.6%的乡镇有小学；45.6%的村有幼儿园、托儿所。

3. 农村改革全面持续深化

改革是农村发展的动力。2012年以来，云南农村改革全面持续深化，初步构建起实施乡村振兴战略的"四梁八柱"，为实施乡村振兴战略提供了制度和政策保障。

一是农村土地制度改革取得重大进展。承包地确权登记颁证工作顺利完成，"三权"分置体系初步确立，第二轮土地承包到期后再延长30年，让农民群众吃上了长效"定心丸"。开展了农村宅基地制度改革试点，农村集体经营性建设用地入市、农村集体土地征收制度改革全面扎实推进。

二是农村集体产权制度改革稳步推进。根据云南省农业农村厅农经站统计，截至2021年6月底，全省已经有83个县（市、区）完成了产权制度改革任务，农村集体资产总额达2339.25亿元，其中，经营性资产总额350.03亿元；集体土地等资源性资产达4.72亿亩，其中，农用地4.5亿亩、建设用地1396.24万亩、未利用地857.84万亩；确认集体经济组织成员身份3899.31万人，完成股权设置量化的村组75075个，共发放股权证468.6万本，量化资产总额698.6亿元。

三是乡村治理体系建设成效明显。党组织领导下的自治、法治、德治相结合的乡村治理体系初步建立，农村基层党组织战斗堡垒作用和党员的先锋模范作用得到充分发挥，村民自治形式不断规范，法治乡村建设进一步加强，文明乡风的管理机制和工作制度基本健全。

4. 城乡融合发展迈出坚实步伐

一是城乡基本公共服务均等化扎实推进。建立了城乡统一的居民基本养老保险制度、居民基本医保和大病保险制度，全省90%的县通过县域义务教育基本均衡发展评估认定，城乡均等的公共就业创业服务水平明显提升。

二是新型城镇化建设迈出坚实步伐。云南积极推进以人为核心的新型城镇化。一方面，实施了城乡统一的户口登记制度。自2016年1月1日起，云南省全面取消了农业户口和非农业户口的户口性质划分，统一登记为居民户口，历史性地消除了城乡户籍二元结构。另一方面，不断放开放宽城镇地区户口迁移条件，出台了《云南省人民政府关于进一步推进户籍制度改革的实施意见》《云南省推动农业转移人口和其他常住人口在城镇落户方案》《中共云南省委 云南省人民政府关于建立健全城乡融合发展体制机制政策措施的实施意见》。截至2020年底，全省城镇地区全面放开了户口迁移条件，实现了落户零门槛。"十三五"以来，全省城镇户籍人口增加了326万人，其中，农业转移人口落户城镇315万人。全面放开城镇地区人才落户政策，中专以上学历人员、留学归国人员以及初级以上专业技术职称或初级技工以上资质人员，在城镇可以先落户后择业。此外，健全完善居住证制度。云南省人大常委会修订颁布了《云南省流动人口服务管理条例》（以下简称《条例》），居住证持有人可享受11项基本公共服务权益。《条例》实施以来，全省累计办理暂住登记522.3万人，发放居住证371万份。云南省第七次全国人口普查主要数据公报显示，2020年全省居住在城镇的人口为2362.8万人，占总人口的50.05%；城镇化率达50.05%。与2010年第六次全国人口普查相比，云南城镇人口比重提高14.85个百分点，比上个10年增幅提高3.01个百分点。[①]

（三）农民富裕富足迈出较快步伐[②]

党的十八大以来，特别是脱贫攻坚战打响以后，各地不断加大扶贫力度，一系列支农惠农政策相继出台，有力带动农村低收入群体增收，农村居民收入持续保持较快增长，农民生活水平稳步提高。

---

① 该段落数据来自《新闻发布会 6个方面成效显著！"十三五"时期云南省新型城镇化发展质量水平不断提升》，2020-12-22，https://www.sohu.com/a/439817818_120207611。

② 该部分数据均来自历年《云南调查年鉴》计算而来，所以不再对数据逐一标注。

1. 农村居民收入持续保持较快增长

一是农村居民人均可支配收入保持较快增长态势。2020年，全省农村居民人均可支配收入达12842元，比上年增长7.9%。2013—2020年，农村居民人均可支配收入分别增长13.4%、10.9%、10.5%、9.4%、9.3%、9.2%、10.5%和7.9%。

二是工资性收入是主动力。2012年以来，省委、省政府深入贯彻实施农业产业化、农村现代化发展，在全国率先推出农村劳动力转移就业"点对点、一站式"专机、专列等直达输送服务，为安全有序转移外出务工人员发挥了强有力的作用，同时在农民工工资权益保障等政策的助力下，农村居民工资性收入持续快速增长。2020年云南农村居民人均工资性收入达3975元，与2012年的1397元相比，年均增长14%，工资性收入比重上升7.4个百分点。

三是经营净收入是原动力。2012年以来，全省持续深化农业供给侧结构性改革，大力实施乡村振兴战略，加快农业产业化步伐，着力恢复农业生产经营秩序，加强农产品及生产物资物流保障，促进农产品产销衔接，营造良好的农村营商环境。2020年云南农村居民人均经营净收入达6523元，与2012年的3644元相比，年均增长7.5%。其中，"十三五"期间，全省农村居民第一产业人均经营净收入年均增长6.3%，高于全国平均1.5个百分点；第二产业人均经营净收入年均增长20%，高于全国农村10.7个百分点；第三产业人均经营净收入年均增长11.3%，高于全国农村2.1个百分点。

四是财产净收入是稳定力。2012年以来，全省不断深化农村土地制度改革，农民的土地承包权、宅基地使用权、集体收益分配权和对集体经济活动的民主管理权利得到进一步落实，农村居民通过转让土地承包经营权等方式，使收入逐年增加，农民变股东，家家能分红，促进农村居民财产净收入稳定增加，2020年全省农村居民人均财产净收入达198元，与2012年的125元相比，年均增长5.9%。

五是转移净收入是拉动力。2012年以来，随着脱贫攻坚、乡村振兴战略的深入实施，各项惠农补助政策持续发力，农村居民最低生活保障补助金、特困人员救助供养标准、基础养老金、乡村医生补助逐年提升；同时持续推动农村居民看病就医实现"一站式"结算，对最低生活保障对象、特困人员、孤儿等低收入群体足额发放临时补贴，有力促进了农村居民转移净收入的增长。2020年云南农村居民人均转移净收入达2147元，与2012年的764元相比，年均增长13.8%，高于全国农村平均水平0.7个百分点。

六是收入来源更加多元，收入结构持续改善。党的十八大以来，在精准扶贫等一系列支农惠农政策的带动下，全省农村地区经济社会不断发展，农村居民收入来源更加多元，收入结构中工资、财产、转移净收入占比稳步提升，家庭经营净收入尤其是农业收入占比逐步下降，收入结构持续改善。2020年，全省农村居民人均工资性收入占农村居民人均可支配收入的比重为31%，比2012年提高7.4个百分点；人均经营净收入占农村居民人均可支配收入的比重为50.8%，比2012年下降10.6个百分点；人均财产净收入占农村居民人均可支配收入的比重为1.5%，比2012年下降2.8个百分点；人均转移净收入占农村居民人均可支配收入的比重为16.7%，比2012年提高3.8个百分点。工资性收入占比的不断提升，对于稳定农村居民收入增长，如期打赢脱贫攻坚战发挥了重要作用。

2.农民生活水平稳步提高

2012年以来，随着农村居民收入稳步增长和网络购物等新型消费模式向农村地区不断延伸，云南农村居民消费水平全面提升，消费结构实现优化升级，农村发生日新月异的变化。

一是农村居民人均消费支出保持较快增长态势。2020年，全省农村居民人均消费支出达11069元。2013—2020年，农村居民人均消费支出增长分别为4%、14.9%、13.3%、7.5%、9.5%、13.7%、12.5%和7.9%，与农村居民人均可支配收入年均增速基本同步。

二是恩格尔系数总体下行，发展型消费比重提高。2020年，全省农村居民人均食品烟酒支出占消费支出比重（恩格尔系数）为34.3%，比2012年下降5.9个百分点，年均下降0.7个百分点，总体呈现下行态势。从消费结构来看，2012年以来，交通通信、医疗保健等发展型消费增长较快，人均交通通信支出年均增长16%，人均医疗保健支出年均增长11.2%，人均居住支出年均增长11.6%，人均文化教育娱乐支出年均增长10%。2020年人均农村居民消费支出中，交通通信支出占比为15.3%，比2012年提高5.1个百分点，年均提高0.6个百分点；居住支出占比为19.1%，比2012年提高1.7个百分点，年均提高0.2个百分点；医疗保健支出占比为8.9%，比2012年提高0.6个百分点，年均提高0.1个百分点。

三是农村居民生活居住条件获得极大改善。2012年以来，全省农村居民住房结构、饮用水、卫生设备等生活居住条件获得极大改善。2020年全省农村居民人均住房面积达45.56平方米，比2015年的34.59平方米提升10.97平方米；居住钢混和砖混结构住房的农户比重达54.0%，比2015年提升26.2个百分点；农户住宅外道路路面硬化率达88.9%，比2015年提升28个百分点；农户水冲式厕所和卫生旱厕比重达95.6%，比2015年提升78个百分点；饮水困难农户比重从2015年的27.1%下降至2020年的7.0%，累计下降20.1个百分点。

四是耐用消费品拥有量持续增加。自2012年以来，随着农村基础设施的进一步改善，电脑、空调、移动电话等高端家用电器正快速进入农民家庭，同时随着家电下乡惠民等活动的开展，耐用消费品更新换代加快。2020年全省农村居民每百户耐用消费品拥有量比2015年增幅分别为：家用汽车29.9辆、153.8%；摩托车80.0辆、5.1%；洗衣机88.9台、30.5%；电冰箱88.9台、70.0%；热水器84.4台、48.1%；移动电话290台、22.9%；计算机10.8台、74.2%。

五是社区环境条件进一步改善。2020年全省能便利乘坐公共汽车的农户比重达65.2%，较2015年提升32.2个百分点；社区道路硬化率达99.1%，较2015年提升18个百分点；社区主要道路路灯覆盖率达66.8%，较2015年提升41.5个百分点；社区电话通信信号覆盖率达100%，有线电视信号覆盖率达96.2%。农户儿童上幼儿园、学前班便利程度为89.6%，较2015年提升25.1个百分点；农户儿童上小学便利程度为93.9%，较2015年提升15个百分点。

3.脱贫攻坚战取得新胜利

云南是全国脱贫攻坚的主战场，贫困程度深、贫困情况复杂。全省国家级贫困县数量占全国的10.5%，全国14个集中连片特困地区，有4个在云南，"三区三州"云南也有2个。党的十八大以来，云南省委、省政府坚决贯彻落实习近平总书记关于扶贫工作重要论述和考察云南重要讲话精神，牢牢把握精准扶贫精准脱贫基本方略，深入分析、准确判断省情贫情，建立健全组织动员、责任落实、政策支持、资金投入、合力攻坚、监督检查、考核评估体制机制，坚持以脱贫攻坚统揽经济社会发展全局，到2020年底933万农村贫困人口全部脱贫，8502个贫困村全部出列，88个贫困县全部摘帽，贫困地区人均可支配收入从2016年的7847元增加到2020年的11740元，150万人实现"挪穷窝""斩穷根"，历史性地解决了困扰云南千百年的区域性整体贫困和绝对贫困问题，群众出行难、喝水难、用电难、通信难、上学难、就医难、住房难等问题得到基本解决，脱贫群众精神面貌焕然一新，兑现了"全面建成小康社会，一个民族都不能少"的庄严承诺。①

四、主要短板

尽管云南农业农村发展取得历史性成就、发生历史性变革，但总体上

---

① 王宁：《坚定沿着习近平总书记指引的方向阔步前进　为全面建设社会主义现代化谱写好中国梦的云南篇章而奋斗——在中国共产党云南省第十一次代表大会上的报告》，2021年11月27日。

看，云南农业基础仍然薄弱，农业发展的质量效益不高、竞争力不强，农业农村现代化的"短板"和问题仍然突出。

（一）存在的问题

1. 农业生产基础依然薄弱

2020年，云南中低产田仍占相当比重，高标准农田面积仅有2454万亩，占全省耕地面积的26%，低于全国平均水平14个百分点；农田有效灌溉率仅为31%，低于全国平均水平近20个百分点；农机农艺融合、良种良法配套不够，突破性的新品种、新技术仍然偏少；主要农作物综合机械化率仅为50%，低于全国平均水平21个百分点[①]；"互联网＋高原特色农业"进展慢，信息化在农业生产、经营、管理、服务等领域的应用处于起步阶段，农业大数据平台、物联网运用、电子商务等发展滞后。以互联网普及率为例，全国整体互联网普及率为53.2%，农村地区互联网普及率为33.1%，云南整体互联网普及率为39.9%，位居全国倒数第一，农村地区互联网普及水平更低。[②]

2. 产业化水平仍然偏低

云南农业总产高、单产低，产量高、产值低、商品率低，产品多、品牌少、附加值低、综合效益低等特征还比较明显。2020年，全国农产品加工业总产值与农业总产值之比为2.4∶1，云南省仅为1.68∶1。[③] 农产品品牌发展培育不足，特别是围绕云南具有产业优势和资源特色的牛羊、蔬菜、花卉苗木、中药材、核桃、水果、咖啡、食用菌等，没有培育打造一批具有云南资源特色、国内国际市场认可度高、市场覆盖广、竞争力强的云南

---

① 根据《云南省"十四五"打造世界一流"绿色食品牌"发展规划（2021—2025年）》中数据而来。

② 《该醒醒了！！云南互联网普及率倒数第一》，2017-01-23，https://www.sohu.com/a/125024017_345608。

③ 根据《云南省"十四五"打造世界一流"绿色食品牌"发展规划（2021—2025年）》中数据而来。

农产品"名优特"品牌。

3. 组织化程度低

2020年云南农业适度规模经营程度不高,全省农村土地流转率为20.8%,低于全国平均水平14.2个百分点;全省国家级农业龙头企业数量仅占全国的2.5%,辐射带动能力弱。① 农业社会化服务支撑不足,现代农产品流通体系、新型社会化服务没有发育起来,多数服务组织功能比较单一,往往注重产前、产中服务,忽视产后服务,农产品保鲜、储运、加工、销售以及农业金融、保险、信息等服务仍然比较缺乏。

4. 城乡融合发展处于低水平

从城镇化水平看,云南省第七次全国人口普查公布数据显示:2020年云南省常住人口城镇化率为50.05%,比全国平均水平低14个百分点。这说明城镇化在产业带动、公共服务、基础设施、农民增收等方面对农村带动力不足。全省农村居民人均可支配收入仅为全国平均水平的75%,居全国第28位;全省城乡收入比为2.9:1,高于全国2.6:1的平均水平。② 农村土地制度和集体产权制度改革有待深化,改革红利短期内难以发挥较大作用。部分农村供水、供电、供气条件较差,等级道路、网络通信、仓储物流等设施未实现全覆盖。

5. 农业农村绿色发展任重道远

农业农村污染治理主要包括农村人居环境整治、畜禽粪便污染治理、水产养殖污染治理、减少化肥农药施用量、农作物秸秆综合利用、农膜回收利用等工作,综合性强、专业性强、技术要求高,但目前对农业农村污染治理的技术研究范围不够广、程度不够深、内容不够细,适应农业农村污染治理的措施不多,加之基层农技推广队伍人员较少、设备简陋、素质不高、服务能力弱,农业农村治理技术研究和推广体系亟须健全。各级财

---

① 根据《云南省"十四五"打造世界一流"绿色食品牌"发展规划(2021—2025年)》中数据而来。

② 根据《云南调查年鉴2021》第9页数据计算。

政用于农业农村污染治理的资金投入不足,社会资金进入少,治理资金严重不足,存在投入资金与任务严重不匹配的问题,生态产业化尚未形成。

6. 外部风险挑战持续加大

国际经济形势复杂多变,新冠肺炎疫情对全球经济冲击仍在持续,农业农村发展外部发展环境不稳定性、不确定性因素增加。种粮比较效益不高,稳定粮食播种面积,确保粮食安全任务艰巨。非洲猪瘟、草地贪夜蛾等疫病疫情时有发生,农业生产风险因素仍然较多。

(二)面临的挑战

当前,世界百年未有之大变局深刻演化,国际贸易保护主义愈演愈烈,经济全球化遭遇逆流,新冠肺炎疫情影响广泛深远,经济下行压力持续加大,内外部环境的不确定性、不稳定性明显增强,并加速向"三农"领域传导。"十四五"时期全省农业农村发展风险挑战前所未有,关键领域和重要环节制约更加凸显。

1. 粮食等重要农产品稳产保供压力较大

云南是粮油、生猪、茶叶等农产品大省,但耕地和种子两个"要害"问题突出。随着城市化不断发展,耕地数量在不断减少;同时,一些地方"占优补劣"等现象导致的耕地质量下降也不容忽视。云南省种业自主创新能力不强、企业竞争力弱,全省通过表型与基因型精准鉴定、应用于育种创新的农业种质资源不到10%,大多数资源尚未被开发使用。①

2. 农村生态环境保护任务艰巨

谱写美丽中国的云南篇章,要牢固树立和践行"绿水青山就是金山银山"的理念,坚持把生态文明建设放在突出地位。但乡村建设现状与"让美丽城镇与美丽乡村交相辉映、美丽山川和美丽人居有机结合,充分绽放云南独特的自然生态之美、多彩人文之韵"的目标愿景,还有不小差距。农村人居环境"脏乱差"的问题仍然突出,与老百姓的期盼还有较大差距。

---

① 曹茸:《开启农业种质资源保护与利用新篇章》,农民日报百家号,2020年2月12日。

3. 农民持续增收缺乏新的支撑和动力

生活富裕是农业农村现代化的根本要求，是乡村振兴的目的所在。近两年全省主要农产品价格上涨，助推了农民经营净收入实现较快增长，但随着农产品特别是生猪生产逐步恢复，农产品价格将逐渐企稳，生猪等涨幅较大的品种价格逐渐回落，国际市场农产品价格波动对国内农产品生产交易的影响持续存在，经营净收入增长可能趋缓甚至下降。村集体经济带动能力不足，农民财产净收入增长乏力。

4. 制约城乡融合发展的体制机制障碍依然存在

推动城乡融合发展，要推动基础设施向农村延伸，推动城乡公共服务均衡发展，让进城的进得放心，留在农村的留得安心。但城乡要素交换不平等，基础设施和公共服务差距明显，"一条腿长、一条腿短"的问题比较突出。一些改革政策落地困难，农村用地难、贷款难、人才缺乏等问题依然突出，资本、人才留在乡村、流向乡村的机制还不健全。

5. 巩固拓展脱贫攻坚成果还需持续用力

脱贫摘帽不是终点，而是新生活、新奋斗的起点。打赢脱贫攻坚战、全面建成小康社会后，要进一步巩固拓展脱贫攻坚成果，接续推动脱贫地区发展和农业农村现代化。全省通过建立防止返贫监测和帮扶机制，对脱贫不稳定户和边缘易致贫户实施了帮扶，消除了返贫致贫风险，但部分地区、部分群体由于自身发展能力较弱，巩固拓展脱贫攻坚成果任务艰巨。通过易地扶贫搬迁解决了"搬得出"的问题，但部分易地扶贫搬迁户"稳得住、逐步能致富"的问题还未从根本上解决。

6. 党领导农村工作的组织体系、制度体系和工作机制仍需完善

全面推进农业农村现代化必须健全党领导农村工作的组织体系、制度体系、工作机制，提高新时代党全面领导农村工作的能力和水平。全省实施乡村振兴战略迈出坚实步伐，党领导农村工作的体制机制进一步健全，但统筹各方共同推进农业农村现代化的工作格局有待完善，部分地方党委对"三农"工作重视不够，"五级书记"抓农业农村现代化责任尚未完全

落实到位，政策的横向协调性和纵向传递性还有待加强。

五、展望与建议

在习近平新时代中国特色社会主义思想的正确指引下，在《中共中央 国务院关于全面推进乡村振兴加快农业农村现代化的意见》的推动下，在《中共云南省委、云南省人民政府关于全面推进乡村振兴加快农业农村现代化的实施意见》的具体指导下，云南农业农村经济将保持快速发展态势，农业农村现代化将与工业化、信息化、新型城镇化同步发展，农产品质量和食品安全水平将进一步提高，农民收入增幅将继续快于城镇居民，脱贫攻坚成果将持续巩固，世界一流"绿色食品牌"打造将持续推进，乡村建设行动全面启动，农村改革重点任务深入推进，农村人居环境整治明显提升，农村社会保持和谐稳定。

（一）农业农村现代化发展形势总体判断

展望"十四五"，云南农业农村现代化发展，机遇大于挑战，有利因素多于不利因素，发展更加有利。全省将坚持问题导向，紧紧围绕构建现代化产业体系、全面实施乡村振兴的目标要求，不断创新工作思路，落实新发展理念，加快推进农业农村现代化迈上新台阶，奋力开拓新局面。

1. 云南高原特色现代农业发展空间更加广阔

西部大开发、"一带一路"、长江经济带等国家战略深入实施，云南省建设民族团结进步示范区、生态文明建设排头兵、面向南亚东南亚辐射中心战略任务不断推进，云南构建现代化产业体系工作不断落实落细，都将进一步拓展农业农村现代化发展空间。

2. 乡村振兴战略全面实施

"十四五"时期，国家全面推进乡村振兴，国家财政持续加大对农业基础设施、特色农业发展、农业保险、农村民生工程等方面的投入，为云南农业农村现代化加速发展提供了良好政策环境。

3. 农产品消费潜力巨大

"十四五"时期，云南省城镇化仍有较大提升空间，城乡居民收入快速增长，农产品需求将持续刚性增长；云南绿色食品、有机农产品基础好、潜力大。农产品消费需求向多样化、高端化、服务化转型升级，城乡居民对农产品品质和个性化追求与日俱增，皆为云南加快农业农村现代化发展特别是抢占全国绿色农业发展制高点提供了难得的机遇。

4. 农业科技创新推动更加有力

信息产业和生物技术产业发展已经至"临界点"，新一轮科技革命和产业革命蓄势待发，全面创新改革和"双创"战略深入实施，"互联网+"与现代农业深度融合，新技术、新模式不断涌现，智慧农业等新业态方兴未艾，农业供给侧结构性改革不断推进，农业农村现代化发展的内生动力持续增强。

5. 工商资本流入不断加快

蒙牛、海升等国内行业一流企业先后落户云南，工商资本对农业农村发展的投入力度不断加大，有效带动现代生产要素进入农业农村，通过合理引导和强化监管，有利于提高农业的规模化、标准化、绿色化、品牌化水平。

（二）发展展望

按照云南省农业农村厅提出的"确保粮食等主要农产品有效供给基础上，以世界一流'绿色食品牌'打造为抓手，深入推进农业供给侧结构性改革，加快农业产业转型升级，不断提升农业现代化水平，促进农民收入持续稳定增长，实现一定水平的农业高质高效，农民富裕富足"的云南高原特色农业发展的总体目标，预计到2025年，农业农村现代化将取得重要进展，农业基础设施现代化将迈上新台阶，全省农村生活设施便利化将初步实现，城乡基本公共服务均等化水平将明显提高。农业基础将更加稳固，粮食和重要农产品供应保障将更加有力，农业生产结构和区域布局将明显优化。持之以恒打造世界一流"绿色食品牌",农业质量效益和竞争力将明显提升,重点产业将迈向价值链高端。现代乡村产业体系将基本形成。脱贫攻坚成果不断得到巩固拓展,城乡居民收入差距将持续缩小。农村生产生活方式绿色转型将取得积极进展,化肥农药使用量持续减少,农村生态环境得到明显改善。乡村建设行动将取得明显成效,乡村面貌将发生显著变化,乡村发展活力将充分激发,乡村文明程度将得到新提升,农村发展安全保障将更加有力,农民获得感、幸福感、安全感将明显提高。

2022年,云南农业农村现代化将围绕着守牢粮食安全和不发生规模性返贫两条底线,全面推进云南现代农业高质量发展和乡村发展、乡村建设、乡村治理重点工作。粮食播种面积将稳定在6287万亩以上、产量稳定在1930万吨以上,扩大大豆和油料生产,粮食综合生产能力将不断提高。同时,突出加工业和服务业增值,实施一批重点工程项目,以农业产业化和农业科技引领农业现代化,提升产业化、规模化、标准化、品牌化水平。重点产业绿色有机化发展势头明显,2022年将新登记认证绿色食品、有机农产品、农产品地理标志1000个以上。进一步提高农业生产综合能力和科技水平。高标准农田与高效节水灌溉建设力度将加大,2022年建设高标准农田480万亩,其中高效节水灌溉80万亩,农机装备研发应用水平将不断提升。农村一二三产业融合发展继续加速,县域富民产业和县域商业体系加快建设,农业农村绿色发展加快推进,接续实施农村人居环境整治提升行动,重点领域农村基础设施建设将扎实开展,以县城为载体的城镇化建设将加快推进。

到2025年,全省农林牧渔业总产值将达到7550亿元,建成高标准农田4000万亩,农业科技进步贡献率将达62%,主要农作物综合机械化率将达55%,主要农作物良种覆盖率将达98%,粮食总产量将达1950万吨,肉蛋奶总产量将达725万吨,蔬菜总产量将达3000万吨,水产品产量将达65万吨;农产品加工产值将达16000亿元,农业产业化龙头企业将达5000个,"三品一标"农产品将达6000个,农产品出口额将达60亿美元，农村居民人均可支配收入将达 18000 元，农村居民人均消费支出将达 16500 元。

（三）发展路径

农业农村现代化，产业兴旺是重点。当前和今后一个时期，必须把推进农业农村现代化摆在全省经济社会发展突出位置，坚持质量兴农、绿色兴农，深入推进农业供给侧结构性改革，下大力气打造世界一流"绿色食品牌"，促进全省由农业大省向农业强省转变。

1. 打造大产业

进一步做强做优茶叶、花卉、蔬菜、水果、坚果、咖啡、中药材、肉牛 8 个特色产业，兼顾其他优势产业，着力在抓有机、创品牌、育龙头、占市场、建平台、解难题上下功夫，出实招，出成效。力争到 2025 年，把茶叶、花卉、蔬菜、坚果、中药材、肉牛产业打造成千亿元级的大产业，把水果、咖啡产业打造成 800 亿元级的产业。深入开展"一县一业"示范县创建，到 2025 年全省培育 80 个"一县一业"示范县，发展各具特色的"一村一品"专业村，打造一批"绿色食品"产业带。开展好绿色食品"名品"等评选活动。加强粮食生产功能区、重要农产品生产保护区、特色农产品优势区"三区"建设和管护工作，建设一批区域特色明显、竞争力强的现代农业产业园、农业科技园、产业融合发展示范园和田园综合体，把此作为农业农村现代化发展的重要载体。

2. 培育新主体

持续培育农业"小巨人"，大力引进国内外知名企业，集中扶持发展一批年销售收入超过 10 亿元的龙头企业，力争到 2025 年达到 120 户以上，省级以上龙头企业达 1500 户。打造农业产业化联合体，到 2025 年培育省级以上农业产业化联合体 80 个。规范发展农民合作社，力争到 2025 年全省农民合作社省级示范社达 1000 个以上。大力发展家庭农场，到 2025 年全省经农业部门认定的示范家庭农场达 15000 个以上。加大培训农村实用人才带头人，精准培育新型职业农民，引导激励各类返乡下乡人员到农村创业创新，到2025年全省培育新型职业农民15万人。

3. 建设新平台

积极推进信息化与农业深度融合，推动全省统一的农村信息平台，到2025年完成60%省级以上农业产业化龙头企业和标准化建设基地的物联网体系建设。以滇中大型农产品交易中心为引领，完善现代农产品物流体系。开展电子商务进农村综合示范，力争到2025年全省80%的农业龙头企业和农民专业合作社参与网络营销。建设农业科技研发服务平台、科技成果网上交易公共平台。

4. 夯实发展基础

整合涉农科研教学推广单位资源，建设在国内外具有重要影响力的区域性农业产业科技创新和成果转化平台。健全现代农业产业技术体系，创立高原特色农业科技创新联盟，建设云南农业科技谷。持续推进农村土地整治、中低产田地改造，合力推进高标准农田建设，到2025年全省建成高标准农田4000万亩。创建率先基本实现全程机械化示范县，努力补齐云南农村现代化基础设施短板。

5. 提升农产品加工水平

加快推进农产品精深加工示范基地建设，创建一批农产品加工示范园区，形成农产品加工产业集群，力争到2025年全省农产品加工产值与农业总产值之比达到2.5∶1。积极发展农业生产性服务业，推进基层农技推广体系改革，开展市场化、专业化农业生产经营服务。大力发展农村移动互联网营销、第三方交易平台等新型流通业态。推进农业与旅游、文化、康养、体育等深度融合，培育农村新产业、新业态。

6. 推动绿色发展

继续推进化肥农药使用量零增长和耕地质量保护与提升行动，集成推广耕地质量提升和化肥减量增效技术，到2025年测土配方施肥技术覆盖率达90%以上。推进农业可持续发展试验示范区、生态循环农业示范区建设，开展畜禽粪污资源化利用整县推进、秸秆综合利用试点县和地膜治理示范县创建活动，到 2025 年全省畜禽粪污资源化利用率达 80% 以上，秸秆综合利用率达 90% 以上，农膜回收率达 90% 以上。

7. 拓展品牌影响力

开展品牌整合，打造一批云南"云系""滇牌"农产品知名品牌，持续拓展农产品国内国际市场。积极培育在全国知名度和影响力较高的区域公用品牌。加强"三品一标"产品认证登记和管理，到 2025 年全省"三品一标"农产品认证量有 6000 个以上，主要农产品质量监测合格率位居全国前列。推进高原特色农业"走出去"与"引进来"，鼓励有实力的企业采用合作、租赁等形式，发展跨境电子商务，扩大优势农产品出口。

8. 推进产业融合发展

继续加快发展农村电商，发展农超、农社、农企、农校等产销对接的新型流通业态。鼓励发展农业生产租赁、农产品个性化定制、会展农业等新兴业态。加强统筹规划，持续推进农业与旅游、教育、文化、健康养老等产业深度融合，建设一批具有历史、地域、民族特点的休闲农业和乡村旅游示范村。

9. 推进农村人居环境整治

认真实施农村人居环境整治五年行动，以农村生活垃圾和污水治理、农村"厕所革命"和村容村貌提升为主攻方向，加快建设美丽宜居村庄。深入推进农村"厕所革命"，力争到 2025 年实现农村卫生厕所普及率达 90% 以上。因地因村制宜开展农村生活污水治理，到 2025 年乡（镇）镇区生活污水处理设施实现全覆盖，旅游特色型、美丽宜居型村庄和九大高原湖泊周边的村庄生活污水处理设施实现全覆盖。建好、管好、护好、运营好"四好农村路"。整治乡村公共空间和庭院环境，提升建筑风貌。

10. 深化农村改革

用好用活农村改革"冲击钻"，持续激发农业农村现代化发展内生动力。一是深化农村土地制度改革，巩固用好农村承包地确权登记颁证成果，完善农村承包地"三权分置"制度体系，做好农村承包地到期后再延长30年试点工作，进一步放活土地经营权，稳慎推进农村宅基地管理制度改革。二是深化农村集体产权制度改革，巩固和深化农村集体产权制度改革成果，健全农村集体资产规范化管理机制，规范集体经济组织管理；总结推广多种形式的新型农村集体经济发展路径，发展壮大新型农村集体经济；拓展集体资产股权权能，开展农村集体资产股权质押贷款试点。三是巩固和完善农村基本经营制度，实施农民专业合作社规范提升行动，开展示范合作社创建，引导建立联合社，规范引导村党组织领办合作社抱团发展；实施家庭农场培育行动，把符合条件的种养大户、专业大户纳入家庭农场名录；开展家庭农场示范创建，培育发展一大批规模适度、生产集约、管理先进、效益明显的家庭农场；发展农业社会化服务组织，推进全程托管、多环节托管等，引导小农户和现代农业有机衔接。四是健全完善农业支持保护制度，加大财政支农惠农力度，创新农业农村投融资体制机制，建立健全支持和引导工商资本下乡政策体系，形成财政、金融、社会资本等多元投入新格局。

（作者单位：国家统计局云南调查总队；云南省社会科学院农村发展研究所；云南省农业广播电视学校）

专题报告

综合测算农业农村现代化水平

谭 政

观点概要

习近平总书记指出:"没有农业农村现代化,就没有整个国家现代化。"① 党的十九届五中全会强调:"走中国特色社会主义乡村振兴道路,全面实施乡村振兴战略,强化以工补农、以城带乡,推动形成工农互促、城乡互补、协调发展、共同繁荣的新型工农城乡关系,加快农业农村现代化。"② 农业农村现代化,既是国家现代化整体进程的重要组成部分,又是新时代"三农"工作的总目标,关系着中华民族伟大复兴战略全局,决定着我国社会主义现代化建设的成色和质量。然而,当前云南农业农村现代化发展情况如何?处于何阶段?却少有学者涉及。

云南农村经济经过多年的发展已基本形成了以高原特色现代农业为抓手的绿色发展之路,更好地主动融入和服务国家战略。本文研究运用AHP层次模型,构建云南农业农村现代化指标体系,从产业体系、生产体系、经营体系、支持体系、质量效益、基础设施、公共服务、农村环境、农民生活等方面入手对云南农业农村现代化发展水平进行测算。研究发现:云南农业农村现代化总体处于第二次现代化中期,与发达地区仍有较大差距;

---

① 习近平:《把乡村振兴战略作为新时代"三农"工作总抓手》,《求是》2019年第11期,第4—10页。

② 《中华人民共和国国民经济和社会发展第十四个五年规划和二〇三五年远景目标纲要》。

农业发展水平和质量仍然不高，农业支持体系和农业产业体系相对滞后，不利于农业现代化基础的巩固；农业农村基础设施仍然薄弱；农村基本公共服务与农村常住居民生活需要及城乡基本公共服务均等化的要求仍有不小差距；巩固拓展脱贫攻坚成果仍有压力。

总的来看，在全国发展格局中，云南是一个后发展和欠发达的省份。推进农业农村现代化有利于促进农民增收，有利于补齐发展短板，有助于夯实和巩固全面现代化之基础。巩固拓展脱贫攻坚成果、夯实基础、补齐短板，确保云南农业农村现代化稳步推进是未来发展的总基调。特别是持续有效政策实施的背后是云南省委、省政府对"三农"工作的高度重视。

一、云南农业农村现代化的意义

全面建设社会主义现代化国家，是中国共产党在全面建成小康社会目标完成之后确定的新的伟大奋斗目标，是我国社会主义现代化建设"三步走"总体战略的延续和深化。"现代化"一词在现代汉语中解释为："通常指社会摆脱旧形态时所发生的变化，涉及社会经济、政治、文化、心理等方面的整体变迁，并具有向更大范围扩张的特征。"[①] 其有变化、变迁、范围、发生方面的含义，而农业农村现代化与全面现代化既有区别又有联系。

推进农业农村现代化是全面建设社会主义现代化国家的重要任务，也是解决我国发展不平衡不充分问题的重要举措，还是实施乡村振兴战略的总目标，更是推动农业农村高质量发展的重要途径。作为一个后发展和欠发达省份，云南农业农村现代化深刻影响着云南和我国的全面现代化。农业农村现代化是我国全面现代化的最大短板，而云南农业农村现代化更是"短板"中的短板。因此，加快推进云南农业农村现代化，有助于夯实和巩固全面现代化之基础。

---

① 在线《现代汉语词典》，https://cd.hwxnet.com/view/lhjllblnnfmkjjml.html。

(一)有利于巩固拓展脱贫攻坚成果

2020年底,云南省933万农村贫困人口全部脱贫、8502个贫困村全部出列、88个贫困县全部摘帽,11个"直过民族"和人口较少民族整体脱贫[①],云南与全国同步全面建成小康社会。然而,由于基础薄弱、后劲乏力,云南脱贫地区仍然面临着巩固脱贫攻坚成果的巨大压力。设立过渡期并保持过渡期现有帮扶政策稳定,稳步推进脱贫攻坚向乡村全面振兴平稳过渡,有利于巩固拓展脱贫攻坚成果。

(二)有利于快速推进乡村建设行动

《中共云南省委、云南省人民政府关于全面推进乡村振兴加快农业农村现代化的实施意见》要求,实施乡村振兴"百千万"示范工程,加快推进村庄规划工作,加强乡村公共基础设施建设,实施农村人居环境整治提升五年行动,提升农村基本公共服务水平,加快县域内城乡融合发展,深入推进山区综合开发,强化农业农村优先发展投入保障。乡村建设行动一方面有利于缩小全省城乡差距,另一方面有利于形成确保农业农村优先发展、推进农业农村现代化的制度框架和长效机制。

(三)有利于推动绿色转型发展

深入打造世界一流"绿色能源牌、绿色食品牌、健康生活目的地",是云南省发展不可替代的最大优势及融入新发展格局、构建现代产业体系的突破口和切入点。依托高原特色现代农业,全省将绿色有机作为现代农业的发展方向,实施绿色有机基地建设和产品认证,建设了一批优势特色产业基地,抓好"一县一业",打造"一村一品",优化农业生产条件和生产方式,有效推动云南省农业转型升级,使农业农村现代化向更高质量迈进。

---

① 周佳艺:《2020年云南省933万农村贫困人口全部脱贫》,中国网,2021-05-21,http://union.china.com.cn/txt/2021-05/21/content_41569913.html。

二、测度与结果

尽管云南已与全国同步开启了全面建设现代化的新征程,但是当前全省农业农村现代化进展情况如何、处于什么阶段,却少有研究涉及。正值"十四五"的开局和全面现代化的起步阶段,对全省农业农村现代化水平进行测度,有利于科学研判云南省农业农村现代化的程度和阶段,找出加快推进农业农村现代化面临的短板与弱项。

(一)指标与数据

科学的指标体系是农业农村现代化水平测算的重要依据。纵观目前国内外相关研究,对农业现代化的相关研究较多,而将农业农村现代化一并设计、一体推进还是党的十九大明确提出的,相关研究较为少见。

1. 指标依据

构建农业农村现代化测度指标既不能照搬照抄,也不能完全自主创造;既要考虑国情、省情、农情的特殊性,又要体现农业农村现代化的普遍性。设置农业农村现代化水平的测度指标,既要参考国家相关政策,又要兼顾地方发展实际。

本文在参考《中共中央关于制定国民经济和社会发展第十四个五年规划和2035年远景目标的建议》《中华人民共和国国民经济和社会发展第十四个五年规划和二〇三五年远景目标纲要》《中共中央、国务院关于全面推进乡村振兴加快农业农村现代化的意见》《中共云南省委关于制定云南省国民经济和社会发展第十四个五年规划和二〇三五年远景目标的建议》《云南省国民经济和社会发展第十四个五年规划和二〇三五年远景目标纲要》《中共云南省委、云南省人民政府关于全面推进乡村振兴加快农业农村现代化的实施意见》等政策文件基础上,借鉴中国特色社会主义现代化理论研究系列成果,重点参考何传启主编的《中国现代化报告(2020)——世界现代化度量衡》对中国地区现代化水平的度量与测算,综合参考丁威和解安(2017)①、肖路遥(2019)②、郭银锋和张永军(2019)③及何传启、刘雷、赵西君(2021)④关于现代化指标体系、构建原则与方法，结合党的十九大以来，特别是党的十九届历次全会对我国社会主义现代化建设做出新的战略部署，同时考虑到行业、部门的差异，还专门参考陈锡文(2018)⑤、魏后凯(2020)⑥、杜志雄(2021)、王亚华和侯涛(2020)⑦等关于农业农村现代化的内涵解析，以及中国社会科学院农村发展研究所课题组(2020)⑧、刘国斌和方圆(2021)⑨、李刚和李双元(2020)⑩、张应武和欧阳子怡(2019)⑪等学者的研究成果。

2. 数据来源

按照综合性、系统性、典型性、可比性、获得性原则，结合地方实际，本文构建了34个农业农村现代化评价指标体系，详见表1。为了增强

---

① 丁威、解安：《习近平社会主义现代化强国目标体系研究》，《学术界》2017年第12期，第178—190页。

② 肖路遥：《广州实现社会主义现代化指标体系研究》，《决策咨询》2019年第02期，第41—45页。

③ 郭迎锋、张永军：《我国2035年基本实现社会主义现代化指标体系构建及评估》，《全球化》2019年第10期，第60—76页、134—135页。

④ 何传启、刘雷、赵西君：《世界现代化指标体系研究》，《中国科学院院刊》2020年第11期，第1373—1383页。

⑤ 陈锡文：《实施乡村振兴战略，推进农业农村现代化》，《中国农业大学学报》（社会科学版）2018年第1期，第5—12页。

⑥ 魏后凯：《深刻把握农业农村现代化的科学内涵》，《农村工作通讯》2019年第2期，第1页。

⑦ 王亚华、侯涛：《立足国情农情推进农业农村现代化》，《中国党政干部论坛》2021年第1期，第63—66页。

⑧ 中国社会科学院农村发展研究所课题组：《农村全面建成小康社会及后小康时期乡村振兴研究》，《经济研究参考》2020年第9期，第5—45页。

⑨ 刘国斌、方圆：《吉林省率先实现农业现代化发展研究》，《农业现代化研究》2021年第3期，第398—406页。

⑩ 李刚、李双元：《青海省农业农村现代化发展水平研究》，《农业现代化研究》2020年第1期，第24—33页。

⑪ 张应武、欧阳子怡：《我国农业农村现代化发展水平动态演进及比较》，《统计与决策》2019年第20期，第95—98页。

指标解释力，本文尽可能多地选择比率（百分数），仅在粮食产量、农村居民人均可支配收入使用绝对量。这些指标数据主要来自《中国统计年鉴（2017—2020）》《云南统计年鉴（2017—2020）》《云南领导干部手册2021》《云南省2020年国民经济和社会发展统计公报》等公开出版物。其中农产品加工产值与农业总产值之比、自然村达到农村人居环境Ⅰ档标准率、行政村有污水处理设施、农村无害化卫生户厕覆盖率几个指标由于在以上资料中不能查到，故从网络收集整理。

表1 农业农村现代化综合评价指标体系

维度	一级指标	序号	二级指标	主要含义	指标属性
农业现代化	产业体系	X1	农林牧渔服务业比重	农业社会化服务水平	+
		X2	农产品加工产值与农业总产值之比	农业加工水平	+
		X3	乡村非农产业就业人员比例	乡村产业发展水平	+
		X4	粮食产量（万吨）	安全保障情况	+
	生产体系	X5	单位面积农机动力（千瓦时/公顷）	农业机械化水平	+
		X6	有效灌溉率	农业水利化水平	+
		X7	单位面积农药使用量（千克/公顷）	农业绿色化情况	−
		X8	单位面积化肥施用量（千克/公顷）	农业绿色化情况	−
		X9	畜禽养殖规模化率	农业集约化水平	+
		X10	高标准农田面积比例	农业设施化水平	+
	经营体系	X11	村集体经营收入占集体经济总收入比	集体经济发展能力	+
		X12	农户参加农业专业组织比重	农民组织化水平	+
		X13	集体经济强村比	集体经济发展水平	+
	支持体系	X14	农业支出占财政总支出比例	农业农村优先发展水平	+
		X15	农林水事务支出占财政支出比	对农业重视程度	+
	质量效益	X16	劳动生产率（万元/人）	劳动力产出效益	+
		X17	土地产出率（万元/亩）	土地产出效益	+

续表

维度	一级指标	序号	二级指标	主要含义	指标属性
农村现代化	基础设施	X18	城镇化率	农村发展水平	+
		X19	农村自来水普及率	农村水利水平	+
		X20	农民年均用电量（千瓦时/人）	基本生活条件	+
		X21	公路网密度	基本生活条件	+
		X22	宽带覆盖率	信息化水平	+
	公共服务	X23	学龄儿童入学率	农村教育水平	+
		X24	农村文化娱乐水平	农村文化需求层次	+
		X25	农村医疗保健水平	农村医疗需求层次	+
		X26	农村医疗机构床位数（张/万人）	农村医疗卫生水平	+
	农村环境	X27	自然村达到农村人居环境Ⅰ档标准率	乡村公共环境水平	+
		X28	农村无害化卫生户厕覆盖率	农村卫生状况	+
		X29	行政村有污水处理设施	乡村公共环境基础	+
		X30	农村生活垃圾收集处理率	农村环境治理水平	+
	农民生活	X31	农村居民人均可支配收入（元）	效益及生活水平	+
		X32	城乡居民收入比	城乡收入差异水平	−
		X33	农村居民恩格尔系数	农民消费水平	−
		X34	农村人力资本开发程度	人力资本开发程度	+

注："+"表示正向指标，"−"表示负向指标。

（二）方法与过程

有效的技术路线是确保指标运用合理的基本前提，特别是在农业农村现代化水平的测算中，由于涉及指标数量较大、测评维度较多，技术路线运用要相对成熟，其结果才具备参考价值。

1. 技术路线

总体技术路线按照指标选择、指标计算、综合测度方法、测度结果评估的路径展开，详见图1。科学的技术路线设计，一方面能增加测算的准确性和可靠性，另一方面能使农业农村现代化水平的测算更加符合地区发

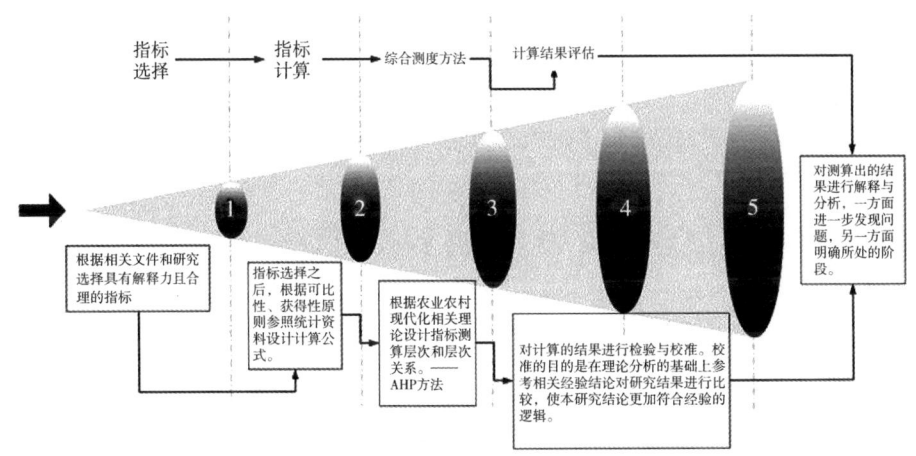

图1 云南省农业农村现代化水平总体技术路线

准确的指标是确保技术路线有效推进的基础。除直接能够获取指标外，以下是一些指标的具体计算方法。

（1）农林牧渔服务业比重 = 农林牧渔服务业产值 / 农业总产值。农林牧渔服务业比重主要用于衡量农业社会化服务水平，属于产业体系基础指标。

（2）乡村非农产业就业人员比例 =1-（第一产业就业人员 / 乡村就业人员）。乡村非农产业就业人员比例是衡量乡村产业发展水平和层次的关键指标，理论上乡村非农产业就业人员比例越高，说明乡村产业发展水平和层次越高。

（3）单位面积农机动力（千瓦时 / 公顷）= 农机总动力 / 农作物播种面积。

（4）有效灌溉率 = 有效灌溉面积 / 耕地面积。

（5）化肥单位面积施用量（千克 / 公顷）= 化肥施用量 / 农作物播种面积。

（6）农药单位面积施用量（千克 / 公顷）= 农药施用量 / 农作物播种面积。

（7）高标准农田比例 = 高标准农田面积 / 耕地面积。

这些指标是反映农业生产体系能力的重要指标，只有（5）、（6）是负向影响关系，即（5）、（6）数值越低越好。

（8）农户参加农业专业组织比重＝参加农业专业组织农户数／农户总数。

（9）集体经济强村比＝10万元—50万元的村／村级总数。

这两项指标集中反映了农业经营体系发展情况，是组织化和集体经济的关键指标。

（10）农业支出占财政总支出比例＝涉农支出／财政总支出。

（11）农林水事务支出占财政支出比＝农业支出／财政总支出。

这两项指标集中反映了财政对农业发展的支撑作用，是政府对农业发展提供保障的重要反映。

（12）劳动生产率（万元／人）＝第一产业增加值／乡村第一产业从业人员。

（13）土地产出率（万元／亩）＝农林牧渔总产值／农作物播种面积。

这两项指标是农业质量和效益的反映，一般情况下单位劳动产出越高，单位土地投入产出越高，反映出农业发展质量和效益较好。

（14）农民年均用电量（千瓦时／人）＝农村用电量／农村总人数。

（15）路网密度＝四级公路连通县、乡、村等的支线公路／地区总面积。

（16）宽带覆盖率＝通宽带村数／村级总数。

（17）农村文化娱乐支出占比＝农村文化站／农村总人口。

（18）农村医疗保健支出占比＝农村医疗保健支出／农村生活消费支出。

（19）每万农村人口医疗机构床位数（张／万人）＝农村医疗机构床位数／农村总人口。

（20）城乡居民收入比＝城镇常住居民人均可支配收入／农村常住居民人均可支配收入。

（21）农民恩格尔系数＝农村居民人均食品烟酒支出／消费支出。

（22）农村人力资本开发程度＝农村文化娱乐支出／农村生活消费支出。

农村现代化与农业现代化是相辅相成的。这些指标集中反映了农村现代化在基础设施、公共服务、农村环境以及农民生活方面的发展情况，其中（20）、（21）是负向指标，数值越低反映现实情况越好。

2. 方法与检验

科学的方法是科学决策的基础。没有完整科学过程的分析与推演，仅仅从结果进行分析，将大大降低测算的准确性、科学性、逻辑性和完整性。适合的模型方法是测算现代化水平的重要路径。本次测算使用 AHP 层次模型法，该方法优势突出，模型稳定，适合测算现代化水平。

首先，构建云南农业农村现代化水平综合测算结构化层次模型。从农业现代化和农村现代化的关系入手，同时参考杜志雄（2021）[①]对农业现代化与农村现代化相互关系的论述，构建云南农业农村现代化水平综合测算结构化层次模型。农业农村现代化并不是将农业与农村割裂开来，而是系统地将农业和农村联系起来，二者是有机耦合而成的相互交叉融合的有机体。据此，构建云南省农业农村现代化水平综合测度结构化层次模型，详见图2。同时构建指标向量矩阵式（1-1），并对指标进行数据标准化处理，消除单位对数量结果的影响，其中负向指标标准化使用式（1-5）、正向指标标准化使用式（1-6）。

$$\begin{pmatrix} x_1 & y_1 & z_1 & \cdots \\ x_2 & y_2 & z_2 & \cdots \\ x_3 & y_3 & z_3 & \cdots \\ \vdots & \vdots & \vdots & \ddots \end{pmatrix} \quad (1\text{-}1)$$

$$W_i = \frac{\overline{W_i}}{\sum_{i=1}^{n} \overline{W_i}}, W = \begin{Bmatrix} w_1 \\ w_2 \\ w_3 \\ \vdots \\ w_n \end{Bmatrix} \quad (1\text{-}2)$$

$$CI = \frac{\lambda*\max - n}{n-1} \quad (1\text{-}3)$$

$$CR = \frac{CI}{IR} \quad (1\text{-}4)$$

$$x_i^* = \frac{\max(x_i) - x_i}{\max(x_i) - \min(x_i)} \quad (1\text{-}5)$$

$$x_i^* = \frac{x_i - \min(x_i)}{\max(x_i) - \min(x_i)} \quad (1\text{-}6)$$

---

① 杜志雄：《农业农村现代化：内涵辨析、问题挑战与实现路径》，《南京农业大学学报》（社会科学版）2021年第5期，第1—10页。

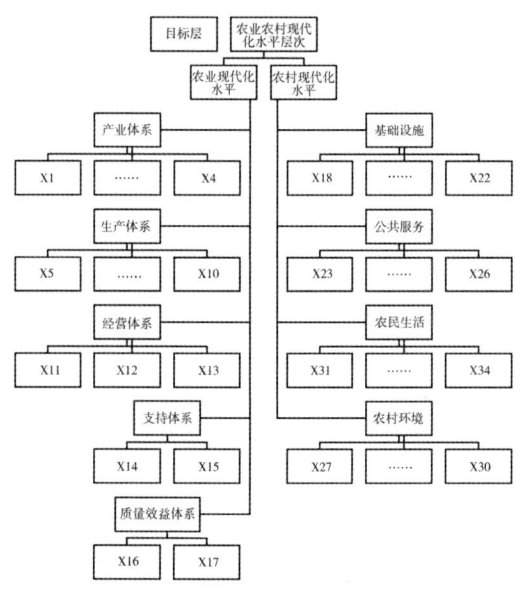

图2　云南省农业农村现代化水平综合测度结构化层次模型

其次,建立云南农业农村现代化水平综合测度判别准则逻辑。限于篇幅这里重点突出计算过程,判别逻辑解释不再赘述。在判别逻辑下,通过式(1-2)、式(1-3)、式(1-4)对权重进行测算,得到云南省农业农村现代化水平层次结构图,详见图3,该图中的数据为通过模型测算得出的权重分配方案结果。图4为输出的农业农村现代化水平层次模型各指标权重环型结构图,通过该图可以计算出各指标权重占比。式(1-4)为一致性检验公式构造,用于检验模型权重分配计算效果。为简化叙述,这里报告四个层次的一致性比例值。一是农业现代化与农村现代化的一致性比例值实测为0.0000;二是农业现代化中生产体系、产业体系、经营体系、支持体系以及质量效益之间的一致性比例实测值为0.0661;三是农村现代化中基础设施、公共服务、农村环境以及农民生活之间一致性比例实测值为0.0227;四是总体模型平均一致性比例实测值为0.0444;各层次一致性比例均小于0.1000,说明总体模型结构合理可靠。图1-5和图1-6分别为农业现代化和农村现代化与各具体指标的灵敏度趋势检验情况,实测输出结果显灵敏度为0.1318,采样点390,总体模型设置对各指标的影响趋势平缓,模型结构良好稳定。

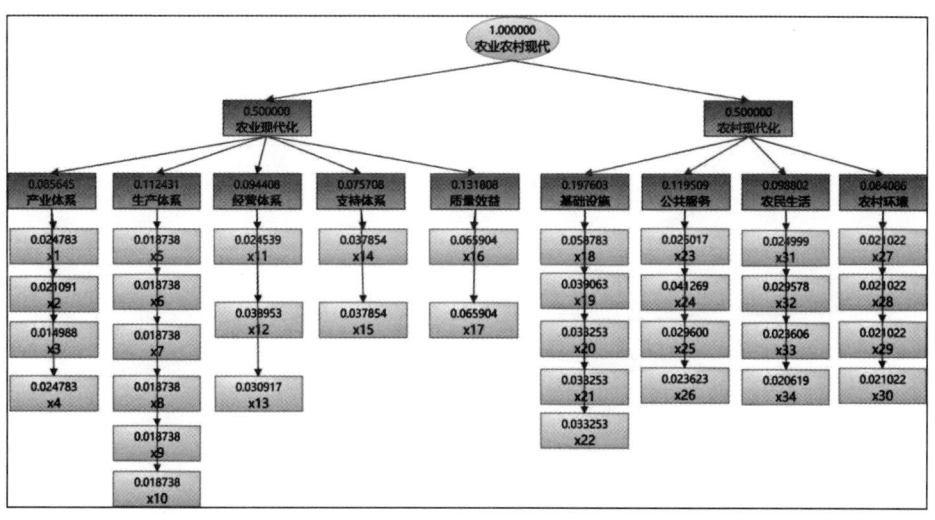

图 3　云南省农业农村现代化水平层次模型分析结果图

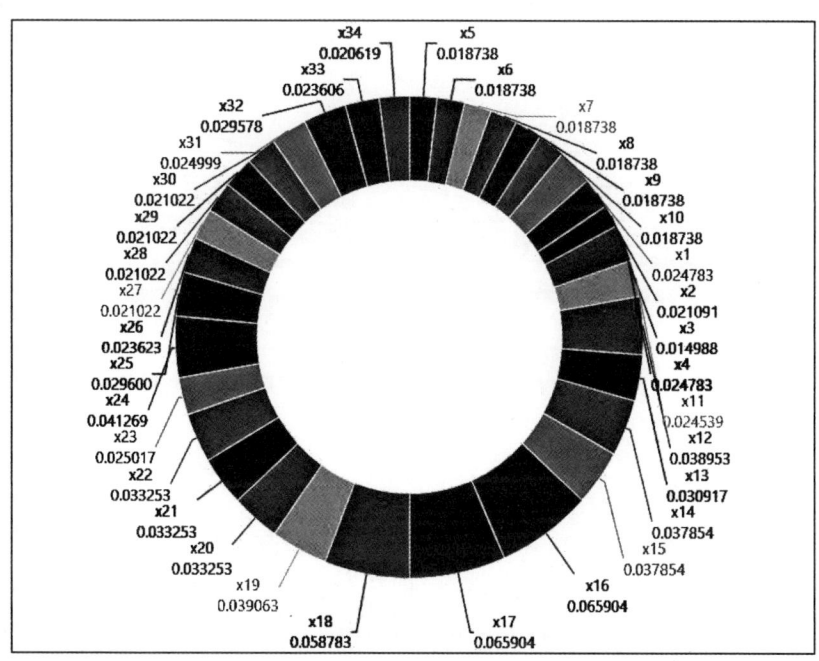

图 4　云南省农业农村现代化水平层次模型各指标权重环型结构图

· 047 ·

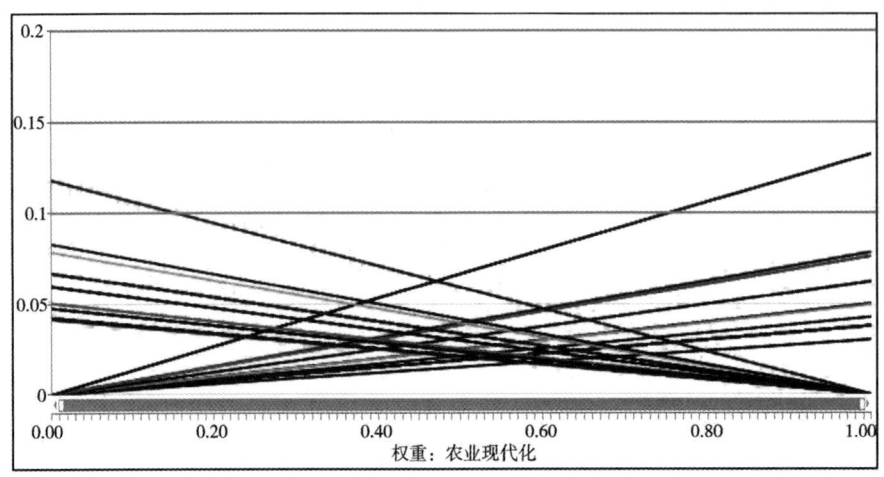

图 5　云南省农业现代化水平 100 采样点灵敏度趋势检验情况

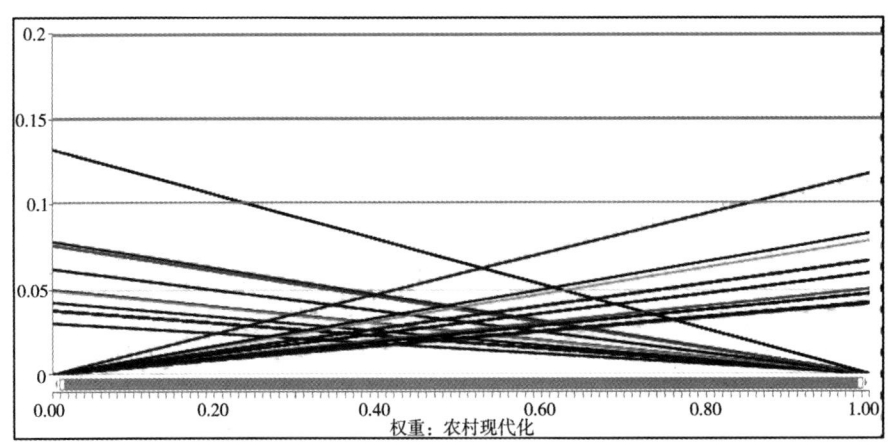

图 6　云南省农村现代化水平 100 采样点灵敏度趋势检验情况

（三）基本结论

上文模型设定对指标的进一步推演和综合计算表明：与全国同步建成小康社会之后，云南省农业农村现代化水平总体处于第二次现代化中后期。为了与全国其他地区农业农村现代化水平衔接，同时在全国发展格局中定位云南省农业农村现代化水平，本文以中国科学院何传启在《中国现代化报告2020——世界现代化的度量衡》一书中发布的全国各省2017年第二次现代化水平指数值作为校准基期，对云南省农业农村现代化水平进行校准。

本次测算参考第二次现代化技术路径[①]，结果反映的是第二次现代化发展水平。2020年云南省农业农村现代化总体水平为54.56%，分解后农业现代化水平为29.19%，农村现代化为25.37%；2019年农业农村现代化总体水平为40.15%，分解后农村现代化为18.67%，农业现代化为21.48%，详见表2。表3报告了2018—2020年度云南省农业农村现代化水平的中观维度分解。表4为云南省总体农业农村现代化水平的参考标准以及2019—2020年全国重要省（市、自治区）全面现代化水平值。综合以上结论，同时参考全国其他地区现代化水平，在开启全面现代化新征程的2020年，云南省农业农村现代化水平总体处于第二次现代化的中期，尚未形成或全面开启以知识经济、技术创新等驱动的第三次现代化趋势。相比较，以北京、上海为代表的都市现代农业类型已经开启以知识经济、技术创新等为驱动的第三次现代化浪潮。

表2 云南省农业农村现代化水平测算结果

类型	2019年	2020年
AMDS-农业现代化水平	21.48%	29.19%
RMDS-农村现代化水平	18.67%	25.37%
A&R.MDS-农业农村现代化水平	40.15%	54.56%

注：模型计算得出。

---

① 三次现代化浪潮划分标准及依据均参考何传启在《中国现代化报告2018—2019》中的相关划分及测算。

表3 云南省农业农村现代化水平结构分解

结构情况	中观维度	2019年（基础）	2020年（起步）
农业现代化	产业体系水平	3.68%	5.00%
	生产体系水平	4.83%	6.56%
	经营体系水平	4.06%	5.51%
	支持体系水平	3.25%	4.42%
	质量效益水平	5.66%	7.70%
农村现代化	基础设施	4.62%	6.28%
	公共服务	3.69%	5.02%
	农村环境	3.91%	5.31%
	农民生活	6.45%	8.76%

注：模型计算得出。

表4 云南省农业农村现代化总体水平参考标准

划分标准	阶段评价 第二次现代化	2017年主要地区全面现代化参考值	2019年	2020年
0—35%	前期	贵州32.5%	93.62%	99.62%
36%—55%	中期	广东54.7%	98.79%	105.11%
56%—75%	中后期	浙江61.7%	69.59%	74.04%
76%—85%	后期	上海78.8%	38.61%	42.09%
86%—100%	开端（第三次现代化）	北京82.7%	61.93%	65.89%

注：按每年平均6.4%的增长率估算（贵州按每年9%增长率）。

三、面临的困难和挑战

尽管云南省农业农村现代化已经进入第二次现代化的中期，但是仍然面临着农业发展质量不高、农业农村基础设施更新缓慢、农村公共服务短板以及巩固拓展脱贫攻坚成果的压力大等困难和挑战。

（一）农业发展质量仍然不高

农业发展水平的高低不仅要看质量效益更要看生产、经营以及支持体系的作用。云南作为农业大省，党的十九大以来，省委、省政府聚焦打造世界一流"三张牌"，促进农业农村发展取得了较大成就，发生了历史性变革。但是在辉煌成就的背后全省仍然面临着农业发展总体不高的问题。模型测算结果显示，2019 年云南农业现代化中支持体系[①]和产业体系[②]水平均低于生产体系和质量效益水平；2020 年这种差距持续加大，支持体系低于生产体系 2.14 个百分点，产业体系低于质量效益 2.70 个百分点。农业支持体系和农业产业体系相对滞后不利于农业现代化基础的巩固。总体来看，尽管云南省农业现代化水平高于农村现代化水平，但是农业产业体系面临产业链条短、融合度低、农产品增值能力不强等问题，特别是农村一二三产业融合水平不高、农产品在国际市场上缺乏竞争力。

（二）农业农村基础设施仍然薄弱

农业农村基础设施是确保快速推进农业农村现代化的重要前提。保障农业农村基础设施投入是农业农村优先发展的关键。根据模型测算，云南省农村现代化水平总体落后于农业现代化水平，2019 年云南农业现代化水平高于农村现代化水平 2.81 个百分点，2020 年农业现代化水平高于农村现代化水平 3.82 个百分点，差距逐渐拉大；农村基础设施水平低于农民生活水平 2.48 个百分点。农村基础设施方面短板集中在现代生产基础设施。《中国统计年鉴 2021》显示：2020 年云南农村人均用电量仅 525.69 千瓦时 / 人，是全国农村人均用电 1860.15 千瓦时 / 人的 28.26%。特别是农村地区冷链物流基础设施建设滞后，农村产地批发市场、鲜活农产品直销网点等设施相对落后。农村垃圾集收运和污水处理能力有限，先进技术要素

---

① 农业支持体系主要集中反映在财政对农业发展的支持辅助力度。
② 农业产业体系主要反映的是重要农产品供给保障、农业产业链以及农业产业结构情况。

向乡村扩散渗透力不够。

2020年虽然云南省农业现代化水平高于农村现代化水平3.82个百分点，但是从横向对比来看，云南农业现代化仍然与发达地区有一定差距。《中国统计年鉴2021》显示：2020年虽然云南累计建成2444万亩高标准农田，但是全省累计建成高标准农田占耕地总面积仍然低于25%。2019年云南每公顷农用机械动力为3.91千瓦时，低于全国平均水平2.28千瓦时，对比东部的上海、浙江、广东、海南，仅仅高于上海0.16千瓦时，低于浙江5.63千瓦时，低于广东1.73千瓦时，低于海南4.68千瓦时；对比西部的贵州和四川，低于贵州0.62千瓦时，低于四川0.92千瓦时，详见表5。2019年云南有效灌溉面积占农作物总播种面积比重为27.71%，低于全国13.86个百分点，对比东部的上海、浙江、广东、海南，严重低于上海45.29个百分点，严重低于浙江40.58个百分点，低于广东15.27个百分点，低于海南15.27个百分点；对比中部的四川和贵州，高于贵州6.65个百分点，低于四川2.77个百分点，详见图7。尽管云南农业农村基础设施得到较大改善，但是由于地处高原山区，绝大多数村庄地处山区、半山区，农业农村基础设施建设一方面投入成本高，另一方面管护难度大。

表5 全国及部分省份每公顷农用机械动力情况

单位：千瓦时

年份		2014	2015	2016	2017	2018	2019
全国		6.53	6.72	5.83	5.94	6.05	6.19
东部省份	上海	3.30	3.50	4.03	4.28	3.33	3.75
	浙江	10.64	10.31	10.98	10.46	10.15	9.54
	广东	5.55	5.64	5.72	5.70	5.68	5.64
	海南	6.02	6.05	7.06	8.03	7.94	8.59
西部省份	四川	4.30	4.55	4.49	4.62	4.79	4.83
	贵州	4.46	4.65	3.64	3.85	4.34	4.53
	云南	4.47	4.64	5.07	5.20	3.91	3.91

数据来源：根据《中国统计年鉴2020》相关数据计算。

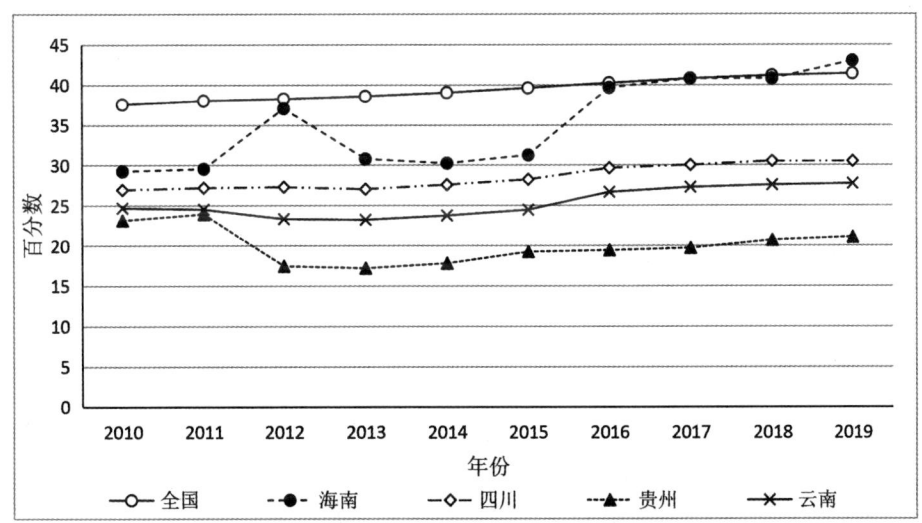

图 7　全国及部分省份有效灌溉面积占农作物总播种面积比

数据来源：根据《中国统计年鉴 2020》相关数据整理计算。

（三）农村公共服务配置仍然困难

农村公共服务能力弱是起步阶段农村现代化的短板。科学研判人口变动趋势是配置和强化农村公共服务的前提。模型测算结果显示，2020年云南农村现代化水平中农村公共服务发展水平为5.02%，低于农村生活水平3.74个百分点；2019年农村公共服务水平低于农村生活水平2.76个百分点，差距进一步拉大。与城镇相比，全省农村医疗卫生、文化教育、养老等基本公共服务缺口仍然较大，城乡之间教育发展水平仍不平衡，尤其是农村学前教育；医疗卫生服务能力、服务效率仍然不高；农村养老存在供需失衡、观念方式转变困难等问题。2020年云南每万农村人口医疗机构床位数仅27.0张，2019年为25.9张，从2018年开始到2020年每年仅每万人增加2张。如按照每万人每年增加2张估算，到2035年云南每万人农村人口医疗机构床位数仅57张，与乡村振兴和农业农村现代化的要求仍有一定距离。另外，云南正步入城镇化加速推进的阶段，在城乡人口加速演变的背景下，一些村庄常住人口数的变动，加剧了农村公共服务配置的困难。云南省第七次全国人口普查主要数据显示①，全省居住在城镇的人口为23628564人，占总人口的50.05%；居住在乡村的人口为23580713人，占总人口的49.95%。与2010年云南省第六次全国人口普查相比，城镇人口比重提高了14.85个百分点。全省人户分离人口为12209314人，其中市辖区内人户分离人口为1610264人，流动人口为10599050人。在流动人口中，跨省流入人口为2230394人，省内流动人口为8368656人。这反映出城镇化仍有较大提升空间，人口持续向经济更为发达、公共服务更为完善的区域中心城市、中心集镇等聚集。特别是一些坝区中心村距离县城较近，由于农业生产对人口产生的"引致"需求，这些村庄人口趋于聚集。由于紧邻县城，这些村庄的公共服务需求数量和质量将向县城看齐，而供给方面则难以满足同等的需求。对于人口流出地的村庄，特别是在老龄化加速的背景下，农村公共服务配置需求更加倾向于特殊人群，比如老人、留守儿童、妇女、外出打工人员等，政策需求也要求更加精准。在交通促进、产业发展的拉动下，全省人口呈现出进一步向以"大理—楚雄—昆明—曲靖""昭通—昆明—玉溪—红河"形成的"十"字形区域流动和集聚的发展态势，全省人口向滇中城市群进一步聚集。进而形成"人口较多向'十'字形区域和沿边区域流动和集聚的趋势进一步加强"②。在城乡人口加剧变动的背景下，农村公共服务既可能面临供给不到位的情况，又可能面临供给与需求错配的局面。农业农村公共服务配置更加困难，不利于农业农村现代化的加速推进。

---

① 云南省统计局，云南省第七次全国人口普查领导小组办公室：《云南省第七次全国人口普查公报》，云南省统计局网站，2021-05-17，http://stats.yn.gov.cn/tjsj/jjxx/202105/t20210517_1051975.html。

② 熊理然：《人口流动趋势更加明显 人口集聚效应进一步加强——云南省第七次全国人口普查公报解读》，云南省统计局网站，2021-05-17，http://stats.yn.gov.cn/tjsj/jjxx/202105/t20210517_1051973.html。

（四）巩固拓展脱贫攻坚成果仍有压力

巩固拓展脱贫攻坚成果与乡村振兴有效衔接是过渡时期推动农业农村现代化的大前提。巩固脱贫攻坚成果的关键在于通过农村产业发展为低收入群体提供收入支撑能力。虽然模型测算的 2020 年云南农村居民生活水平比 2019 年提高了 2.31 个百分点，但是由于云南脱贫地区农村居民收入仍然处于较低水平，近 100 万人口仍然处于低收入状态，仍然面临着巩固脱贫成果的巨大压力。《云南调查年鉴 2021》显示：2020 年云南农村常住居民人均可支配收入结构中工资性收入占比为 30.95%，比上年上升 0.7 个百分点；经营净收入占比 50.97%，比上年下降 1.42 个百分点；财产净收入占比 1.54%，比上年下降 0.04 个百分点；转移净收入占比 16.72%，比上年上升 0.76 个百分点。尽管工资性收入有所提升，但是占比仍然没有超过经营净收入，侧面反映出家庭经营仍然支撑着农民收入，小农经营的制约仍然客观存在。2019 年云南农村常住居民人均可支配收入中工资性收入低于全国水平 10.84 个百分点，财产净收入占比低于全国水平 0.77 个百分点，转移净收入占比低于全国水平 4.62 个百分点，而经营净收入占比则异常高于全国水平近 16.24 个百分点，达 52.21%。云南农村常住居民人均工资性收入占比低于上海 30.06%，低于广东 21.29%，低于浙江 31.60%，低于海南 11.55%，其中海南以特色农业多样化发展为方向，详见表 6、图 8、图 9、图 10、图 11。特别是许多脱贫地区，随着特色农业和乡村产业发展规模的扩张，产业同质竞争不断加剧，质量、效益、竞争力下降问题凸显，容易因产业资金链断裂、营销渠道不畅、品牌建设"内卷"、市场拓展难度加大，出现区域性、规模性产业滑坡和农户减收风险。

表6 2019年全国及部分省份农村常住居民人均可支配收入情况及占比

2019年		农村居民人均可支配收入（元）	工资性收入占比（%）	经营净收入占比（%）	财产净收入占比（%）	转移净收入占比（%）
	全国水平	16020.67	41.09	35.97	2.35	20.58
东部	上海	33195.20	60.31	7.10	3.90	28.69
	浙江	29875.82	61.85	24.42	2.85	10.87
	广东	18818.42	51.54	23.63	2.88	21.96
	海南	15113.15	41.80	38.81	1.87	17.52
西部	四川	14670.09	31.78	38.45	3.11	26.66
	贵州	10756.30	44.38	31.86	1.12	22.63
	云南	11902.37	30.25	52.21	1.58	15.96

数据来源：据《中国统计年鉴2020年》整理计算。

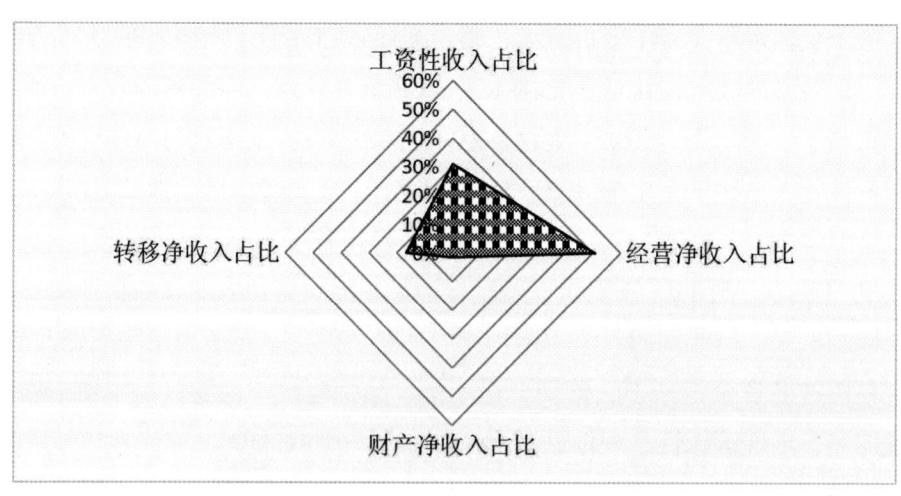

图8 2020年云南农村常住居民收入情况

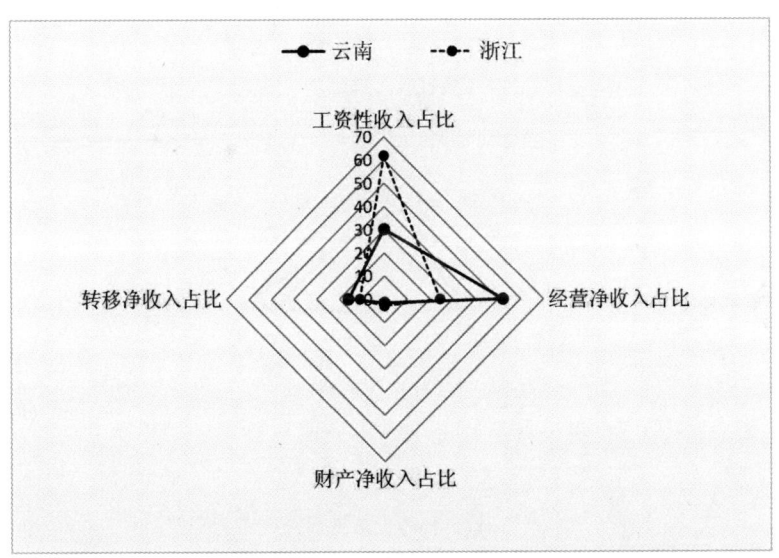

图9　2019年云南与浙江农村常住居民人均可支配收入情况对比

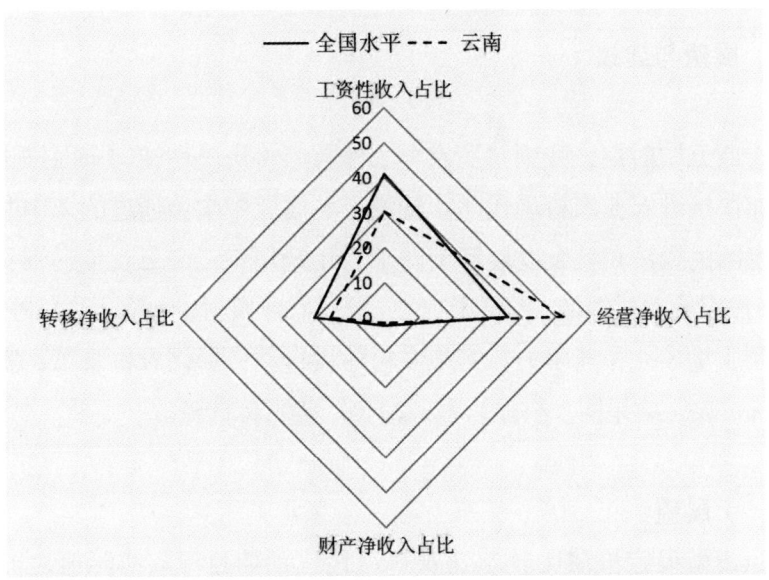

图10　2019年全国与云南农村常住居民人均可支配收入情况对比

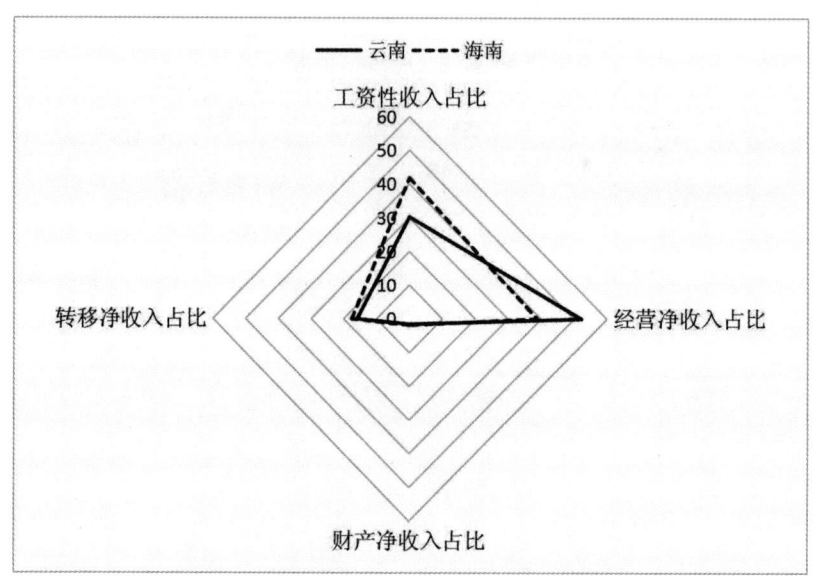

图 11　2019 年云南与海南农村常住居民人均可支配收入情况对比

四、展望与建议

"十四五"时期,我国"三农"工作重心将历史性转向全面推进乡村振兴,加快推进农业农村现代化。党的十九届五中全会通过的《中共中央关于制定国民经济和社会发展第十四个五年规划和二〇三五年远景目标的建议》聚焦农业农村领域,提出了"优先发展农业农村,全面推进乡村振兴;提高农业质量效益和竞争力;实施乡村建设行动;深化农村改革,实现巩固拓展脱贫攻坚成果同乡村振兴有效衔接"等目标任务。

(一)展望

按照模型设定推演比较农业农村现代化预期目标与实际值之间的差距,并预测云南农业农村现代化发展趋势。假定系统性风险影响较小和技术进步相对稳定的情况下,根据模型设定的指标和模式,同时参照何传启在《中国现代化报告2020》设计的三次现代化阶段，将2035年云南基本实现社会主义现代化和农业农村现代化的目标锚定在200%，即完成第三次现代化社会文明开启并进入下一阶段。从2020年云南省农业农村现代化水平的54.56%开始，按照每年7%的速度计算，预计到2035年云南省农业农村现代化水平为150.53%，与目标200%差距为49.47%。虽然到2035年云南省农业农村现代化已经进入第三次现代化的中后期，但是与理想值仍然有一定差距。如果按照每年9%的速度计算，到2035年云南省农业农村现代化水平为198.73%，基本可以达到预期目标。然而，问题是在未来16年间发展速度能否保持在9%以上？受新冠肺炎疫情的影响，2020年云南省完成地区生产总值（即GDP）24521.90亿元，同比增长4.0%，增速在全国排名前列；2019年云南GDP实际增速为8.1%；中国共产党云南省第十一次代表大会预估"十四五"时期GDP平均增速为7.5%以上。当然，GDP增速不等于农业农村现代化发展速度，课题组仅仅是在假定系统诸多确定因素下导出的一个推断。但是在新冠肺炎疫情的持续影响下，特别是系统性风险持续增加的背景下，如何保持农业农村现代化的发展速度和质量将成为关键。

（二）建议

乡村兴则国家兴，乡村衰则国家衰。在现代化进程中，如何处理好工农关系、城乡关系，在一定程度上决定着现代化的成败。随着农业农村现代化相关政策的实施和落地，云南农业农村经济将继续保持快速发展的局面，农业农村现代化将加速推进。

一是进一步巩固强化农业支持体系。强化农业支持体系对现代农业发展的保障能力，加大农业产业结构调整力度，拓展和延伸农产品价值链，持续推进农业产业体系建设。

二是强化产业振兴，加快推进农业现代化。产业发展是乡村振兴的基础，也是巩固脱贫攻坚成果的重点，更是农业农村现代化的物质前提。在政策层面，2022年将全力打造世界一流"绿色食品牌"、提升粮食和重要农产品的供给保障能力、加快发展现代种业、提档升级农业农村水利基础设施建设、强化农业科技的支撑能力、构建现代乡村产业体系、推进现代农业经营体系建设。

三是实施乡村建设行动，补齐农业农村现代化短板。2022年实施乡村建设行动将成为补齐农业农村现代化短板的关键一步。加快推进村庄规划、全面实施乡村建设行动、强化乡村公共基础设施建设、开展农村人居环境整治提升五年行动、优化提升农村基本公共服务水平、推动县域内城乡融合发展等将成为补齐农业农村现代化短板的具体举措。

（作者单位：云南省社会科学院农村发展研究所）

着力构建高质量现代农业产业体系

宋 媛

观点概要

构建高质量的现代农业产业体系是我国实现农业农村现代化的核心内容。党的十八大以来，云南高原特色现代农业的产业政策体系基本形成，以茶叶、花卉、蔬菜、水果、坚果、中药材、肉牛、咖啡等八大绿色产业为重点，紧扣质量兴农、绿色兴农、品牌强农的发展方向，以提质增效为目标，优化农业产业结构，培育壮大新型农业经营主体，推动现代农业和信息化融合，建设农产品新型物流体系，推动农业产前、产中、产后协调发展，打造供应链、延伸产业链、强化营销链、提升价值链，促使农业与第二、三产业融合。截至2021年，云南第一产业在全国占比持续上升，农业产业绿色化、品牌化明显增强，农产品加工产业体系结构优化、效益不断提高，农产品流通体系加快发展，新业态新模式不断涌现，产业融合发展初见成效，现代农业产业体系初步形成。但是，云南现代农业产业体系尚处于起步阶段，农业产业化程度较低，普遍存在"低效化""低值化"问题，优势产业发展层次较低，农产品精深加工滞后，农产品效益和竞争力不高，农村一二三产业融合度偏低，科技和社会化服务业对农业产业的支撑严重不足，构建高质量现代农业产业体系还面临诸多困难和挑战。

"十四五"时期，云南将按照高质量发展要求，坚持质量兴农、绿色兴农、科技兴农、品牌强农，加快完善现代农业产业体系，推进农业由增产导向转向提质导向，着力提高农业全产业链收益，全面提高农业产业的质量效益和竞争力。强化特色产业提质增效，强化产业体系建设与绿色农业发展方式引导，强化公共品牌建设及社会化服务体系建设；深化农业供给侧结构性改革，做强有竞争优势的农业产业；强化技术创新、业态创新、制度创新，加快完善现代农业产业融合发展体系；大力推进现代农业产业标准化建设，提升产品质量安全。到2025年，政策体系和制度框架基本形成，粮食和重要农产品供应保障更加有力，农业生产结构和区域布局明显优化，农业质量效益和竞争力明显提升，现代农业产业体系基本形成。

一、举措与成效

现代农业产业体系是以发展高产、优质、高效、生态、安全农业为核心，以现代科技和现代信息为支撑，以利益联结机制为纽带，有效整合各种农产品的生产、经营、市场、科技、教育、服务等经济主体，实现农业产前、产中和产后协调发展的有机整体。2007年中央一号文件正式提出"健全发展现代农业产业体系"；2008年《中共中央关于推进农村改革发展若干重大问题的决定》强调："以市场需求为导向、科技创新为手段、质量效益为目标，构建现代农业产业体系。"党的十八大以来，习近平总书记多次强调："构建更为现代化的农业产业体系，将现代农业产业体系建设作为农村经济发展的重要推动力量，同时也成为乡村振兴战略实施的重要抓手。"构建高质量的现代农业产业体系是我国实现农业农村现代化的重要任务。

（一）主要举措

云南省委、省政府高度重视高原特色现代农业产业建设，先后出台了《关于加快高原特色农业发展的决定》（2012）、《关于加快转变农业发展方式推进高原特色农业现代化的意见》（2015）、《关于加快高原特色农业现代化实现全面小康目标的意见》（2016）、《关于着力推进重点产业发展的若干意见》（2016）、《关于贯彻乡村振兴战略的实施意见》（2018）、《关于促进农产品加工业跨越发展的实施意见》（2018）、《关于创新体制机制推进农业绿色发展的实施意见》（2018）、《关于创建"一县一业"示范县加快打造世界一流"绿色食品牌"的指导意见》（2019）、《支持农产品生产加工和冷链物流建设政策措施》（2020）等一系列政策，编制实施了《云南省高原特色农业现代化建设总体规划（2016—2020年）》《云南省高原特色现代农业重点产业推进"十三五"规划（2016—2020年）》《云南省乡村振兴战略规划（2018—2022年）》《云南省2020年开拓农村市场促进农村消费行动方案》等规划和实施方案，基本形成了高原特色现代农业的产业政策体系，明确了云南高原特色现代农业产业体系方向、重点内容和发展路径，推动了云南现代农业产业体系的构建。

一是明确了高原特色现代农业产业体系的重点产业和目标。确定重点发展茶叶、花卉、蔬菜、水果、坚果、中药材、肉牛、咖啡，提出打造"千亿主导产业、五百亿优势产业"，同时把发展农产品电子商务、休闲农业、乡村旅游等新业态作为重点之一。

二是确定了构建现代农业产业体系的重点内容。坚持稳粮、扩经、提质、增效，深入推进农业结构调整，推动产加销一体化经营，打造供应链，延伸产业链，强化营销链，提升价值链，开发农业多种功能，形成农业与第二、三产业交叉融合的现代产业体系。聚焦农业产业的品牌化、绿色化，首次提出了全力打造世界一流的绿色能源、绿色食品、健康生活目的地"三张牌"，形成几个新的千亿元级产业，形成一批有特色、高品质、有口碑的"云南名品"，重点提高云南高原特色农业产业的质量和效益、培育壮大新型农业经营主体、推动现代农业和信息化深度融合、加快农产品新型物流体系建设、促进农业可持续发展。

三是明确了现代农业产业体系的发展路径。紧扣质量兴农、绿色兴农、品牌强农的发展方向，以提质增效为目标，加快推进农业产业的绿色化、优质化、特色化、品牌化发展，着力建设高质量的现代农业产业体系。坚持高质量发展要求，聚焦八大重点产业和世界一流"三张牌"，绘制产业链"全景图"，做大做优做强产业链，培育和发展产业集群；按照"大产业+新主体+新平台"发展模式和"创名牌、育龙头、抓有机、建平台、占市场、解难题"工作思路，紧盯行业制高点，全产业链发力，构建"传统产业+支柱产业+新兴产业"迭代产业体系，争取更多领域站在产业发展的制高点上。坚持"两型三化"方向，出台生物医药、信息、新材料和先进装备制造4个产业"施工图"和促进现代物流产业发展10条措施。引进国内外一流企业来滇投资，激励本土企业扩大投资，开展"10大名品""10强企业""20佳创新企业"评选活动，评出一批现有企业、品牌的榜样作为"领头雁"。组建云南绿色食品国际合作研究中心，持续提高全社会研发投入，完善科技成果转化体制机制，逐步形成以政府为主导、以市场为主体的科研、交易平台。着力研究解决企业"融资难、融资贵"、物流成本高等共性问题，探索建立财政资金、银行贷款、信用担保、农业保险有机结合的机制，加快推进冷链物流和全链条追溯体系建设。

（二）显著成效

党的十八大以来，云南第一产业在全国的优势持续上升，农业产业绿色化、品牌化明显增强，农产品加工产业体系结构优化、效益不断提高，农产品流通体系加快发展，新业态新模式不断涌现，产业融合发展初见成效，农业产业体系建设成效显著。

1. 云南第一产业在全国的优势持续上升

党的十八大以来，云南第一产业持续快速发展。2012—2020年间，第一产业产值从1654.55亿元增长到3598.91亿元，增长了1.18倍，年均增长10.20%，年均增幅比全国高出4.96个百分点。2021年上半年，云南第一产业增加值为1146.48亿元，同比增长8.8%，两年平均增长5.3%，同比增长和两年平均增长均比全国高出1.00个百分点①，详见图12。

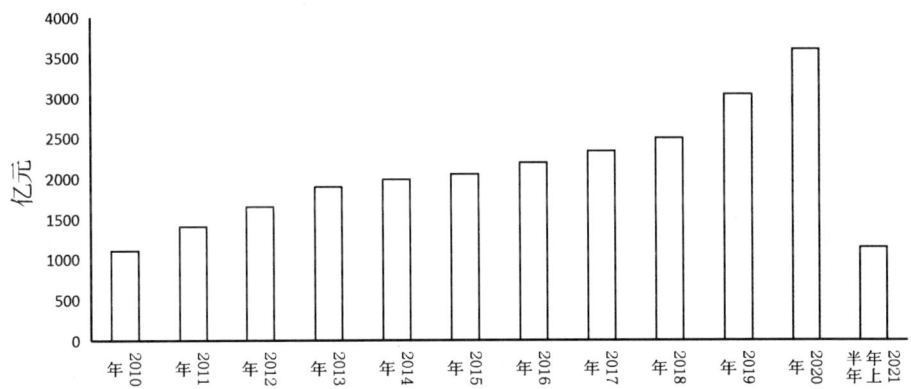

图12　2010—2021年云南省第一产业增加值情况

数据来源：《云南统计年鉴（2011—2021年）》《上半年云南经济稳中加固 持续向好》（云南省统计局）。

尽管云南第一产业增加值比重有所下降，但始终高于全国第一产业比重，第一产业在云南三次产业结构中的地位要高于全国，对于云南经济社会发展具有更加重要的地位，云南第一产业在全国的优势不断提升。2012—2020年，云南第一产业增加值占全省生产总值的比重从16.05%下降到14.68%，2021年上半年下降到9.00%；但与全国相比，2020年和2021年上半年云南第一产业增加值比重分别比全国高出7.02个百分点和3.66个百分点。同时，云南GDP占全国GDP的比重从2012年的1.91%提高到了2020年的2.41%，提高了0.5个百分点，而第一产业增加值占全国第一产业增加值的比重却从2012年的3.37%提高到2020年的4.63%，

---

① 云南省数据引自：胡明武：《上半年云南经济稳中加固持续向好》，云南省统计局官网，2021-07-19，http://stats.yn.gov.cn/xxgk/gkml/zmfd/zm1/202108/t20210802_1058474.html；全国数据引自：《2021年上半年中国国内生产总值532167亿元，同比增长12.7%》，新浪网，2021-07-15，https://finance.sina.com.cn/tech/2021-07-15/doc-ikqcfnca7010872.shtml。

提高了1.26个百分点,详见图13,由全国第14位提升到第9位,首次进入全国前10。

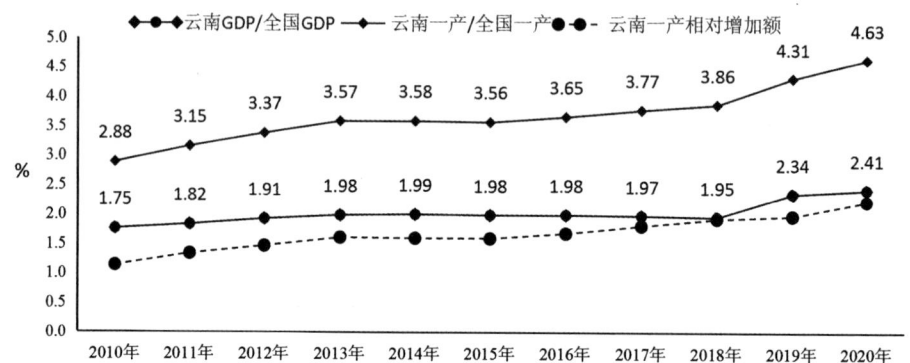

图13　2010—2020年云南省第一产业与全国第一产业发展情况对比

数据来源:2010—2019年数据引自《中国统计年鉴(2011—2020年)》;2020年全国和云南省数据分别引自《云南省2020年国民经济和社会发展统计公报》《中华人民共和国2020年国民经济和社会发展统计公报》。

注:云南一产相对比重增加额=云南一产占全国一产比重-云南GDP占全国GDP比重。

从细分产业上看,2020年云南农林牧渔业总产值达5920.5亿元,占全国比重为4.30%,比2012年提高了1.30个百分点。其中,农业、林业、牧业、渔业的产值分别为2902.2亿元、429.5亿元、2315.4亿元、104.0亿元,占全国比重分别为4.05%、7.20%、5.75%、0.81%,分别比2012年提高了1.07个百分点、0.65个百分点、2.39个百分点和0.09个百分点,林业、牧业和农业均具有明显的发展优势,详见表7。2021年1—9月,云南省累计完成农林牧渔业总产值3799.11亿元,同比增长12.42%,占全国的比重达4.09%。[①]云南农林牧渔业在全国的发展优势持续扩大。

---

① 《2021年第三季度全国省市农林牧渔业总产值排行榜:排名前14的省份均是以农业为主》,云南省统计局网站,2021-07-19,http://stats.yn.gov.cn/xxgk/gkml/zmfd/zm1/202108/t20210802_1058474.html。

表7 2020年云南农林牧渔业总产值及全国对比情况

分项	全国	云南	占全国比重（%）	
			2012	2020
农林牧渔业产值（亿元）	137782.2	5920.5	3.00	4.30
农业产值（亿元）	71748.2	2902.2	2.98	4.05
林业产值（亿元）	5961.6	429.5	6.55	7.20
牧业产值（亿元）	40266.7	2315.4	3.36	5.75
渔业产值（亿元）	12775.9	104.0	0.72	0.81

数据来源：2013年和2021年《中国统计年鉴》。

2. 优势产业绿色化、品牌化明显增强

党的十八大以来，云南省以高原特色农业现代化为总目标，以转变农业发展方式为总抓手，以农业供给侧结构性改革为主线，全力打造世界一流"绿色食品牌"，农业产业的质量效益和市场竞争力明显提升。云南鲜切花生产面积、产量居全球第一，天然橡胶、咖啡、烤烟、核桃、中药材种植面积和产量连年保持全国第一，甘蔗、茶叶种植面积和产量稳居全国第二，茶叶种植面积和产品的认证数量均居全国第一，肉牛存栏居全国第一、出栏居第四，生猪存栏和出栏均居全国第四。2017年以来，"绿色食品牌"八大重点产业综合产值保持了16%的年均高速增长①，实现量效齐增，走出了一条云南特色农业发展之路，为促进现代农业发展换档升级打下了坚实基础。2020年，云南绿色、有机产品认证数量、规模跃居全国前列，共认定200个"绿色食品牌"省级产业基地，有机产品获证主体953家、产品2723个，比2017年分别增长38.7%、25.4%；绿色食品有效认证主体567家、产品2065个，比2017年分别增长12.77%、17.98%；有机产品认证数量全国排

---

① 《云南省农业农村局长会议：云南"十四五"期间将实施"一二三行动"加快打造世界一流"绿色食品牌"》，搜狐网，2021-01-25，https://www.sohu.com/a/446952528_120207611。

位由 2017 年第 8 位提升至第 3 位，绿色食品认证数量全国排位由第 11 位提升至第 7 位。其中，绿色食品认证数量较多依次是蔬菜、水果、茶叶 3 个产业，占全省绿色食品有效获证产品总数的 75.88%；有机产品认证数量较多的依次是茶叶、蔬菜、中药材和水果 4 个产业，占全省有机产品有效获证产品总数的 72.6%。① 云南农产品远销全国 150 多个大中城市、110 多个国家和地区②，2020 年出口农产品 323.8 万吨，出口额达 360.7 亿元，同比增长 16.4%、8.9%③，居省内出口商品第一，连续多年位居西部省区第一，其中鲜花出口量和出口额均居全国各省（区、市）第一位，同比分别增长 33.4%、19%。云南已经形成一批在国际国内具有显著优势的农业产业。

3. 农产品加工产业体系结构优化，效益不断提高

党的十八大以来，云南农产品加工业持续快速发展，结构不断优化，农产品加工业集群化效益逐步显现，带动了各类农产品产业的发展，农产品加工产业体系基本建立，有效提升了农业产业体系发展水平和质量。2012—2020 年，云南规模以上农产品加工业总产值从 2562.48 亿元增加到 3870.25 亿元，年均增长 4.69%，农产品加工业总产值占制造业总产值的比重始终保持在 32% 以上，2016 年达到最高，为 43.03%，详见图 14。其中，烟草制造业产值的比重从 55.48% 下降到 41.41%、下降了 14.07 个百分点；农副食品加工业发展较快，占农产品加工业总产值比重从 16.09% 提高到了 24.02%、提高了 7.94 个百分点，逐渐成为另一支柱；食品制造业、酒、饮料和精制茶制造业、医药

---

① 《云南打造"绿色食品牌"成效显著！5 个特色产业要实现"5 年翻番"》，网易网，2021-05-07，https://www.163.com/dy/article/G9CQEHBJ0550QIIP.html。

② 《云南省农业农村局长会议：云南"十四五"期间将实施"一二三行动"加快打造世界一流"绿色食品牌"》，搜狐网，2021-01-25，https://www.sohu.com/a/446952528_120207611。

③ 《2020 年云南农产品出口逆势上扬 鲜花出口量和出口额均居全国各省区市第一位》，云南网，2021-02-17，https://yn.yunnan.cn/system/2021/02/17/031291492.shtml。

制造业等三个行业产值的比重分别为 7.36%、8.59% 和 10.44%，分别比 2012 年提高了 1.93 个百分点、2.82 个百分点和 1.90 个百分点，详见图 15。2020 年与 2012 年相比，云南省农产品加工业的国内市场占有率提高了 0.56 个百分点，除了烟草制造业、印刷和记录媒介的复制业以及皮革、毛皮、羽毛及其制品和制鞋业的国内市场占有率分别下降 2.76、0.18 和 0.02 个百分点以外，其余 10 个行业的国内市场占有率均呈持续提高的发展趋势，其中酒、饮料和精制茶制造业、农副食品加工业、食品制造业增长尤为明显，分别提高了 1.46 个百分点、0.97 个百分点、0.48 个百分点，详见表 9。2020 年，云南省纳入国家目录的家庭农场 5 万余户，依法登记的农民专业合作社 5.8 万余个，各类农业产业化龙头企业达 4440 家[①]，农产品加工业集群化基本形成，西双版纳州、普洱市、临沧市和保山市的茶叶加工占全省 75.1%，昆明市、曲靖市、玉溪市和大理州的畜禽加工占全省 71.7%，昆明市、楚雄州和玉溪市的蔬菜加工占全省 61.7%，楚雄州、大理州、丽江市和迪庆州的食用菌加工占全省 81.0%，昆明市、文山州和大理州的生物制药加工占全省 68.8%，临沧市、德宏州和文山州的蔗糖加工占全省 65.3%。云南农产品加工总产值突破 5000 亿元，农产品加工产值与农业总产值之比从 2015 年的 0.64∶1[②] 提高到 2020 年的 1.68∶1[③]。

[①] 《云南省深入推进乡村振兴"百千万"示范工程》，云南信息网，2021-05-29：http://www.yn16.com/news/931.html。

[②] 云南省农业农村厅办公室：《2018 年云南省农业农村经济发展稳定》，云南农业信息网，2019-07-18，http://www.ynagri.gov.cn/news8305/20190718/7021375.shtml。

[③] 云南省农业农村厅提供。

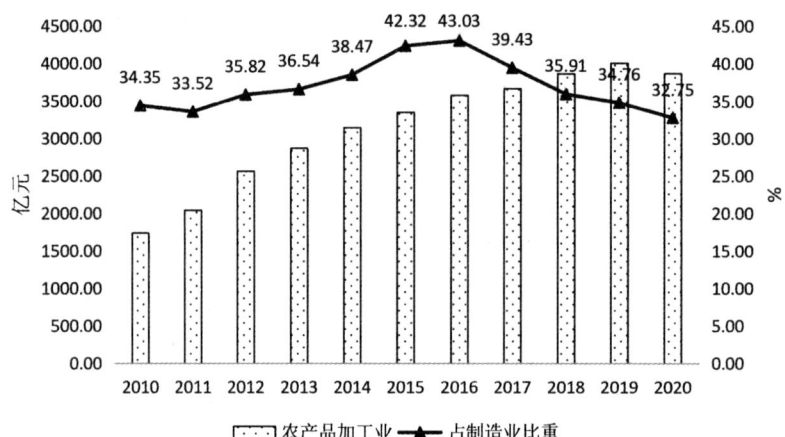

图 14 云南省规模以上农产品加工业总产值及占制造业总产值比重变化

数据来源：根据《云南统计年鉴 2011-2021 年》数据计算

注：《国民经济行业分类》国家标准（GB/T4754-2002），将农产品加工业分为 5 个行业 12 个子行业。本文采用与云南统计年鉴口径一致的 12 个子行业作为分析对象，考虑到云南省中药材是一个重要产业，中药材加工是医药制造业中重要部分，故把医药制造纳入农产品加工业。所以，本文分析的农产品加工业包括农副食品加工业、食品制造业、酒、饮料和精制茶制造业、烟草制造业、纺织业、纺织服装及服饰业、皮革、毛皮、羽毛及其制品和制鞋业、木材加工及木、竹、藤、棕、草制品、家具制造业、造纸及纸制品、印刷和记录媒介复制业、橡胶制品业和医药制造业等 13 个行业。本文中的农产品加工业总产值是 13 个行业的总和。其中，橡胶制品业在 2011 年以后没有单项统计数据，只有橡胶和塑料制品业的数据，橡胶制品业的数据参照 2010 年橡胶制品业占橡胶和塑料制品业合计数的比例，按照橡胶和塑料制品业 10% 计算。

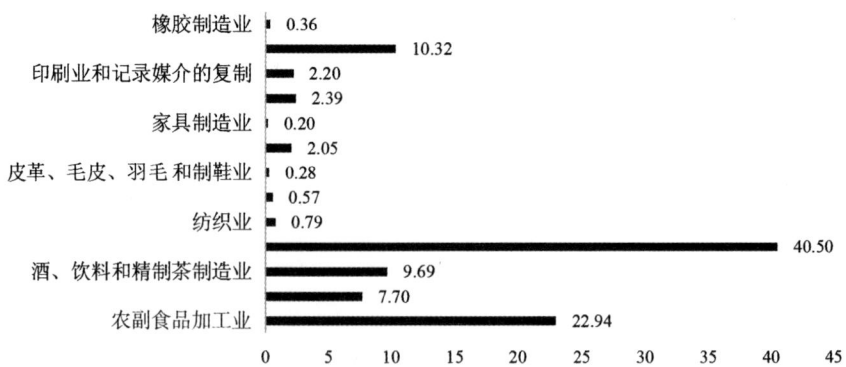

图 15 2020 年云南省规模以上农产品加工分行业产值占农产品加工业总产值比重

数据来源：根据《云南统计年鉴 2021》数据计算。

注：橡胶制品业在 2011 年以后没有单项统计数据，只有橡胶和塑料制品业的数据，因此 2011 年以后橡胶制品业的数据参照 2010 年橡胶制品业占橡胶和塑料制品业合计数的比例，按照橡胶和塑料制品业 10% 计算。

4. 农产品流通体系加快发展

随着互联网技术的引入，电商、物联网、大数据、云计算、众筹等不断发展，农村电子商务已经成为农产品销售重要渠道，并推动农产品供应链体系迭代升级，农产品市场流通、物流配送等服务体系不断完善，农业生产租赁业务、农商直供、产地直销、食物短链、社区支持农业、会员配送等新型经营模式不断涌现。全省实施了国家级电子商务进农村示范县，建设了州（市）、县（市、区）、乡（镇）三级电子商务公共服务中心，脱贫乡镇电子商务服务站点实现全覆盖，开展了"综合超市+电商+服务+物流"的农村新型商业模式试点，带动传统农村集贸市场交易向现代流通方式转变。截至2020年农业企业投入建设的农产品网上营销平台90多个，620多家新型农业经营主体参与农业电子商务，供销系统成立专业电子商务公司31家、开展电子商务业务的企业249家、专业合作社484家，搭建电商平台11个。依托国家电子商务进农村综合示范项目，加快州、县、乡三级物流体系的建设，2020年实现全省所有县级物流仓储分拨中心全覆盖、所有乡级快递物流服务站全覆盖、所有村级快递物流服务点全覆盖。2020年，云南省农产品网络零售额达到283.77亿元，同比增长38.34%。①

5. 新业态新模式不断涌现

多元产业融合发展载体加快建设。一是现代农业园区快速发展。2018年以来，云南蔬菜、花卉现代产业集群建设稳步启动，特色农产品优势区深入创建，现代农业产业园、农业绿色发展先行区、农村产业融合示范园、农业产业强镇等产业融合新载体、新平台加快培育。截至2021年9月，全省创建国家农业产业化示范基地2个、国家现代农业示范区8个、国家

---

① 《云南省农业农村局长会议：云南"十四五"期间将实施"一二三行动"加快打造世界一流"绿色食品牌"》，搜狐网，2021-01-25，https://www.sohu.com/a/446952528_120207611。《阿里发布数据：18年云南109款地标农产品网络销售额超过44亿元》，2019-04-30，http://www.ocn.com.cn/keji/201904/dfsot30165951.shtml。

农业绿色发展先行区3个、国家农村产业融合示范园11个、国家农业产业强镇38个乡（镇）①，云南省及各州（市）、县（市、区）也建设了一批形式多样的农业园区，部分在全国取得了较高的知名度。二是高质量建设"一县一业"示范县和特色县。从2019年开始，云南省连续3年每年拿出6亿元财政资金推动20个"一县一业"示范县创建，2021年示范创建县新增40个，支持主导产业规模化、组织化、专业化、市场化、绿色化发展，全产业链打造云南绿色食品"拳头"产业，重点围绕北京、上海和中东市场，不断扩大云南绿色食品市场占有率和影响力。2020年，20个示范县新认证绿色食品97个、有机产品118个，新增绿色食品产地面积7.6万亩、有机产品产地面积33.4万亩，占全省绿色有机增量的30%以上②，主导产业农业产值较创建前增长25%，加工业产值增长43.9%③。三是"一村一品"加快发展。按照区域化布局、专业化生产、一体化经营思路，引导农民、企业等多元投资主体参与"一村一品"建设，打造了一批特色农业生产加工、乡村旅游、民族手工艺专业示范村镇。截至2020年，云南省共有"一村一品"专业村镇1621个，全国"一村一品"示范村镇103个④，创响一批"土字号""乡字号"特色产品品牌。

多元农文旅融合发展加快推进。党的十八大以来，云南省依托自身文化旅游资源优势，打造世界一流"健康生活目的地牌"，以国际化、高端化、特色化、智慧化为发展方向，打造以"文、游、医、养、体、学、智"为主要内容的全产业链。全省开发建设150多个民族特色村、200多个旅

---

① 根据农业农村部公布的相关名单统计整理。

② 《云南省级财政补助6亿元支持"一县一业"示范县创建》，新浪网，2021-07-29，https://news.sina.com.cn/c/2021-07-29-doc-ikqciyzk8240255.shtml。

③ 《云南省农业农村局长会议：云南"十四五"期间将实施"一二三行动"加快打造世界一流"绿色食品牌"》，搜狐网，2021-01-25，https://www.sohu.com/a/446952528_120207611。

④ 《云南省深入推进乡村振兴"百千万"示范工程》，云南信息网，2021-05-29，http://www.yn16.com/news/931.html。

游特色村、500多个休闲农庄和1万余家农家乐,开创了"非遗+旅游""农耕庆典+旅游""民族赛事+旅游""民族特色+产业融合"等农文旅融合新形式。2016—2019年,云南省乡村旅游共接待旅游者9.24亿人次,占全省旅游接待人次的39.3%;乡村旅游收入7301.4亿元,占全省旅游收入的23.7%;全省累计直接从业者56.17万人、间接就业者192万人,综合带动75万贫困人口增收脱贫。①

6. 数字农业成效初显

2017年以来,云南省加快建设以"新业态+新功能+新技术"为主要特征的数字农业,以农业大数据应用与推广中心建设、信息进村入户工程、省级平台建设、网络运行安全为重点,着力推进农业农村信息基础设施建设,资源数字化和产业数字化步伐加快,通过对优势特色农业产业赋能,推动了农民增收、农业增效。截至2020年6月底,云南省数字乡村网网站群已经覆盖省、州(市)、县(市、区)、乡(镇)四级,并以云南农业大学、云南省食品安全管理学院等联合建成的国家农业农村大数据中心云南分中心为延伸,梳理云南省农业信息资源目录,对农业大数据进行分析研判,推进了农业生产智能化、经营网络化、管理数字化、服务在线化;制作悬挂"益农信息社"标识牌11583个,其中中心站36个、标准型2000个、专业型1666个、简易型7881个,农户覆盖率达96.5%,将现有资源进行有效的整合,把四类服务延伸到村、服务到户②;建成一批大田种植、设施种植、水产养殖等物联网标准化应用示范基地,对生产过程中环境温度、土壤、肥料等进行实时监测和分析,为指导作物生产提供了科学依据。③

---

① 《云南省大力发展乡村旅游》,中国政府网,2020-12-10,http://www.gov.cn/xinwen/2020-12/10/content_5568628.htm。

② 李权林、武亚云、张永金、陈斓:《云南省农业农村信息化建设方兴未艾》,《云南农业》2020年第9期,第6—7页。

③ 张煜:《关于云南省发展数字农业的思考》,《经济研究导刊》2020年第20期,第38—40页。

二、面临的困难和挑战

党的十八大以来,云南农业产业体系虽然初步形成,但仍处于起步阶段,农业产业普遍存在低效化和低值化问题,优势产业发展水平较低,农产品精深加工滞后,农产品质量效益和竞争力不高,农村三产融合度偏低,科技和社会化服务业对农业产业的支撑严重不足,构建高质量农业产业体系还面临诸多困难和挑战。

(一)优势产业发展质量效益仍然较低

尽管云南"绿色食品牌"八大重点产业的种植面积和产量在国内均有明显优势,但是发展质量效益和竞争力仍然较低,农业产业普遍存在"低效化""低值化"问题。例如,自2016年以来,云南中药材种植规模稳居全国第一,种植面积在全国占比高达14%,产量比重高达31%,但中药材农业产值比重仅为11.63%,其中,加工产值比重仅为6.05%。[1]2019年,云南药材亩均产值10929.32元,比全国平均水平7173.28元高出52.36%,但分别比福建、广东、湖南、山东、黑龙江等省份的亩均产值低了46.46%、23.66%、13.39%、11.44%、9.66%。[2]蔬菜、花卉产业的产值更低,2019年云南蔬菜种植面积是全国总面积的5.58%,花卉种植面积占全国的6.7%[3],但是蔬菜及园艺产值仅占全国的2.96%。[4]2019年云南土

---

[1] 唯恒农小蜂:《2020年云南省中药材产业数据分析报告》,唯恒农业,2020-07-09,https://zhuanlan.zhihu.com/p/158151296。

[2] 国家统计局农村社会经济调查司编:《中国农村统计年鉴2020》,中国统计出版社2020年版。

[3] 《2020年云南省花卉行业市场现状及发展前景分析在较长时间内将保持在全国优势地位》,搜狐网,2020-11-12,https://m.sohu.com/a/431315837_114835。

[4] 根据《中国农村统计年鉴2018》农业分项目产值的统计,蔬菜及园艺主要是蔬菜、花卉和食用菌,其中全国和云南省的蔬菜和花卉产值分别占蔬菜及园艺产值的90.51%、95.53%。2019年数据根据《中国农村统计年鉴2020》计算。

地产出率和劳均生产率分别为4742.12元和35385.91元，分别比全国平均水平低了4.79%和44.50%。①

（二）农产品精深加工能力不足，农业产业竞争力弱

云南虽然已经形成了一批农产品加工业企业，但是，与其他制造业发展相比，农产品加工业发展水平仍然较低，与全国的差距仍然较大。2020年，云南省级以上重点农业龙头企业仅303家、仅占全省农业龙头企业总数的6.82%；全国农产品加工业总产值与农业总产值之比为2.28∶1，云南省仅约为1.68∶1。比全国低了26.31%。其中，云南蔬菜精制成品占比约为30%，水果精深加工率约为23%，中药材加工比例约为29%，每年仍有约30%的茶叶以毛茶销往省外。② 2020年，云南省规模以上农产品加工企业共有1617个，比2012年增加了695个，占全省制造业规模以上工业企业的45.84%，但是，亏损企业有334个、比2012年增加193个。2012-2020年，云南农产品规模以上加工企业总产值占制造业的比重从2012年的35.82%持续上升到2016年的43.03%，2017年以后又逐年下降到2020年32.75%，详见图14；农产品加工企业主营业务收入占制造业的比重从2012的34.51%下降到了2020年的32.08%，农产品加工企业户均收入仅相当于制造业的73.90%。分行业看，2020年，全省烟草制造业主营业务收入占农产品加工业主营业务的比重仍然高达42.68%，烟草一家独大的格局未根本改变。亏损企业主要集中在农副食品加工业（120）、酒、饮料和精制茶制造业（41）、医药制造业（38）、木材加工及木、竹、藤、棕、草制品（33）等4个行业。农产品加工业企业户均主营业务收入，除了烟草制造业比全国平均水平高出69.43%以外，其余12个行业的企业户均收入都低于全国平

---

① 土地产出率=农林牧渔业总产值/农作物播种面积；劳动生产率=农林牧渔业总产值/第一产业从业人员数。根据《中国统计年鉴2020》《云南统计年鉴2020》相关数据整理计算。

② 谭鑫：《以"八化"促高原特色农业高质高效》，《云南日报》2021年5月5日第003版。

均水平。其中，农副食品加工业、食品制造业、酒、饮料和精制茶制造业、医药制造业等主营业务收入占比较高的行业，户均收入分别仅相当于全国平均水平的60.42%、65.60%、59.47%、63.03%，详见表8。

表8 2020年云南规模以上农产品加工业发展情况

项目	主营业务收入（亿元）	占农产品加工业比重（%）	企业数量（个）	户均收入（亿元）	户均收入相当于全国的比重（%）
制造业	11846.70	—	3523	3.35	130.68
农产品加工业（塑料制造业）	3800.14	—	1615	2.48	131.56
占制造业比重	32.08	—	45.84	73.90	—
农副食品加工业	831.6	20.97	602	1.54	60.42
食品制造业	255.15	7.39	162	1.76	65.60
酒、饮料和精制茶制造业	364.29	10.36	235	1.42	59.47
烟草制造业	1621.83	41.94	9	178.07	169.43
纺织业	23.41	0.76	32	0.96	56.15
纺织服装、服饰业	15.32	0.49	20	0.95	73.75
皮革、毛皮、羽毛及其制品和制鞋业	2.77	0.28	8	0.36	28.44
木材加工及木、竹、藤、棕、草制品	54.79	1.67	83	0.86	68.63
家具制造业	4.70	0.16	12	0.55	35.85
造纸及纸制品	77.40	2.04	79	1.12	49.00
印刷和记录媒介复制业	78.21	1.91	67	1.22	99.76
医药制造业	341.81	8.83	160	2.53	63.03
橡胶和塑料制品业	128.86	3.2	146	1.01	68.39

数据来源：根据《云南统计年鉴2021》《中国统计年鉴2021》相关数据整理计算。

本文利用2012—2020年云南省规模以上工业企业农产品加工业各子行业的主营业务收入与全国规模以上工业企业各子行业的营业收入的比重计算国内市场占有率的结果显示：2012—2020年，云南省农业加工业的国内市场占有率[①]虽然逐步提高，但是2020年仅为1.67%，比2019年下

---

① 该产业国内市场占有率越高，说明其国内竞争优势越强。

降了 0.04 个百分点，仅是全国平均水平 3.23%[①] 的 51.70%，说明云南农产品加工业在国内的竞争力较弱。分行业看，2012—2020 年，13 个子行业中，只有烟草制造业国内市场占有率始终比全国平均水平高出 13.09 个百分点，具有较强的竞争优势，但是呈逐年下降趋势，2020 年为 9 年最低值 14.25%；其余 12 个子行业的市场占有率始终远低于全国平均水平，其中，2020 年，酒、饮料和精制茶制造业、农副食品加工业的市场占有率分别是 2.46% 和 1.70%，分别是全国平均水平的 76.16% 和 52.63%，具有一定竞争优势，其他 10 个行业市场占有率均不足国内平均水平的一半，不具有竞争优势，详见表9。

表9 2012—2020 年云南农产品加工业各子行业国内市场占有率（单位：%）

行业	2012	2013	2014	2015	2016	2017	2018	2019	2020	增减
农产品加工业	1.11	1.12	1.12	1.14	1.14	1.29	1.60	1.71	1.67	0.56
农副食品加工业	0.73	0.78	0.82	0.90	1.06	1.27	1.70	1.75	1.70	0.97
食品制造业	0.84	0.84	0.89	0.91	0.94	1.06	1.36	1.50	1.32	0.48
酒、饮料和精制茶制造业	1.00	1.21	1.37	1.43	1.66	1.93	2.37	2.67	2.46	1.46
烟草制造业	17.01	17.31	16.63	17.66	17.73	17.42	14.55	14.91	14.25	-2.76
纺织业	0.06	0.06	0.06	0.06	0.06	0.08	0.10	0.12	0.10	0.04
纺织服装、服饰业	0.02	0.04	0.05	0.06	0.07	0.08	0.11	0.12	0.11	0.09
皮革、毛皮、羽毛及其制品和制鞋业	0.04	0.04	0.06	0.07	0.07	0.09	0.09	0.10	0.03	-0.02
木材加工及木、竹、藤、棕、草制品	0.42	0.50	0.52	0.48	0.44	0.52	0.77	0.74	0.63	0.21
家具制造业	0.01	0.02	0.04	0.03	0.05	0.08	0.10	0.09	0.07	0.05
造纸及纸制品	0.52	0.47	0.42	0.46	0.50	0.53	0.62	0.61	0.59	0.07
印刷和记录媒介复制业	1.36	1.01	0.86	0.80	0.82	0.90	1.21	1.11	1.18	-0.18
医药制造	1.15	1.16	1.06	0.99	1.03	1.25	1.56	1.46	1.36	0.22
橡胶制品业	0.09	0.10	0.10	0.42	0.45	0.43	0.56	0.49	0.51	0.42

数据来源：根据《中国统计年鉴（2011—2021 年）》《云南统计年鉴（2011—2021 年）》相关数据计算。

---

① 某地区某产业的国内市场占有率必须大于全国的平均水平 3.23%，即全国 34 个省份，除香港、澳门、台湾外，31 个省份的平均数为 1//31=3.23%。

（三）农村三产融合度不高，全产业链尚未形成

云南农村三产融合发展还处于起步阶段，整体融合发展程度仍较低，现代农业全产业链尚未形成。主要表现在：农村第一产业后端延伸不足，仍然以向其他产业和其他省区供给原材料为主，产销链条不健全；农村第二产业与第一、三产业连接不紧密，农产品仍以粗加工和简单加工为主，精深加工能力不足，尤其是后端副产物综合加工利用能力和利用程度严重不足，农产品价值增值较低；农村第三产业培育水平低，农村生产生活服务能力较弱，产业融合层次低，对乡村文化价值和乡村多功能的挖掘不充分，新业态、新模式与农村第一产业、第二产业间的结合不够，农户与企业之间的利益联结机制较松散。由此造成云南农业产业链"片断化""分割化"严重，农业价值链长期低端化。2016—2019年4年与2012—2015年4年相比，云南农林牧渔业及其细分各产业与轻工业、第三产业之间的关联度下降较快，其中，渔业、农林牧渔服务业、第三产业与轻工业的关联度分别为0.429、0.297、0.381，均降到0.5以下；农林牧渔业及其细分产业林业、渔业、农林牧渔服务业与第三产业的关联度分别为0.403、0.475、0.438、0.453，均下降到了0.5以下，详见表10。

表10　云南省农林牧渔业分产业与轻工业灰色关联度

指标	年份	农林牧渔业	农业	林业	牧业	渔业	农林牧渔服务业	轻工业
与轻工业关联系数	2012—2019	0.646	0.655	0.517	0.718	0.528	0.608	—
	2012—2015	0.753	0.782	0.653	0.715	0.627	0.918	
	2016—2019	0.538	0.529	0.381	0.721	0.429	0.297	—
与第三产业关联系数	2012—2019	0.610	0.877	0.679	0.843	0.623	0.639	0.624
	2012—2015	0.816	0.971	0.884	0.916	0.809	0.826	0.867
	2016—2019	0.403	0.783	0.475	0.770	0.438	0.453	0.381

数据来源：根据2011—2020年《云南统计年鉴》《云南省2021年经济运行情况》相关数据计算。

注：1. 2018—2020年，规模以上轻工业增加值是以2017年增加值为基数，根据每年增长率计算；2. 因2021年《云南统计年鉴2021》取消了农、林、牧、渔业增加值的统计，此表数据只能用到2019年。

（四）科技支撑和社会化服务严重不足

首先，农业产业的科技转化率和贡献率较低。主要表现在：农业科技投入不足，农业公共基础性研发平台建设滞后；农村实用技术示范、推广滞后，良种良法推广应用率和科技成果转化率低，良种基地建设数量不足，良种供应能力较弱。与现代农业产业相关的行业科技创新机制不健全，新产品研发能力不足，产品开发层次低，产业链短、附加值低，市场竞争力不强。高素质科技和管理人才不足，科技研发与市场消费需求脱节，科技成果转化慢，适用技术普及率低。

其次，农业社会化服务水平低。技术指导、种苗保障、加工销售、金融信贷等相关服务比较薄弱，尚未形成产、供、销一体化的生产经营体系，在专用物资配套供应、良种、种植技术、采后处理、植保、土壤消毒、运输、营销、资金信贷和信息等方面缺乏统一的社会化服务体系的支持，多数经营者缺乏贸易的运作经营，在品质选择和规模控制方面缺乏合理规划，也无法适时根据市场状况的变化调整和制定其营销策略。检验检疫检测体系不健全，标准体系不完善，信息服务网络体系缺乏，生产供应与市场需求信息不对称。截至2020年，云南农业社会化服务组织有1.67万个，生产托管服务面积达549.88万亩次，其中服务粮食作物面积达228.37万亩次，分别仅占全国总数的1.86%、0.34%、0.25%。服务带动小农户223.75万户，仅占全省农户数的22.08%，比全国低了9.04个百分点。其中，云南农业社会化服务组织中各类服务专业户和农民专业合作社分别占51.16%和23.93%，生产托管组织中各类服务专业户和农村集体经济组织分别占57.88%和19.22%，农业推广部门、企业和科研院所的作用尚未发挥出来，政府引导与市场运作相结合、公益性与经营性相协调、专项服务与综合服务相统筹的现代农业社会化服务体系尚未形成。①

---

① 本部分云南数据根据《云南省农村经营管理统计资料》《云南领导干部手册2021》相关数据整理计算；全国数据根据《中国统计年鉴2021》以及经济日报社中国经济趋势研究院、中国农业大学国家农业农村发展研究院的《推进农业农村现代化2020中国农业经济发展报告发布》（2021-03-30，中国经济网，http://www.ce.cn/cysc/newmain/yc/jsxw/202103/30/t20210330_36423015.shtml）相关数据整理计算。

三、展望和建议

（一）展望

"十四五"期间，云南将大力实施"一二三"行动①，加快打造世界一流"绿色食品牌"，力争到 2025 年，现代农业产业体系的政策体系和制度框架基本形成，农业基础更加稳固，粮食和重要农产品供应保障更加有力，农业生产结构和区域布局明显优化，农业质量效益和竞争力明显提升，现代农业的主导产业、优势产业基本实现有机化、品牌化、数字化，基本形成全产业链发展，农产品加工业总产值与农业总产值达到 2.5∶1，现代农业产业体系基本建成。到 2035 年，云南现代农业产业体系的政策体系和制度框架更加完善，农业产业创新能力明显增强，产业链供应链现代化水平明显提高，农产品加工业总产值占农业总产值的比重明显提高，现代农业的主导产业、优势产业实现全产业链发展，世界一流"绿色食品""健康生活目的地"的优势更加凸显，现代农业产业发展水平和效益达到或接近全国平均水平，现代化农业产业体系更加完善。

为此，云南应按照实现高质量发展要求，紧扣质量兴农、绿色兴农、科技兴农、品牌强农的目标，坚持以绿色发展理念为引领，以农业供给侧结构性改革为主线，以市场需求为导向，加快完善现代农业产业融合发展体系，着力提高农业全产业链收益，推进农业由增产导向转为提质导向，强化公共品牌建设及社会化服务体系建设，全面提高农业产业的组织化程度，全面提高农业产业的质量效益和竞争力。从思路上，因地制宜强化特色产业提质增效，强化产业体系建设与绿色农业发展方式引导。从着力点上，深化农业供给侧结构性改革，做强有竞争优势的农业产业；强化技术创新、产业创新和制度创新，加快完善现代农业产业融合发展体系；大力

---

① 即深入推进"一县一业"，聚焦种业和电商"两端"，坚持设施化、有机化、数字化"三化"发展方向。

推进现代农业产业标准化建设，提升产品质量安全。

（二）建议

1. 深化农业供给侧结构性改革，做强有竞争优势的农业产业

以市场需求为引导，深化农业供给侧结构性改革，结合云南各个地区的自然资源禀赋和特点，完善农业产业区域布局和农业产业结构优化调整，积极推进现代农业产业内部的专业化分工，不断提升云南农业产业的优质化、特色化和品牌化，加快提升云南高原特色现代农业产业的发展质量和竞争优势。

合理优化农业产业区域布局。根据云南各个地区的自然资源禀赋和特点，提高农业产业与资源环境承载力的匹配度，着力打造地理标志农产品品牌。依托自然资源、生态资源条件以及交通、运输、冷链物流等基础设施建设条件，合理布局现代农业产业体系，根据不同区域农业资源禀赋优势，在不同区域形成区域性主导产业、优势产业和特色产业，形成不同特色优势的农业专业区、专业带，培育区域性地标性农产品品牌，将各具特色的地域资源优势转化为市场竞争优势，着力破解云南省各地区农产品"同质化"恶性竞争和"增产不增收"的问题。

以需求为导向加快调整农业产业结构。一是全面"实施优势特色农业产业提质增效行动计划"。结合云南以山地为主、立体气候分布明显、自然环境丰富多样的特点，以及市场需求对农产品日益趋向多元化、营养化和绿色化的发展趋势，适当降低玉米种植面积，扩大特色优势作物种植面积，着力推进杂粮杂豆、蔬菜瓜果、茶叶蚕桑、花卉苗木、食用菌、中药材等特色优势产业提档升级，全面提高特色优势产业的单产及绿色化、优质化水平，把地方土特产和小品种做成带动农民增收的大产业。二是大力发展特色畜牧业和林果业。抢抓国家有利政策机遇，充分发挥云南省林地面积大、林产业丰富多样且在全国具有较大发展优势的特点，把特色畜牧业和林果业作为云南农业供给侧结构性改革的重要抓手，加大扶持力度，

持续提高发展水平和质量，尤其要进一步提高对云南发展水果产业所具有的特殊优势的认识，把以葡萄、橘橙、蓝莓等为主的高品质水果产业作为重点。①

强化农业产业分工。加快推进农业专业化发展，深化农业分工，已经成为云南省完善现代农业产业体系的关键。加快培育职业农民，提高劳动熟练程度和劳动生产率，使农业生产经营者专注于某一个生产环节或者某一个农产品，不断提高生产专业化水平和农产品质量。加快推进适合云南的先进装备和技术，实现农业报酬递增的规模效益。持续深化农业专业化分化，加快农业内部分工，形成若干有一定规模、产业链相对完整、能够为市场提供大量商品的子产业，如粮食产业、蔬菜产业、生猪产业、肉牛产业、花卉产业、茶产业、咖啡产业等；加快纵向分工，围绕主导产品、优势特色产品的生产、加工、经营环节形成一批专业化、社会化的产前、产中、产后服务产业。

2. 强化技术、产业和制度创新，加快完善现代农业产业融合发展体系

强化技术创新和制度创新，提升现代农业产业跨界融合发展能力。加大对技术创新的财政投入力度，健全农业产业技术创新的激励机制和配套政策，引导科研院所、企业以市场需求为基础加大农业产业技术创新投入。大力支持农业龙头企业与省内外科研机构、大专院校协同合作，设立各种研发中心或技术中心，创新产学研合作机制，共创技术联盟，开发具有自主知识产权的产品，收益共享风险共担，形成有利于自主创新的组织体系和运行机制。鼓励各类农业新型经营主体的自主创新，完善知识产权保护制度，保护创新成果，严格查处侵犯知识产权的行为。深化农业科技体制改革，建立健全农业产业研究机构、科研人员以科研成果入股分红的新机制，建立科技成果产业化绿色通道。大力发展农业产业的高新技术产业，加大招商引资力度，重点引进先进技术和高级人才。积极培育农业产业的

---

① 郑宝华：《以农业供给侧结构性改革确保云南粮食安全的对策》，《云南智库要报》2019年第14期。

社会中介服务机构，建立健全企业孵化器、科技融资机构、科技评估中心、产权交易中心、公共科技信息平台等多层次的社会中介服务机构。

强化产业创新，提升现代农业产业融合发展的综合效益。着力推进大数据、互联网等数字技术与农村一二三产业的融合，支持和推动以数字技术创新所形成的服务模式、商业模式及其新业态的发展，全面提升现代农业产业融合发展的综合效益。一是创新现代农业产业服务体系。积极利用电子商务、云计算、物联网等现代数字技术和商业模式，加快推进农业服务业与农业其他产业的融合发展，促进农业与为农业产前、产中、产后环节提供中间服务的农业服务业之间的融合互动与协调发展，加速农业内部各产业与现代服务业的融合发展。鼓励互联网企业建立农业服务平台，推广成熟可复制的农业物联网应用模式，加快推进设施园艺、畜禽水产养殖、质量安全追溯等领域物联网应用，发展精准化生产方式。全面推进云南省农业大数据应用，完善农业产业信息化管理系统，健全农业信息发布制度。支持研发推广一批实用信息技术和产品，提高农业智能化和精准化水平。整合各类涉农信息服务资源，推动各个涉农行业的信息系统共建共享以及无缝衔接，强化农业综合信息服务能力，构建覆盖生产、流通、消费的全省公共信息服务平台和多层次的区域性信息服务平台，加强产销衔接。实施农产品市场信息化提升工程，促进农产品流通节点交易数据的互联互通和信息共享，推广电子结算系统。

二是创新农产品加工体系。大力支持农产品制造企业向研发服务型、市场交易型和服务系统集成型方向转变，全面推动移动互联网、物联网、二维码、无线射频识别等技术在农产品加工领域的推广应用，促进现代农业与工业融合发展。依托云南省各地区现代农业优势产业，以"互联网+"打造一批智慧型农产品加工产业园区和基地，加快现有园区向数字化、智能化转型升级；全面实施"互联网+"农产品加工工程，加快提升农产品加工企业的智能制造和智能管理水平，扶持和培育一批智能化水平高、群体规模大、行业竞争力强、市场辐射广的创新型优势特色农产品加工企业成为行业领军企业①,提升现代农业产业的转型升级和竞争力。

三是创新农文旅融合发展新业态。充分挖掘各地特色乡村文化价值和乡村多功能,全面推行智慧休闲农业、乡村旅游新模式,促进传统休闲农业、乡村旅游产业提档升级,打造高附加值的现代农业产业,加快推进现代农业与服务业融合发展。健全省、州(市)、县(市、区)乡村旅游大数据管理服务平台,构建全省乡村旅游资源(包括自然旅游资源以及旅游设施、旅游产品、旅游活动等人文旅游资源)整合共享机制,提升乡村旅游公共服务、游客个性化服务以及景区安全管理的信息化与智能化水平。将省内重点休闲农业、乡村旅游基地打造成为智慧乡村旅游示范点,实现智能电子导游、二维码电子讲解、网络预订、电子验兑等智慧管理与服务全覆盖②,助力智慧型世界旅游目的地建设。

3. 推进现代农业产业标准化建设,提升产品质量安全

大力推进现代农业产业全程标准化。结合云南实际,对标食品安全国家标准体系,加快构建与云南省现代农业产业体系发展提升相适应的农业标准及技术规范,健全优势特色农产品等级规格、品质评价、产地初加工、农产品包装标识、田间地头冷库、冷链物流与农产品储藏的标准体系。对标国际先进标准,加快完善云南省出口优质大宗农产品和特色产品生产标准,构建形成覆盖农业生产、加工、经营各环节的标准体系。加快与国内外标准的全面接轨,在云南省适宜地区全面转化推广国际先进农业标准,推动内外销产品"同线同标同质"。

建立健全农业产业链全程监管体系。推行部门联合监管和线上线下监管有机结合,构建农产品产业链全程监管长效机制,制定各级政府部门间的数据信息共享实施方案,实现数据信息互联互通和充分共享。构建优势

---

① 陈俊江、李金兆、眭海霞:《"互联网+"视角下现代农业体系创新路径研究——以成都市为例》,《农业经济》2018年第1期,第9—11页。
② 陈俊江、李金兆、眭海霞:《"互联网+"视角下现代农业体系创新路径研究——以成都市为例》,《农业经济》2018年第1期,第9—11页。

特色农产品追溯标准体系，建立健全"高度开放、覆盖全省、共享共用、通查通识"的云南省农产品质量安全追溯管理信息平台，与国家重要产品追溯管理平台对接，实施农产品质量安全追溯管理。建立健全农业监测预警、农产品和生产资料市场监测预警、农村经营信息服务和农业电子商务等系统，提升农业生产要素、资源环境、供给需求、成本收益等监测预警水平。完善农产品市场信用体系，提供农产品市场信用认证和信用信息查询服务，开展农产品市场信息披露和投诉举报，加大安全审查和跟踪力度。

（作者单位：云南省社会科学院农村发展研究所）

全力推进农业农村绿色发展

胡 晶

观点概要

以绿色理念引领的高质量发展是我国当前和今后一段时期经济社会发展的核心要义，是建设社会主义现代化中国的必由之路。习近平总书记指出："良好的生态环境是农村最大的优势和宝贵财富。要守住生态保护红线，推动乡村自然资本加快增值，让良好生态成为乡村振兴的支撑点。"[①]云南省拥有良好的生态环境和自然禀赋，肩负重大的保护生态环境和自然资源责任。党的十八大以来，云南以生态文明建设为重要内容和主要抓手，紧紧围绕建设生态文明建设排头兵的战略定位，将生态优势转化为经济优势、将生态保护压力转化为发展动力，推动经济社会绿色转型和高质量发展。"十三五"期间，云南农村全面小康社会建设目标顺利实现，农村生态安全屏障功能持续发挥，乡村人居环境明显改善，农业农村发展方式逐渐转变。全省各级党委政府和农民群众开始清醒认识到保护生态环境就是保护生产力，改善生态环境就是发展生产力，良好生态环境既是农村发展的基础，也是农民群众追求美好生活的要求。

"十四五"时期，站在全面建设社会主义现代化中国的历史新起点，响应习近平总书记两次考察云南时提出的定位和期望，云南农村将继续坚

---

① 习近平：《论坚持全面深化改革》，中央文献出版社2018年版，第403页。

持以绿色理念为引领，深入实施乡村振兴战略，加快推进农业农村现代化，不断优化农村国土空间开发格局，与主体功能区定位相适应的农村生产空间、生活空间、生态空间及相应规划体系基本形成，农村差异化协同发展格局趋于完善。坚持不懈地加大生态保护和环境治理力度，农村生态资源质量进一步优化，农村生态环境全面改善，生态环境系统功能总体提升。积极引导农村发展方式绿色转变，打造世界一流"绿色食品牌"成为全省上下的普遍共识，绿色农业成为农业发展的主旋律，农村产业发展提质增效和转型升级迈出坚实步伐。

一、农村绘就绿色发展底色

党的十八大以来，尤其是"十三五"期间，云南省以生态文明建设排头兵战略统筹全省发展全局，坚持生态优先、绿色发展方向，把筑牢生态安全屏障、改善农村生态环境、转变农业发展方式、促进农民增收作为根本出发点和落脚点，努力打造生态系统健康稳定、生活环境优美整洁、生态产业蓬勃发展、人与自然和谐共生的宜居乡村，在实现全面建成小康社会的历史任务中绘就了农村绿色发展的底色。

（一）农村生态安全底线基本筑牢

1. 加强顶层设计，推动生态建设制度化

响应国家需求，云南省结合自身生态环境和自然禀赋先后出台了《关于努力成为生态文明建设排头兵的实施意见》《关于努力将云南建设成为中国最美丽省份的指导意见》《云南省全面深化生态文明体制改革总体实施方案》《关于贯彻落实生态文明体制改革总体方案的实施意见》等系列文件，基本构建起了云南省生态文明建设制度体系的"四梁八柱"。生态补偿、河（湖）长制、农田水利改革、国家公园体制改革、生物多样性保护、集体林权制度改革等一批在全国范围内具有突破性、标志性的制度相继建

立。先后修订《云南省泸沽湖保护条例》《云南省阳宗海保护条例》，实现了九大高原湖泊保护治理"一湖一条例"。于2019年1月1日起实施的《云南省生物多样性保护条例》是全国第一部地方性生物多样性保护的法规。于2020年7月1日正式施行的《云南省创建生态文明建设排头兵促进条例》则实现了以立法的形式统筹、规范、约束生态文明建设活动和管理行为。同时，云南省还严格落实生态文明建设党政同责、一岗双责要求，将生态文明建设纳入领导干部综合考核评价、全省综合考评和县（市、区）委书记工作实绩量化考核。农村各类项目、建设的开展与实施逐渐向科学化、规范化转变，可能产生环境破坏或污染的项目和建设受到严格审批和监管，问责制的严格执行使得生态红线不再是个停留在广大干部群众脑中的概念，更促使大家贯彻落实在实际工作和生产生活中。

2. 持续实施重点生态工程，稳步提升资源质量

"十三五"期间，云南省一方面继续深入实施天然林保护、退耕还林还草、石漠化综合治理、防护林建设等重点生态工程，稳步推进自然生态环境保护和修复，共落实中央和省级林草资金520.9亿元，完成营造林3700多万亩、义务植树5.3亿株；实施石漠化综合治理林业项目396万亩；争取到国家新一轮退耕还林还草任务1444万亩，位居全国第二；启动了退化草原生态修复，天然草原综合植被盖度达87.9%；进一步加强了湿地保护修复，湿地面积达921.69万亩。另一方面组织开展了"绿卫""绿盾"和打击"种茶毁林"等林草执法和专项整治工作，查处了一批破坏森林资源违法行为，有效维护了生态安全；启动实施了10个县（市、区）林长制改革试点工作，建立健全党政领导责任体系，明确了各级林长的森林草原保护发展责任。此外，随着360处自然保护地整合优化工作的稳妥推进，全省基本构建起了以国家公园为主体的自然保护地体系，90%以上的重要生态系统得到有效保护。[①] 截至2020年年底，全省森林面积达4.24亿亩，

---

① 《生态优先 绿色发展 云南森林覆盖率增至62.4% 湿地面积达921万亩》，https://baijiahao.baidu.com/s?id=1685294227509814284&wfr=spider&for=pc。

森林总蓄积量达 20.67 亿立方米，森林覆盖率达 65.04%[①]，与 2012 年水平[②]相比，森林面积增加了 55.88%，森林蓄积量增加了 33.01%，森林覆盖率提升了 36.93%，昆明、普洱、临沧、楚雄、曲靖、景洪荣获"国家森林城市"称号，建成国家森林乡村 235 个、省级森林乡村 1081 个，乡村绿化覆盖率达 47.45%，详见表 11。农村生态资源储备实现数量和质量显著提高，为农村绿色发展奠定了坚实基础。

表 11　2012—2020 年云南省森林资源情况

年份	森林面积（万公顷）	森林蓄积量（亿立方米）	森林覆盖率（%）
2012	1817.73	15.54	47.5
2013	1914.19	16.93	50.03
2014	1914.19	16.93	54.64
2015	2156.24	17.68	56.2
2016	2273.56	18.95	59.3
2017	2300.62	19.3	59.7
2018	2300.16	19.7	60.3
2019	2393.33	20.2	62.4
2020	2826.67	20.67	65.04

资料来源：《云南统计年鉴（2013—2021 年）》。

3. 治理与修复并重，加快恢复生态环境

一是以系统论为指导推进生态环境治理与修复工作。省自然资源厅牵头积极编制《云南省国土空间规划生态修复规划（2021—2035 年）》，以推进山水林田湖草沙生命共同体的全要素全类型整体保护、系统修复、综合治理为目标，因地制宜、分类指导、突出重点对国土空间生态修复进行了安排部署，确立了点、线、面、网相结合的国土空间生态修复总体布局，

[①] 李常明：《林地面积 4.24 亿亩！云南森林覆盖率超 65%》，央广网，https://baijiahao.baidu.com/s？id=1691047390941486630&wfr=spider&for=pc。

[②] 2012 年云南的森林面积为 2.72 亿亩，森林蓄积量为 15.54 亿立方米，森林覆盖率为 47.5%。

加快推进了国土空间生态修复规划体系建设。抚仙湖流域山水林田湖草生态修复工程作为国家第二批山水林田湖草生态保护修复工程试点，从国土空间管控、修山扩林、调田节水、控污治河、生境修复及治湖保水六大部分入手加大抚仙湖流域山水林田湖草生态系统的保护、修复和治理，促进当地生态环境持续向好、用地结构持续优化、三次产业和谐发展，不仅实现抚仙湖的有效保护，还给当地带来了巨大的生态效益、经济效益和文化效益，被自然资源部纳入全国第一批生态产品价值实现案例向全国推广，生动回应了习近平总书记提出的"山水林田湖草是一个生命共同体"这一理念。

二是纵深推进蓝天、碧水、净土"三大保卫战"和九大高原湖泊保护治理、以长江为重点的六大水系保护修复、水源地保护、生态保护修复、城市黑臭水体治理、农业农村污染治理、固体废物污染治理、柴油货车污染治理等8个标志性战役，全面改善生态环境。截至2020年年底[①]，全省如期完成污染防治攻坚战阶段性任务，实现阶段性目标。通过实施一批污染整治重大专项行动，全省环境空气质量优良天数比率逐年提升，16个地级城市环境空气质量连续5年达到国家二级标准。通过河（湖）长制、问责制等制度设计和流域治理、生态修复等生态措施的双重保障，全省200个重要河湖库渠水功能区水质达标率为89.5%，纳入国家考核的地表水优良水体（达到或优于Ⅲ类）比例从2015年的66.0%提升至2020年的83%，高于国家下达目标任务10个百分点；九大高原湖泊中劣Ⅴ类水体从2015年的4个减少为2020年的1个。六大水系出境跨界断面水质稳定保持Ⅲ类以上，赤水河云南段3个国控、省控监测断面水质均为Ⅱ类。纳入国家监管的33条黑臭水体整治全部达标。加强饮用水源保护，"千吨万人"及其他乡镇级饮用水水源地全部划定保护区，州（市）级、县级集中式饮用水水源水质达标率均达考核目标。土壤环境质量总体稳定，受污染耕地

---

① 《云南省河湖保护治理取得明显成效》，https://baijiahao.baidu.com/s?id=1687459213282101312&wfr=spider&for=pc。

安全利用率81.2%、污染地块安全利用率100%，超额完成国家下达的目标任务。

三是加大地质灾害防治投入，最大限度减少群众因灾损失。"十三五"期间，全省共投入资金60余亿元完成地质灾害工程治理类项目1600多个，有效保护100多万人、400多亿元财产安全，其中实施的因地质灾害搬迁避让工程惠及10万多户、53万人。此外，省自然资源厅还牵头完成了全省129个县（市、区）1∶5万的地质灾害详细调查，并在7个州（市）、34县区安装专业监测设备1807台（套）对172处重要地质灾害隐患点进行动态监测[1]。省水利厅也建立了覆盖全省的山洪灾害非工程措施防御体系，建成1个省级、16个州级、129个县级山洪灾害监测预警系统，实现了对受山洪威胁的5600个行政村雨量或水位的实时自动监测预警。根据省自然资源厅提供的数据，2013—2019年与2001—2012年比较，全省年均地质灾害发生次数由1438起降为390起，下降了73%，全省年均因地质灾害造成的直接经济损失由6.38亿元降为4.18亿元，下降了34%，全省年均因地质灾害死亡失踪人数由116人降为45人，下降了61%[2]。

（二）绿色发展方式逐渐形成

1. 农村绿色发展向科学化、规范化迈进

立足本底资源、科学分类、持续利用是农村实现绿色发展的基础和要求。2014年，云南省实施的《云南省主体功能区规划》，对全省土地空间开发进行总体部署，根据不同区域的资源环境承载能力、现有开发密度和未来发展潜力划分重点开发区域、限制开发区域和禁止开发区域三类主体功能区，推动形成与主体功能定位相适应的生产空间、生活空间、生态空间，

---

[1] 《云南：地质灾害综合防治体系稳步推进损失逐年下降》，https://www.163.com/dy/article/G8M3CP0M0514R9NO.html。

[2] 云南省网上新闻发布厅：《云南省庆祝中国共产党成立100周年系列新闻发布会·生态文明建设排头兵专题发布会》，云南省人民政府网，http://www.yn.gov.cn/ynxwfbt/html/2021/zuixinfabu_0428/3794.html。

实现全省差异化协同发展格局。《关于建立全省国土空间规划体系并监督实施的意见》明确了构建以空间治理和空间结构优化为主要内容，全省统一、相互衔接、分级管理的省、州（市）、县（市、区）、乡（镇）四级和总体规划、专项规划、详细规划三类的国土空间规划体系；构建以空间规划为基础、用途管制为主要手段的国土空间开发保护制度，为建立健全全省国土空间开发保护制度，全面提升国土空间治理体系和治理能力现代化水平提供了依据和遵循。截至2020年年底，基于自然地理格局和资源禀赋、生态环境容量等空间本底特征的资源环境承载能力和国土空间开发适宜性评价（简称"双评价"）工作和生态保护红线评估调整工作已基本完成，统筹划定生态、生产、生活"三生空间"和生态保护红线、永久基本农田保护界线、城镇开发边界"三条控制线"，为全省落实主体功能定位，明确空间发展目标战略，优化空间保护开发布局结构等奠定了坚实而科学的基础。其中，全省划定生态保护红线面积11.84万平方公里，占国土面积的30.96%，在维持"三屏两带"基本生态屏障格局基础上进行整合优化，将自然保护地、重要水源地全部纳入生态保护红线，提升了生态保护红线的生态功能。与此同时，全面启动全省各级国土空间规划编制，强化国土空间规划对各专项规划的指导约束作用，全省农村发展全面推进规划先行、多规合一、依规实施，各级政府开始学习和适应通过规划谋求地方发展，通过规划匹配相应项目、资金和配套资源，而在规划中推动形成人与自然和谐发展的空间格局既是指导思想，也是努力目标和基本原则，农村发展真正进入生态优先、尊重需求、科学规划、保障投入的历史性新阶段。

2. 污染治理打造农业清洁生产环境

坚持节约资源和保护环境是我国一贯坚持的基本国策。党的十八大以来，国家提出"推动形成绿色发展方式和生活方式"。农业部贯彻党中央决策部署，从2015年开始打响了农业面源污染治理攻坚战，提出了"一控两减三基本"①的目标任务，启动实施"农业绿色发展五大行动"②。云南涉农部门也开始对农业生产全过程进行清洁化控制，减轻农业面源污染。以清除田间地头农业生产废弃物为重点，推进实施残膜污染综合治理工程，提高各行业用膜标准，推广厚地膜、可降解地膜和适时揭膜技术，对不可降解农地膜等进行安全回收处置，提升农业清洁生产水平。规范市场监管，培育资源化利用市场，从地膜生产、销售、使用和残膜回收利用等环节合力消除"白色污染"。实施化肥农药污染综合治理工程，治理农业面源污染，努力实现农药化肥施用量零增长。改进畜禽饲养方式，引导农民单独建畜厩等附属用房或建养殖小区进行集中养殖，实现人畜分离。推进农作物秸秆和畜禽粪便综合利用，建成病死动物收集和无害化处理体系。扶持发展水肥一体化和高效节水农业，减少农业用水和用肥量。云南省生态环境厅提供数据显示，2017年以来，全省实现化肥、农药使用量连续"负增长"，测土配方施肥推广覆盖率达91.2%；土壤污染加重趋势得到初步遏制，受污染耕地安全利用深入推进，全省土壤环境质量总体稳定，有效保障了农产品质量安全和人居环境安全。2020年，全省受污染耕地安全利用和严格管控面积达1031.2万亩，完成国家下达的"受污染耕地安全利用率达到80%左右"的目标任务。

2021年，《云南省耕地质量保护与提升办法》将粮食生产功能区和重要农产品生产保护区作为重点区域，推进耕地质量保护与建设工作，开展耕地质量保护与提升技术创新和示范推广工作，通过技术措施提高耕地质量，并开展禽畜粪污利用；规定耕地使用者合理使用农业投入品，合理利用耕地，不得使用国家和地方明令禁止、淘汰的农业投入品，不得将城乡生活垃圾、污泥、粉煤灰等工业废物直接用作肥料。任何单位和个人不得向耕地排放有毒有害的工业废水、生活废水、污水和有害物质超标的畜禽

---

① 即农业用水总量控制；化肥、农药施用量减少；地膜、秸秆、畜禽粪便基本资源化利用。
② 即畜禽粪污资源化利用行动、果菜茶有机肥替代化肥行动、东北地区秸秆处理行动、农膜回收行动和以长江为重点的水生生物保护行动。

粪污、沼渣、沼液，不得倾倒、堆放或处置可能对耕地产生污染的废弃物。

3."绿色食品牌"打造带动农业绿色转型初见成效

2017年9月底，《中共中央办公厅、国务院办公厅关于创新体制机制推进农业绿色发展的意见》（以下简称《意见》）要求把农业绿色发展摆在生态文明建设全局的突出位置。为进一步落实《意见》精神，结合云南实际，2018年以来，云南先后出台《中共云南省委办公厅、云南省人民政府办公厅关于创新体制机制推进农业绿色发展的实施意见》《云南省特色农产品质量提升行动方案》《云南省人民政府关于创建"一县一业"示范县加快打造世界一流"绿色食品牌"的指导意见》，围绕打造世界一流"绿色食品牌"，全面贯彻乡村振兴战略，推动全省农业绿色发展。"十三五"以来，云南以深化农业供给侧结构性改革为主线，以打造"开放型、创新型、高端化、信息化、绿色化"现代产业体系为目标，按照"大产业+新主体+新平台"发展模式，聚焦茶叶、花卉、水果、蔬菜、坚果、咖啡、中药材、肉牛8个优势产业，兼顾其他特色优势产业，全面落实"抓有机、创名牌、育龙头、占市场、建平台、解难题"6个方面举措，在全省择优创建20个规模化、专业化、绿色化、组织化、市场化水平高的"一县一业"示范县，做大做强做优主导产业，构建完善的产业体系、生产体系和经营体系，把小农户引入"一县一业"发展大格局。努力推动绿色食品、有机产品认证，形成了一批"绿色食品牌"拳头产品集群；绿色有机成为云南农业发展的导向。以茶产业为突破，实施绿色有机基地建设和产品认证奖补。2019年全省"三品一标"有效认证产品5590个、登记企业1951家，较2015年实现翻倍增长；绿色食品有效认证产品1746个，全国排名提升到第8位；有机产品认证证书1169张，全国排名提升到第6位；全省有机茶面积52.5万亩，全国排名第1位；有机蔬菜面积9.75万亩，全国排名第1位；"云系""滇牌"农产品销往全国150多个大中城市、110多个国家和地区，2019年出口额达47.8亿美元，居全省第一大出口商品地位，连续多年位居西部省区第1位、全国第6位。2020年全省有机产品获证主体953家、产品2723个，比2017年分别增长38.7%、25.4%；有机产品认证数量全国排位提升至第3位，绿色食品认证数量全国排位提升至第7位；省农业农村厅审核绿色有机奖补项目210个，兑付奖励资金超过亿元。2021年前三季度，全省农产品出口逆势增长9%。

此外，云南积极探索"绿水青山向金山银山转换路径"，努力发展生态旅游、森林康养等新业态。2016年以来，全省生态旅游、森林康养等接待中外游客7355万人次，创收205.71亿元。[①] 值得一提的是，根据农业农村部关于农产品质量安全工作的要求，云南省农业农村厅通过狠抓源头治理、强化专项整治和严打违法行为等手段措施保障和提高农产品质量安全，也在一定程度上促进形成产品安全质量控制倒逼生产环节向生态方向发展的良好态势。

（三）农村生态环境全面改善

1.修编村庄规划规范村庄功能布局

建立党委和政府组织领导、村级组织及村民发挥主体作用、技术单位指导的村庄规划编制和实施管理机制，贯彻"多规合一"理念，统筹农村生产、生活、生态空间，加大力度推进实用性村庄规划编制，配套完善乡村公厕、集贸市场等公共服务设施。建设具有云南特色的山、水、林、田、房交相辉映的山地村庄，打造阡陌有序、田园美丽、河湖清澈、土壤肥沃的宜居宜业的坝区乡村集聚区，建设设施完善、环境优美、产业发展、和谐稳定的宜居宜业宜游边境乡村。同时，加强九大高原湖泊及其他水体周边规划管控，禁止填湖、填江（河），避免湖岸线、江岸线变成私家花园，有序实施拆除违建和"四退三还"[②]。历史文化遗产聚集区及文化线路沿线，

---

① 《云南省"回眸'十三五'奋进彩云南"系列新闻发布会·高原特色现代农业发展专题发布会》，云南省人民政府网，http://www.yn.gov.cn/ynxwfbt/html/2020/zuixinfabu_1215/3425_2.html。

② 退人、退田、退房、退塘，还湖、还水、还湿地。

加强历史文化的整体保护，严格落实各类保护要素的保护范围及控制措施。

全面加强村庄规划实施监管，强化乡村建设规划许可，深入推行村庄土地规划建设专管员网格化管理制度。凡新建农房都必须经过审批。建立健全违法用地和建筑查处机制，坚决依法依规查处及拆除违法违规违章建筑。截至2020年，全省90.54%的行政村已完成村庄规划编制，其中47个古茶山（树）资源周边村庄完成规划编制。

2. 全面推进农村生活垃圾和生活污水治理

人居环境整治不仅是全面改善农村群众生产生活环境，努力建设宜居乡村的重要手段，更是全面提升乡村群众环境意识的重要抓手。"十三五"以来，云南省委、省政府贯彻落实党中央、国务院生态文明建设及习近平总书记视察云南重要讲话精神，先后制定了《云南省进一步提升城乡人居环境五年行动计划（2016—2020年）》《云南省农村人居环境整治三年行动实施方案（2018—2020年）》，以建设"产业生态化、居住城镇化、风貌特色化、特征民族化、环境卫生化"的美丽宜居村庄为目标，以加强村庄规划管理、农村生活垃圾治理、农村生活污水治理等内容为工作重点扎实推动农村生活环境全面提升。"城乡一体化集中处理"和"源头减量、就近就地处理"相结合的农村生活垃圾处理模式广泛推广，农村生活垃圾处理体系不断完善，基本做到每户有垃圾桶，每村（组）至少有1个垃圾收储设施，每个乡（镇）有必要的垃圾收运车辆和转运站。边远地区和不具备外运条件的农村生活垃圾根据实际情况通过卫生填埋、小型垃圾焚烧设施等就近还田或就地处理。截至2020年年中，91%的乡（镇）镇区和92%的村庄对生活垃圾进行收集处理，村庄生活垃圾乱堆乱放情况明显改善。①

根据农村不同区位条件、村庄人口聚集程度、污水产生规模，因地制宜采用污染治理与资源利用相结合、工程措施与生态措施相结合、集中与

---

① 《美了！乡村振兴战略第一场硬仗，云南用"美丽"作文章》，https://www.sohu.com/a/406851320_120206535。

分散相结合的建设模式和处理工艺，逐步实现农村生活污水全处理。推动城镇污水管网向周边村庄延伸覆盖。积极推广低成本、低能耗、易维护、高效率的污水处理技术，鼓励采用生态处理工艺。加强生活污水源头减量和尾水回收利用。以房前屋后、河塘沟渠为重点实施清淤疏浚，采取综合措施恢复水生态，逐步消除农村黑臭水体。将农村水环境治理纳入河长制、湖长制管理。加大污水处理设施建设力度，优先整治九大高原湖泊、饮用水水源地周边重点区域。截至2020年，全省129个县（市、区）编制完成县域农村生活污水治理专项规划，生活污水治理设施覆盖751个乡（镇）镇区，设施覆盖率为62.17%；62%的乡镇镇区对生活污水进行收集处理，27.8%的行政村有污水处理设施，92%的自然村生活污水乱排乱放得到管控。[①]

3. 大力推进"厕所革命"

云南省实施《农村"厕所革命"三年行动计划（2018—2020年）》，在乡（镇）镇区和行政村村委会所在地公厕建设全覆盖的基础上深入推进厕所革命。省级按400元/座（各地财政结合实际可另行提高标准）的标准补助加快推进农村无害化卫生户厕的建设和改造，推广水冲式卫生厕所改造模式，同步实施厕所粪污资源化处理。截至2020年年底，全省共下达财政奖补资金2.53亿元推动实施"厕所革命"，三年间累计新建改建农村无害化卫生户厕339.37万座、行政村村委会所在地无害化卫生公厕11194座；农村无害化卫生户厕覆盖率达57.49%，所有行政村均达到了1座无害化卫生公厕，超额完成了三年行动任务。同时建立了农村改厕技术指导员制度和公厕清扫保洁制度，保证厕所建设质量和后续可持续利用。[②③]

---

① 《美了！乡村振兴战略第一场硬仗，云南用"美丽"作文章》，https://www.sohu.com/a/406851320_120206535。

② 黄小桐：《云南推进农村"厕所革命"无害化厕所入村入户》，百度网，https://baijiahao.baidu.com/s?id=1670618396434577384&wfr=spider&for=pc。

③ 郜晋亮：《为生活多添一份幸福感——云南省扎实推进农村"厕所革命"纪实》，中国农网，http://www.farmer.com.cn/2021/03/16/wap_99867202.html。

4. 完善长效管护机制

强化制度建设,逐步建立完善县、乡、村三级有制度、有标准、有队伍、有经费、有督查的乡村人居环境长效管护机制。在农村厕所改造建设、生活垃圾污水治理和村庄风貌提升中,实行"统一规划、统一建设、统一运行、统一管理"。一些地方通过村规民约等制度建设,探索建立并实施环境治理依效付费制度。例如在西畴县拉孩村,以《村规民约》为载体,推行"10分钱工程",即村民每天出10分钱,加上财政补贴,以村组为单位,聘请本村刚刚脱贫摘帽的农户当保洁员,对村庄公共环境进行清理维护。安宁市八街街道凤仪村委会则是通过制定《凤仪村民委员会乡村治理运用积分评分细则》,开展"积分制管理+正能量超市",提高了村民参与农村人居环境整治工作的积极性;制定《党员积分制管理考核办法》,把党员为民服务承诺事项与治理凤仪"脏、乱、差"有机结合起来,开展"戴党徽,亮身份""我是党员我先上"等活动,为农村人居环境整治工作提供组织保障。

值得一提的是,根据农业农村部、国家乡村振兴局、财政部组织对31个省(区、市)和新疆生产建设兵团2020年度农村人居环境整治工作情况进行的综合评价,开远作为云南省唯一入选县(市、区),获得中央财政在分配年度农村综合改革转移支付时的倾斜支持。激励资金主要用于农村"厕所革命"整村推进、村容村貌整治提升等农村人居环境整治相关内容建设。2020年年底,省委农办、省农业农村厅等7部门联合制定的《关于扩大农业农村有效投资加快补上"三农"领域突出短板的实施意见》明确要求全省土地收益用于农业农村比例达到50%以上,这意味着农村环境提升整治的资金投入也将大大增加。

二、问题与挑战依然严峻

"十四五"时期,农村将开启全面推进乡村振兴、努力实现农业农村现代化的历史新征程。站在新的历史起点,云南农村以绿色发展为引领,真正实现"绿水青山就是金山银山",让良好的生态资源转化为可持续发展的动力,但实现农村高质量发展仍有很长的路要走。

(一)农村生态环境建设仍面临巨大挑战

1. 保护与发展冲突明显

由于地处国际、国内大江大河的上游,生态地位突出,云南历来在生态保护上承担着巨大压力,农村尤为如此。各种生态工程、生态建设、保护区、国家公园等的设立,一方面大大促进了生态环境的保护,对维持当地人民良好生产生活环境和促进全国乃至地区生态环境改善意义重大。然而,不可否认的是,各项生态保护政策及生态工程的实施,同时对保护区域社区的生产生活带来不小压力。全省生态红线占国土面积的33%,对农村发展影响明显。例如,云南许多农村地区希望大力发展生态观光农业,但产业配套的建设用地指标问题却无法解决;仍有很多位于自然保护区核心腹地或实验、缓冲区内的村庄,生态保护与产业发展矛盾一直比较突出,即使是发展绿色产业,交通、基础设施、用地指标、环境容量等限制依旧是不可回避的问题与挑战。

2. 环境问题依旧突出

近年来,通过美丽乡村建设、精准扶贫、农村人居环境卫生治理、"厕所革命"等一系列政策措施大大改善了农村环境卫生条件,但是随着城乡融合发展,农村生活环境问题表现出了一些新特点,生活垃圾不仅总量在快速增加,品类也在迅速增加,大大增加了治理难度。生活污水一方面随着人口的增加而增加了总量,另一方面也随着卫生厕所的逐渐普及而增加了处理难度。生活垃圾目前主要依靠村收集、乡转运、县处理,但实际上垃圾处理速度远远跟不上垃圾生产速度。从收集上来说,村寨垃圾收集场地有限,转运周期长,并不能及时完全处理生产出来垃圾。从转运和处理上来说,受限于财政支持力度,不仅处理设施不足,而且转运处理速度也不能及时保证。生活污水处理方面，同样受制于财政资金投入力度，已建的大部分污水处理设施并不能保证村庄所有污水的集中处理。"厕所革命"虽然在全省普及了卫生厕所，但是有些水冲式厕所根本无水可冲；有些村寨有建无管，形成新的环境卫生死角；等等。总的来说，农村环境卫生整治不仅主要依靠政府政策投入，也需要大量资金投入，更需要农村社区主动参与后续管理和维护，而目前这三个方面投入与环境卫生改善现实需求仍有很大差距。

3. 污染治理形势严峻

农业生产中产生的废水、固体废弃物和畜禽粪便是造成农业面源污染的主要来源。尽管湿地建设、集中养殖、农药化肥减量控制等系列措施，在一定程度上控制了农村面源污染的扩散，但是农药化肥超量使用和残留问题依然严重，规模化养殖同样存在污染严重、资源化利用不充分现象，农用薄膜缺乏有效的回收机制，残留在耕地土壤中，导致严重的"白色污染"，实现治理目标依然任重道远。以曲靖2019年农药化肥使用数据为例，按其农作物播种面积计算的化肥、农药和农用塑料薄膜使用强度分别为每亩18.11公斤、285.23克和1.42公斤，尽管分别比云南省平均水平低了7.32个百分点、低了37.24个百分点、高了21.54个百分点，但依然远高于国际标准。[①] 在一些蔬菜主产区，一年4—5季的蔬菜生产频率已经使土壤生态环境处于"崩溃"边缘；彻底扭转这种形势，需要的不仅仅是技术措施和政策支持，还涉及治理期农民群众面临的生计转型风险和生产方式转变成本。

（二）农村绿色发展方式转变困难重重

1. 绿色产业发展基础设施依然薄弱

精准扶贫以来，云南农田基础设施条件得到较大提升，但是瞄准农业绿色化发展目标，当前农业基础设施条件依然十分薄弱，其中三个方面

[①] 郑宝华主编：《曲靖市全面现代化发展报告》，云南人民出版社2021年版，第254页。

的主要问题亟待解决：一是机耕条件差。现代化的机械装备是经营主体手中的利剑，然而机耕道的缺失和落后，使得农业机械"进村不下田"，空有一身装备却只能"望田兴叹"。二是水利条件差。农村水库总量供应不足，坝塘淤积、灌溉沟渠堵塞现象严重，加上旱涝交替影响，导致农田灌溉明显受阻。三是耕地质量差。云南土地资源多样性的特点成就了高原现代农业的特色性，但土地资源细碎化的特点同时也成为现代农业规模化、产业化发展的最大阻力。云南省第三次全国国土调查结果显示，全省耕地共8093.32万亩，其中坡度在6度以下的面积有1864.81万亩，仅占23.04%，而坡度在15度以上的耕地达3712.20万亩，占耕地总面积的45.86%。[①] 优质耕地相对较少，加上受化肥农药滥用、耕地资源过度利用等因素影响，耕地质量明显偏低。部分耕地受自然灾害和地形条件影响，甚至出现撂荒现象。

2. 绿色农产品生产标准化、规范化水平低

产品标准化、规范化生产既是绿色农业实现的基本要求，也是主要内容，但是当前云南农产品生产确实还存在标准不明确、不统一等问题，尤其是涉及种养业不同农产品绿色生产的可操作的技术规程和标准并没有完全建立起来，化肥、农药等农业投入品的使用和监管也相对混乱。更重要的是，云南省以家庭为单位的小农分散经营格局决定了在同一区域甚至同一地块内规模化、标准化、规范化的农业生产模式实现难度大。首先，土地的细碎化导致不同经营主体间在生产时间上难以实现同步；其次，家庭经济发展水平与投资偏好差异等因素决定了不同经营主体在生产经营模式选择上难以实现同步；最后，劳动习惯与耕种偏好差异等因素决定了不同经营主体在生产方式选择上也难以实现同步。例如，面积1亩的土地可能其承包经营权分属3家人，不同家庭根据市场情况可能在同一季节种植三种不同的经济作物，而在种植过程中，种花的人会选择全用化肥、农药保

---

① 云南省第三次全国国土调查领导小组办公室、云南省自然资源厅、云南省统计局：《云南省第三次全国国土调查主要数据公报》，2021年12月22日。

证产量;种内销蔬菜的人会选择用农家肥掺化肥和适量的农药在保住产量的基础上兼顾质量;而种外销蔬菜的人就会选择全用农家肥、沼肥和减量使用农药的方法尽量在保住产量的同时提升品质。

此外,农产品安全生产标准和规范制度执行中违法成本低也决定了安全农产品生产的标准化、规范化难以实现。当使用激素饲料可比使用粮食饲料养殖成本降低一半,但收益可以增加一倍且没有相应惩罚时,追逐利益的天性会让大家都有使用激素饲料的冲动。

3. 绿色产业发展支撑体系后劲不足

受限于农业生产条件差、土地资源细碎、家庭小农经营能力有限等多重因素影响,云南农业的产出仍是原料型、低产值、初加工的种养业。尽管建立了初步政策、科技和服务体系,但没有实现功能的全面发挥。尤其技术服务体系建设的滞后,不仅制约绿色农产品生产实现标准化、规范化,同时也降低绿色产业发展对农业经营主体的吸引力。其中几个问题值得引起关注:首先是绿色技术科研创新投入严重不足,导致技术服务跟不上现实需求;其次是基层技术服务队伍建设无论是覆盖面还是服务能力都远远无法满足广大农户绿色生产需求,很多基层队伍农技员甚至不具备专业技术知识,很多东西还要反过来请教老百姓;最后是政府的农技推广体系导向不明导致许多基层农技部门仍在以农药化肥销售为主,而不是积极寻求绿色技术的创新与推广。

另外,引领绿色产业发展的企业,大多数没有形成自己的产品研发、生产团队,甚至也没有和科研机构、高校等形成长期合作关系,科技支撑能力很弱。而绿色农业的大力发展不仅依赖企业的积极投入,而且更依赖有效的农民组织。但由于云南土地长期分散经营的特点,农民在作物种植和农产品销售上"单打独斗",很难抵御市场风险并形成规模效益,长期以来在农产品交易中都处于弱势地位。由于缺乏有效的农民组织,农民对市场信息把握不够,在与中间商的交易中往往处于被动地位,农民之间价格恶性竞争现象非常普遍。绿色农业高生产成本的情况下,绿色农产品价格的恶性竞争只可能加剧农民利益的损害。小农为主体的家庭经营使得耕地的规模化经营程度和单位劳动力的产出水平都很低，产业比较优势无法体现。

此外，支持绿色产业发展相关政策出台虽较多，但政策门槛较高，普通小农及小规模经营主体并不能享受，而且很多支持政策只支持短期试验示范，对于绿色农业发展周期相对长、见效相对慢的特点而言效果不突出。

（三）绿色发展理念实践转化动力不足

1. 绿色产品价值优势体现不足

云南在探索"绿水青山转化为金山银山"的实践中尽管取得了一定成绩，但总体来说，绿色产品价值体现不足，生态的绝对优势没有转化成经济社会发展的总体优势。不同学者在对全国农业绿色发展指数进行构建和测度时发现，云南的农业绿色发展指数综合排名都在十位之外[1][2]，其主要原因在于产业绿色发展不仅取决于良好的生态环境，也取决于环保节约的生产方式和质量高效的产品供给。云南虽然在环境保育、生态建设方面工作扎实，成绩斐然，但是在绿色产业发展对经济增收方面贡献相对较低，进而影响产业绿色发展综合能力。以生态补偿为例，云南省为保障国家生态安全划定了地区面积33%的生态红线，这些区域大部分享受生态补偿，但是生态补偿的标准却还维持在15元/亩（农户拿到手可能只有10元或更低），对比生态保护为下游经济发达地区提供的资源和生态安全屏障，这样的补偿标准甚至无法弥补农民开发利用生态环境资源的机会成本。

2. 农民参与绿色产业发展信心不足

以企业带头为主的"公司+农户+基地"模式仍是当前绿色农业发展

---

[1] 巩前文等：《农业绿色发展指数构建与测度》，《农业经济》2020年第1期，第133—145页。

[2] 魏琦等：《中国农业绿色发展指数构建及区域比较研究》，《农业经济问题》2018年第11期，第11—20页。

的主要模式。尽管这种模式有助于解决绿色农业发展资金和农民组织生产的问题，但是其存在的问题也不容忽视。一方面，企业作为经营主体，成为最大受益主体，而农民仍然处在利益链条的底端，受益最低。另一方面，农民参与的稳定性无法保证。农民在绿色农产品经营中不是主体，也就不会对绿色农产品的生产形成责任意识，参与的主动性和积极性自然下降。

农业经营主体参与绿色农业发展，其主要原因是生产绿色农产品能够产生可观的经济效益。尽管全省"三品一标"的产值增速明显快于企业数量及产品数量发展速度，从某种程度而言，也可以说是绿色农产品更值钱了，但是企业生产绿色农产品的积极性却降低了。实际调研显示，生产经营者参与绿色农业积极性低，其根本的原因在于他们对绿色农业高生产成本投入是否产生高收益回报信心不足。

首先，绿色农业生产成本高。发展绿色农业对生产环境、生产技术及其生产农产品都有较高标准要求，例如土壤、空气、水源条件，农药、化肥施用要求，生产流程规范，等等。这种高标准的生产必然带来高成本的经济投入和劳动力投入。以水稻种植为例，农民亩均使用农药、化肥生产的资金投入和劳动力投入只是绿色生产的80%甚至一半。

其次，绿色农产品的认证成本高。以绿色食品为例，单品认证的平均成本为2万元，尽管其有效期是3年，但是经营主体仍需每年提供该单品的相关检测结果。这种高额的成本对于企业来说都是不小的挑战，更不用说对弱势的小农。就算是某些大企业，尽管其生产的土鸡蛋品种很多，但也只有其中几种使用了绿色食品标志。对小农而言，绿色食品标志的使用不仅是成本的问题，还有资格问题，因为根据2012年国家农业部修订颁布的新《绿色食品标志管理办法》，申请使用绿色食品标志的主体主要是一定规模的企业（法人）或合作社（通常会鼓励县级以上龙头企业或发展较好的合作社申请），一般不针对个体或小农。

再次，绿色农产品市场不如预期。在一些蔬菜生产大县，很多企业放弃绿色蔬菜发展主要是因为绿色蔬菜生产的最终市场收益还不如常规农业生产的效益可观。于是出现了基层农产品质量安全中心工作人员不断劝说企业继续申请使用绿色食品标志的现象，这主要与绿色农产品市场对接不好、相关物流、市场信息不畅等因素有关。

最后，绿色农业发展的政策支持力度不够。尽管云南省出台了很多绿色农业发展相关的补贴政策，但是小农和小规模经营主体受惠有限，因此他们参与绿色农业发展的信心并不充足。

3. 绿色消费带动不足

云南绿色产品市场潜力大、效益高是当前社会的一个普遍共识，然而绿色消费在带动农业产业绿色发展、倒逼生产方式转变方面与预期仍有差距。从公众参与绿色农业发展面临的挑战来说，主要还是两个方面的问题：一是公众需求驱动绿色农业发展动力不足。社会公众作为绿色产品的消费主力，本应成为绿色农业发展的主要动力之一，但是由于消费意愿、消费能力和消费信心不足等因素，绿色消费仍未成为主流消费。更严重的是，消费者判断其消费农产品是不是绿色、安全时，主要还是依靠产品的认证体系。而随着社会信任体系出现问题，消费者开始对认证体系产生怀疑，有些尤其对政府主导或参与的认证产生不信任。二是社会公众参与绿色生产和绿色农产品质量监管不足。当前绿色农业发展中，绿色生产及绿色农产品相关指标体系建设及监督管理的主体都是政府，公众社会（尤其是消费者）在此过程中的参与严重不足。其带来的后果一方面是政府没有足够多的人力、财力、资源满足市场的所有需求，另一方面是政府在绿色农业的产业发展中既做了"运动员"又做了"裁判员"，使得其在绿色农产品质量安全保障方面的公信力大大减弱。

还需要看到的是，尽管绿色产品市场潜力巨大，然而，我们对全省绿色产品生产、加工、流通、消费等各环节中存在的问题与挑战研究不够深入，尤其在大数据时代，我们对云南绿色农产品的主要消费市场、消费群体、消费意愿、消费能力等内容的研究相对滞后，对其相对应的绿色产品生产能力、生产意愿等欠缺深入研究，使得相关指导政策在具体实施操作时针对性、适用性不足。

三、农业农村绿色发展方向

在绿色发展理念引领下，随着乡村振兴战略稳步推进，农业农村现代化建设步伐加快，云南农村适宜城乡绿色发展的空间规划体系基本建立，生态资源质量持续提高，农村环境全面改善，绿色生产生活方式将加快形成，绿色农业兴旺发展，农村经济社会发展真正向高质量绿色发展转型。

（一）绿色发展生态资源和环境基础进一步夯实

随着主体功能区战略全面实施，国土空间开发格局将进一步优化，生态保护红线严格落实。在山水林田湖草沙系统治理思想指导下，重点生态工程实施、重要生态系统保护和修复、流域综合治理以及长江干流和重要支流禁捕等工作持续推进，生态系统和生物多样性加快恢复，森林生态资源、水生生态资源等自然生态资源质量大大提高，农村生态系统服务功能进一步强化。随着蓝天、碧水、净土"三大保卫战"和"8个标志性战役"的持续推进，农村水土保护与治理工作深入展开，水源地保护和污水治理力度不断加大、土壤污染防治稳步推进、固体废弃物环境风险防控和处置水平逐步提升。污染地块和国土空间规划"一张图"初步实现，农用地分类管理全面推行，土壤污染风险管控和修复稳步推进，耕地资源保护行动有序开展，耕地资源质量基本动态监测，农用地安全利用水平进一步巩固和提升。有机肥替代化肥、病虫害绿色防控替代化学防治、废弃农膜回收利用等措施扎实推进，化肥农药减量化和土壤污染治理取得重大进展，农业面源污染基本得到控制。

（二）绿色农业引领农村发展方式加快绿色转型

绿色农业集中体现了生产、生态、经济发展的有机结合，将有效促进云南农业增长方式从粗放型向集约型转变，从单纯追求经济效益到追求经济、社会、生态效益协同发展转变。"十四五"期间，云南将继续坚持高原特色农业绿色生态发展方向，以打造世界一流"绿色食品牌"为抓手，突出以绿色、有机农产品开发增强市场竞争能力，提高综合效益，深入推动农业绿色化可持续发展。农业产业将不断建立和完善绿色生产技术标准体系，促进农业标准规范生产，有效控制农药化肥等农业投入品用量，规范处理农业生产废弃物，全面提高农业资源利用效率；不断健全绿色农产品质量标准体系，促进绿色生态农产品标准化、规模化、产业化开发。出台具有可操作性且能监管的绿色生产技术标准；在挖掘和传承传统绿色生产模式及工艺的基础上，充分借鉴国内外绿色生产经验，探索出适宜本土的绿色生产模式，推进全省茶园全部绿色化，鼓励蔬菜、水果、花卉等优势农产品绿色化生产；以高质量绿色发展为导向，积极推动资本下乡、社会下乡发展市民农业，带动农民生产经营组织化程度的提高；推动建设现代农业产业园区和农业现代化示范区。

同时，与绿色农业发展相匹配的农产品质量追溯监督体系、绿色农产品精深加工体系、绿色农资供应体系、绿色农产品营销体系和农村信息、金融、科技、人才等绿色发展支撑体系也将逐步建立并不断完善，进而带动相关绿色肥料技术、绿色病虫害防治、绿色种苗技术等支撑产业的快速发展。农业重新成为吸引资金、技术和高级人才聚集的产业。

随着绿色农业生产更加规范，绿色农产品质量安全得到保障，农业生态环境得到有效保护，农业综合效益明显提升，农民生活水平和幸福指数全面提升，农民参与绿色农业发展积极性显著增强。

（三）农村人居环境进一步提升

以乡村振兴为统领，以生态宜居乡村建设为抓手，全面推进农村人居环境提升整治，加快社会主义现代化农村建设进程。随着"多规合一"和乡村规划的全面实施，县城综合服务能力进一步得到强化，乡镇服务农民的区域中心地位得到彰显，村庄逐步实现依规科学发展。

农业农村基础设施进一步完善，农村人居环境质量持续改善。饮用水水源地环境质量持续改善，人畜饮水安全进一步得到保障。随着城乡生活环境治理力度进一步加大，以乡镇政府驻地和中心村为重点的农村生活污水垃圾综合治理梯次推进。各州（市）因地制宜积极探索适宜本地特点的农村污水治理方案。有条件的地区实现城乡生活污水处理统一规划、统一建设、统一运行、统一管理，城镇污水管网向周边村庄延伸覆盖。通过建立健全农村生活垃圾收集、运输和处置体系稳定运行的长效机制，推进农村生活垃圾就地分类和资源化利用，实现农村垃圾全处理。充分调动好农民积极性，开展房前屋后和村庄公共空间环境整治。通过村庄清洁行动、农村道路提档升级、庭院整治等内容为主生态宜居美丽乡村建设深入开展，村容村貌整体提升。扎实推进农村"厕所革命"，因地制宜的改厕技术模式稳步推行，改厕质量全面提高，厕所粪污无害化处理与资源化利用基本实现。推进农村户用卫生厕所改造、加强农村公共卫生厕所建设、配套搞好农村厕所粪污处理。有制度、有标准、有队伍、有经费、有督查的村庄人居环境长效管护机制基本建立，乡村环境卫生逐步实现专业化、市场化的建设和运行管护。

（作者单位：云南省社会科学院农村发展研究所）

积极完善新型农业经营体系

张体伟

观点概要

新型农业经营体系是以家庭承包经营为基础、以新型农业经营主体为支撑、以市场为导向、以现代农业为基本手段,以集约化、专业化、组织化、社会化相结合为主要内容,以土地为主要生产资料和劳动对象,各类农业生产经营主体以不同方式对生产要素有效配置和持续利用而形成的农业生产关系的总和。近年来,为加快构建新型农业经营体系,云南制定了相关政策举措,一定程度上促进了高原特色现代农业发展的集约化、专业化、组织化和适度规模化经营水平提升。全省新产业新业态蓬勃发展,家庭农场、农民合作社、农业企业等新型经营主体不断壮大,农产品"三品一标"有效认证不断增加,农产品标准体系不断完善,六大板块特色鲜明的高原特色农业区域发展格局逐步形成,农业生产区域化、专业化和集群化发展趋势明显,农民组织化程度不断提升,新型农业社会化服务体系不断健全。然而,云南农村家庭经营仍占据主体地位;耕地家庭承包经营"碎片化"现象突出;新型农业经营主体培育乏力,企业经营规模偏小,整体竞争力、带动力偏弱,规模化、集约化水平不足;部分"空壳社""僵尸社"严重影响了农民专业合作社的发展质量,拉低了整体的组织化、专业化服务水平;机构能力建设滞后,公共性服务不足,经营性服务不活,公益性和营利性服务组织之间职能界限模糊,存在"越位""缺位"现象,社会化服务依然是高原特色现代农业发展短板;加之政策执行偏差,落实不力,制约新型经营主体培育壮大。为此，建议促进耕地经营权有序规范流转给新型农业经营主体，发展多种形式的农业适度规模经营，提升规模集约化经营水平；健全完善产业化利益联结机制，支持龙头企业绑定农民专业合作社、农民专业合作社绑定农户发展，让农户、农民专业合作社、龙头企业结成稳定的利益联结共同体，提升农业专业化、组织化程度；健全以农业公共服务机构为依托、合作经济组织、农业产业化龙头企业等为骨干的新型农业社会化服务体系；打好用地、电价、税收、金融等政策"组合拳"。

一、新型农业经营体系不断健全

党的十八大以来，国家相继出台了一系列政策措施，不断推进新型农业经营体系建设。云南也相应推出相关政策举措，加快构建新型农业经营体系，不断提升了高原特色现代农业生产的集约化、专业化、组织化和社会化水平。

（一）相关政策和举措持续推动

党的十八大以来，我国坚持在农村基本经营制度基础上，陆续出台了相关政策举措，不断促进新型农业经营体系建立健全。《中共中央、国务院关于加快发展现代农业进一步增强农村发展活力的若干意见》提出"创新农业生产经营体制，培育壮大龙头企业，发展多种形式的新型农民合作组织，稳步提高农民组织化程度和农户集约经营水平"。《农业部关于做好2013年农业农村经济工作的意见》进一步提出"稳定农村土地承包关系，培育新型农业经营体系，完善新型农业社会化服务体系"。《中共中央关于全面深化改革若干重大问题的决定》强调"坚持家庭经营在农业中的基础性地位，推进家庭经营、集体经营、合作经营、企业经营等共同发展的农业经营方式创新"。2017年《中共中央办公厅、国务院办公厅关于加快构建政策体系培育新型农业经营主体的意见》指出："在坚持家庭承包经营基础上，培育从事农业生产和服务的新型农业经营主体，加快形成以农户家庭经营为基础、合作与联合为纽带、社会化服务为支撑的立体式复合型现代农业经营体系。"《中共中央、国务院关于实施乡村振兴战略的意见》强调"统筹兼顾培育新型农业经营主体和扶持小农户，采取有针对性的措施，把小农生产引入现代农业发展轨道"。《中共中央、国务院关于全面推进乡村振兴加快农业农村现代化的意见》提出"推进现代农业经营体系建设。突出抓好家庭农场和农民合作社两类经营主体，鼓励发展多种形式适度规模经营。支持农业产业化龙头企业创新发展、做大做强"。《中华人民共和国乡村振兴促进法》第四十六条规定："县级以上地方人民政府应当支持发展农民专业合作社、家庭农场、农业企业等多种经营主体，健全农业农村社会化服务体系。"这些政策文件及举措的实施很大程度上助推了新型农业经营体系的健全。

近年来，云南为加快构建农业集约化、专业化、组织化、社会化相结合的新型农业经营体系，相应地制定出台了相关政策措施。《中共云南省委、云南省人民政府关于全面深化改革扎实推进高原特色农业现代化的意见》部署了构建现代农业经营体系的具体任务，提出"大力扶持新型农业经营主体、发展多种形式规模经营、健全农业社会化服务体系"等重点内容。《云南省高原特色农业现代化建设总体规划（2016—2020年）》提出"围绕市场化、组织化、专业化目标，培育壮大以家庭农场为基础、专业合作组织为主体、龙头企业为骨干的各类新型经营主体""构建以公共服务机构为依托、农业合作经济组织为基础、龙头企业为骨干、其他社会力量为补充，公益性服务和经营性服务相结合、专项服务和综合服务相协调的新型农业社会化服务体系"。《云南省人民政府办公厅关于推进农村一二三产业融合发展的实施意见》进一步强调了充分发挥新型农业经营主体作用。2019年，《云南省人民政府关于创建"一县一业"示范县加快打造世界一流"绿色食品牌"的指导意见》提出了推进标准化生产经营、提高专业合作社发展质量、提升农业社会化服务水平、做大做强农业龙头企业、建立稳固利益联结机制等措施。2021年,《中共云南省委、云南省人民政府关于全面推进乡村振兴加快农业农村现代化的实施意见》也提出"推进现代农业经营体系建设。突出抓好家庭农场和农民合作社两类经营主体,鼓励发展多种形式适度规模经营"。随着这些政策举措的持续推进,加快了全省新型农业经营体系的建立和完善,促进了农业生产的组织化程度和适度规模化水平的提升。

(二)家庭经营的主体地位明显

《中共中央办公厅、国务院办公厅关于引导农村土地经营权有序流转发展农业适度规模经营的意见》《中共云南省委办公厅、云南省人民政府办公厅关于引导农村土地经营权有序流转发展农业适度规模经营的实施意见》进一步提出"加快构建以农户家庭经营为基础、合作与联合为纽带、社会化服务为支撑的立体式复合型现代农业经营体系"。加快培育新型农业经营主体,进一步强化对家庭农场、专业大户、农民合作社、龙头企业、农业社会化服务组织等经营主体的扶持,有序促进农地经营权流转,引导农业适度规模经营健康发展。2013—2015年,全省家庭承包耕地流转率分别为14.87%、17.00%、17.80%,耕地流转比率呈逐年上升态势,转入新型农业经营主体的面积持续增加。①

2013年,全省家庭承包经营耕地流转面积达625.19万亩,其中,流转给龙头企业、农民专业合作社等新型农业经营主体的面积达316.19万亩,占家庭承包经营耕地流转总面积的50.58%;农户之间流转的耕地面积达309.00万亩,占耕地流转总面积的49.42%,实际由农户家庭经营的承包耕地面积占92.48%。2015年,全省家庭承包经营耕地流转面积为749.50万亩,其中,流转给龙头企业、农民专业合作社等新型农业经营主体的面积达389.81万亩,占耕地流转总面积的52.01%;农户之间流转耕地面积为359.69万亩,占耕地流转总面积的47.99%,比2013年下降了1.43个

---

① 数据来源:《云南省农村经营管理统计资料(2013—2016年)》。

百分点，实际由农户家庭经营的承包耕地面积占90.74%。2020年，全省农村土地承包经营权确权登记颁证工作基本完成，颁发土地承包经营权证书869.1万份，颁证率达98.9%；家庭承包经营耕地流转面积达1214.94万亩，其中，农户家庭承包经营耕地流转给龙头企业、农民专业合作社等新型农业经营主体的面积达693.48万亩，占家庭承包经营耕地流转总面积的57.08%，比2013年提高了6.50个百分点，比2015年提高了5.07个百分点；农户之间流转的耕地面积为521.46万亩，占家庭承包经营耕地流转总面积的42.92%，比2013年下降了6.50个百分点，比2015年下降了5.07个百分点，详见表12。按农业农村部关于适度规模经营土地的统计，全省经营耕地面积在30亩以上的农户占比由2013年的2.9%增长到2020年的4.56%。可见，随着云南高原特色现代农业的快速发展，农业集约化水平有所提升。到2020年，全省家庭承包经营的耕地流转率下降到10.90%，其主要原因在于确权后家庭承包经营的耕地面积增加较大，农户家庭经营仍是云南新型农业经营体系的基础[①]，家庭经营的主体地位仍然突出。

表12 农户家庭承包耕地及流转情况统计表

年份	2013	2015	2020
耕地流转面积（万亩）	625.19	749.50	1214.94
其中：流转给新型经营主体（万亩）	316.19	389.81	693.48
占耕地流转总面积比例（%）	50.58	52.01	57.08
农户之间流转面积（万亩）	309.00	359.69	521.46
占耕地流转面积比例（%）	49.42	47.99	42.92

数据来源：《云南省农村经营管理统计资料（2013—2020年）》。

（三）专业化生产水平得到提升

一是新型农业经营主体不断壮大。新产业新业态蓬勃发展，家庭农场、农民合作社、农业企业等各类新型经营主体不断壮大，农业物联网、农业

[①] 罗必良：《家庭经营仍是新型农业经营体系基础》，《中国集体经济》2014年第3期，第5页。

资源数字化成果不断涌现，农村电子商务发展全面提速，农产品精深加工、休闲农业、乡村旅游、农村电商等新兴产业加快发展，农业社会化服务稳步推进。全省农业产业化龙头企业由2013年2734家增长到2020年的4440家，其中省级以上农业龙头企业已由2013年的558家增长到2020年的900家；国家农业龙头企业由2013年的26家增长到2020年的39家。销售收入在10亿元以上的龙头企业由2013年的13家增加到2020年的38家；销售收入在100亿元以上的龙头企业由2013年的2家增加到2020年的3家，见表13。为加快培育发展家庭农场，发挥好其在乡村振兴中的重要作用，中央农村工作领导小组办公室等11个部门出台了《关于实施家庭农场培育计划的指导意见》。2020年省委农办等11个部门联合出台了《关于实施家庭农场培育计划的实施意见》，提出家庭农场要发展一批、提升一批、规范一批、示范一批。全省家庭农场由2013年的9824家增加到2020年的50345家；农民合作社由2013年的20423家增加到2020年的61880家，见表14。2013年，全省经营耕地面积在50亩以上的专业大户达5.0万户，其中100亩以上的达7000户；2020年全省经营耕地面积在50亩以上的专业大户达15.17万户，其中100亩以上的达3.69万户，详见表15。新型农业经营主体不断培育壮大，已成为引领云南高原特色现代农业发展的主力军，有力地推动了小农户与现代农业的有机衔接。

表13 云南农业龙头企业发展情况

年份	2013	2016	2017	2018	2019	2020
农业龙头企业（个）	2734	3541	3796	4054	4240	4440
其中：销售收入10亿元以上的龙头企业（个）	13	27	26	26	35	38
销售收入100亿元以上的龙头企业（个）	2	1	2	2	3	3
国家重点龙头企业（个）	26	25	26	26	39	39
省级以上重点龙头企业（个）	558	757	812	844	842	900

数据来源：《云南省农村经营管理统计资料（2013—2020年）》。

表14 云南家庭农场及农民专业合作社发展情况

经营主体	2013年	2016年	2017年	2018年	2019年	2020年
家庭农场（个）	9824	4115	5853	6782	8107	50345
农民专业合作社（个）	20423	44386	51500	57829	59617	61880

数据来源：《云南省农村经营管理统计资料（2013—2020年）》。

注：农业农村部在2020年将农业部门认定的家庭农场数改为统计纳入名录管理的家庭农场数。

表15 云南农户耕地经营规模分布情况

年份	2013年		2015年		2020年	
	数量（万户）	百分比（%）	数量（万户）	百分比（%）	数量（万户）	百分比（%）
农户总户数	984.8	100.0	1006.8	100.00	1056.79	100.00
未经营耕地的农户数	23.7	2.4	29.3	2.91	60.34	5.71
经营耕地10亩以下的农户数	863.1	87.6	909.0	90.28	858.43	81.23
经营耕地10—30亩的农户数	69.6	7.1	76.7	7.62	150.18	14.21
经营耕地30—50亩的农户数	23.5	2.4	17.1	1.69	32.97	3.12
经营耕地50—100亩的农户数	4.3	0.4	3.2	0.32	11.48	1.09
经营耕地100—200亩的农户数	0.6	0.1	0.7	0.07	2.27	0.21
经营耕地200亩以上的农户数	0.1	0.0	0.2	0.02	1.42	0.13

数据来源：《云南省农村经营管理统计资料（2013年、2015年、2020年）》。

二是不断完善农产品标准体系，农业绿色发展取得明显成效。聚焦粮食、茶叶、花卉、水果、蔬菜、坚果、咖啡、中药材、生猪、肉牛等高原特色优势产业，加快转变农业发展方式，全力打好世界一流"绿色食品牌"。突出绿色引领，强化农业环境资源管控，积极推进减量增效、绿色替代、种养循环、综合治理，农业生态系统养护与修复水平不断提升，农业绿色发展动能明显增强。以2019年为例，全省化肥农药继续实现"负增长"，化肥、农药利用率分别达40.40%、39.80%，主要农作物绿色防控覆盖率达32.00%，统防统治覆盖率达43.00%；农业科技进步贡献率、农作物耕种收综合机械化率分别达59.00%、49.40%，较2015年分别提高了4.00个百分点、4.90个百分点，主要农作物良种实现全覆盖；在长江流域各省市中率先实现干流及主要支流全域禁捕；农产品质量安全监测合格率稳定在97.00%以上。全省"三品一标"有效认证产品5590个、登记企业1951家，实现大幅增长。[①] "绿色"正在成为云南省农业产业转型升级、农业农村经济高质量发展的鲜明底色。

三是区域化的优势农产品产业带格局逐渐形成。各种资源要素进一步优化配置，滇中、滇东北、滇东南、滇西、滇西北、滇西南6大板块特色鲜明的高原特色农业区域发展格局已逐步形成。一批在国内外有影响力的优势农产品产业带逐渐打造起来。一二三产业深度融合的高原特色现代农业示范园区逐步发展起来。生猪和家禽生产向玉米及杂粮优势区集中，奶牛养殖向有加工的地区集中，肉牛、肉羊向饲草和秸秆丰富区集中，饲料加工向园区集中。"一县一业""一村一品"及一批特色明显、类型多样、竞争力强的专业村镇正加快培育起来，农业生产区域化、专业化和集群化发展趋势更加明显。

（四）农民组织化程度不断提升

自《农民专业合作社法》颁布实施以来，全省农民专业合作组织的数量迅速增长。为规范、监管和提升农民专业合作社，云南先后出台了《云南省人民政府关于促进农民合作社规范发展的意见》《云南省农民专业合作社省级示范社评定及监测管理办法》，省委农办等11部门联合印发了《云南省贯彻落实〈关于开展农民合作社规范提升行动的若干意见〉的任务清单》，进一步支持了农民合作社与其成员、周边农户建立紧密的利益联结关系，允许将财政资金量化到农村集体经济组织和农户后，以自愿出资的方式投入农民合作社，让农户共享发展收益，支持农民合作社依法自

---

① 云南省农业农村厅：《2020年及"十三五"以来我省农业农村工作情况和2021年工作打算》，2021年1月。

愿组建联合社，增强市场竞争力和抗风险能力。近年来，全省农民专业合作组织发展不断壮大。2013年，全省共有农民专业合作社20423个，吸纳参社农户97.9万户，辐射带动非成员农户164.10万户。2017年，全省共有农民专业合作社51500个。2020年，全省农民合作社发展到61880个，其中，国家级示范社243个、省级示范社1357个、州(市)级示范社1258个、县级示范社1283个，详见图16。①

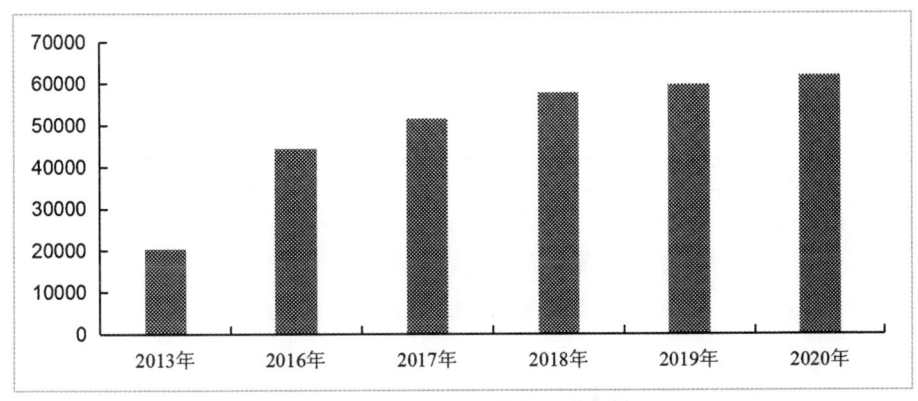

图16 云南农民专业合作社发展情况

数据来源：《云南省农村经营管理统计资料（2013—2020年）》。

同时，新型农业经营主体与农户利益联结机制不断健全。全省持续推广"公司＋基地＋合作社＋农户"等农业产业化发展模式，引导农户与新型农业经营主体不断打造成优势互补、利益联结、互惠共赢的产业共同体。2020年，全省农业龙头企业带动农户数量达885.25万户，带动基地农户增收由2013年的126.00亿元增加到2020年的321.72亿元。在壮大村集体经济过程中，村集体逐步建立起公开透明的股份合作机制，龙头企业绑定合作社、合作社绑定农户的稳定的"双绑"利益联结机制进一步建立健全，农户的参与度和受益程度显著提高，有效促使了小农户融入大市场，逐渐实现了农业产业的发展壮大和群众的稳定增收共赢。随着全省农民专业合

---

① 数据来源于《云南省农村经营管理统计资料（2020年）》。

作组织不断壮大，龙头企业、农民专业合作社与农户利益联结机制不断健全，农民组织化程度不断得到提升。

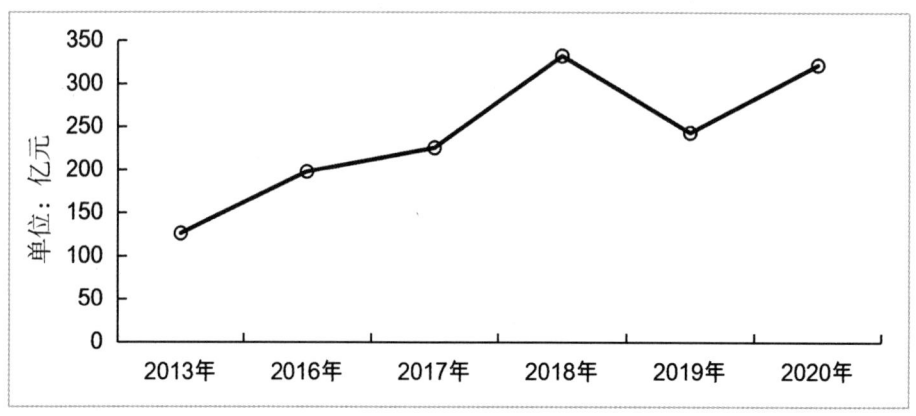

图17　云南农业龙头企业带动基地农户增收情况

数据来源：《云南省农村经营管理统计资料（2013—2020年）》。

（五）社会化服务体系不断健全

近年来，为转变农业发展方式、加快高原特色现代农业发展、提高农民科技水平、降低农业生产成本和促进农民持续增收，云南开展了新型农业社会化服务体系试点。一是依托云南农业大学、省农科院、省高原特色农业产业研究院、中科院昆明分院等高校科研院所，选择云花、云茶、云药、咖啡、云菌、云畜等"云系列"，开展社会化服务试点。二是依托龙头企业，选择有市场发展前景、带动农户增收面大的农特优势产业，围绕产前、产中、产后服务，开展农业科技研发、推广、服务试点。三是以县级政府为主，采取政府购买服务方式，开展综合服务示范试点。[①] 通过试点，全省逐步构建起"首席科学家—科技服务团队—示范基地—各类组织—农户"模式，形成上下合力，通过技术推广和培训，促进相关研究成果的转化，

---

① 杨昆：《云南扎实推进新型农业社会化服务体系试点》，《中国财政报》2015年11月5日，第8版。

让科技服务"三农",使农户真正得到实惠,从而形成研发、推广的无缝对接[1],逐步建立起新型农业社会化服务体系的人才队伍。

同时,全省在推进乡村产业振兴过程中,着力构建起以公共服务机构为依托、农业合作经济组织为基础、龙头企业为骨干、其他社会力量为补充,公益性服务和经营性服务相结合、专项服务和综合服务相协调的新型农业社会化服务体系。农业社会化服务体系呈现出服务主体多元化、服务性质社会化、服务内容系统化等特点。云南高原特色现代农业科技推广和服务体系不断健全,成立了农技推广、动植物疫病防控、农产品质量监管、农村经营管理、农村信息服务、农业基础设施维护等为一体的乡镇农业综合服务中心。农经机构改革不断深化,省农经总站及部分州(市)农经站已纳入了参公管理。2020年,全省在编农经工作人员3760人,其中,拥有大专及以上学历的3133人,有高级职称的804人;全省乡镇土地流转服务中心320个,土地流转市场总数16个;全省农民专业合作社近6.2万个,由农业产业化龙头企业领办的有6818个,占11.02%;全省农业社会化服务组织达1.1万个。[2] 农村现代流通经营服务体系已基本形成。"互联网+"已成为新型农业社会化服务体系的重要环节。

二、面临的突出困难

云南新型农业经营体系在不断完善过程中,也面临一些突出问题和困难。农户家庭经营仍居于主体地位,耕地经营"碎片化"现象仍十分明显,规模生产基础上的集约化水平受到很大制约;新型农业经营主体培育乏力,农业企业经营规模整体偏小,整体竞争力、带动能力和经济实力仍显偏弱;部分"空壳社""僵尸社",严重影响了农民专业合作社的发展质量,拉

---

[1] 申坤、谭鑫:《健全农业社会化服务体系引领云南小农户跟上现代化》,《创造》2018年第5期,第36页。

[2] 数据来源于《云南省农村经营管理统计资料(2020年)》。

低了整体的组织化、专业化服务水平;机构能力建设滞后,社会化服务依然是云南高原特色现代农业发展短板。

(一)碎片化现象依旧突出,规模集约化经营程度需提升

全省农村家庭承包经营耕地实际流转给新型农业经营主体的面积占比由2013年、2015年的7.52%、9.26%逐年提高到2020年的10.90%,绝大部分耕地仍由农户家庭经营,农户家庭经营仍占据主体地位。耕地流转给新型农业经营主体比率仍然偏低,仍制约新型农业经营主体进一步培育壮大,带动力和竞争力不强。全省农户户均耕地面积小,农户家庭经营"碎片化"现象较为突出。受农民老龄化、产业竞争力弱、农业比较效益偏低以及农业投入不足等诸多因素影响,农业经营面临先进适用农业技术和物质装备投入不足等问题,使规模生产基础上的集约化水平受到很大限制,集约化水平偏低,农户家庭经营规模总体偏小,土地产出率也较低。以2020年为例,全省稻谷单产为全国平均水平的90.99%,分别为同期辽宁省、江苏省、山东省稻谷单产的74.70%、71.83%、73.00%;全省夏粮单产仅为全国平均水平的47.24%,秋粮单产为全国平均水平的89.89%,详见表16。云南的甘蔗单产仅为全国平均水平的84.83%,分别是同期广东省、广西壮族自治区的78.80%、79.99%,详见表17。可见,全省耕地规模集约化水平不足,在一定程度上影响了土地产出率。

表16 全国与云南稻谷、夏粮及秋粮单产情况对比

年份	稻谷单产			夏粮单产			秋粮单产		
	全国(千克/公顷)	云南(千克/公顷)	占比(%)	全国(千克/公顷)	云南(千克/公顷)	占比(%)	全国(千克/公顷)	云南(千克/公顷)	占比(%)
2013	6717.3	5794.2	86.26	4779.2	2023.2	42.33	5549.1	4775.0	86.05
2014	6813.2	5819	85.41	4952.4	2249.2	45.42	5500.2	4793.8	87.16
2015	6891.3	5813.4	84.36	5099.7	2431.1	47.67	5585.7	4796.3	85.87
2016	6865.8	5946	86.60	5193.2	2419.1	46.58	5628.3	4896.6	87.00

续表

年份	稻谷单产			夏粮单产			秋粮单产		
	全国（千克/公顷）	云南（千克/公顷）	占比（%）	全国（千克/公顷）	云南（千克/公顷）	占比（%）	全国（千克/公顷）	云南（千克/公顷）	占比（%）
2017	6916.9	6079.2	87.89	5276.5	2447.1	46.38	5698.6	5027.9	88.23
2018	7026.6	6211.5	88.40	51983	2476.6	47.64	5733.8	5055.4	88.17
2019	7059.2	6345.8	89.89	5373.1	2500.8	46.54	5817.2	5090.6	87.51
2020	7044.3	6409.7	90.99	5458.3	2578.4	47.24	5716.8	5138.8	89.89

数据来源：《2021年中国农村统计年鉴》。

表17 云南与全国、广东、广西甘蔗单产情况对比

年份	甘蔗单产（千克/公顷）				云南单产占比（%）		
	全国	广东	广西	云南	全国	广东	广西
2013	70576	89789	72032	62690	88.83	69.82	87.03
2014	71352	89291	73530	62123	87.07	69.57	84.49
2015	73121	89484	77073	61966	84.74	69.25	80.40
2016	73638	78157	78455	61608	83.66	78.83	78.53
2017	76132	79421	81409	63199	83.01	79.57	77.63
2018	76891	81868	82274	63068	82.02	77.04	76.66
2019	78655	84551	84143	63777	81.08	75.43	75.80
2020	79890	86006	84730	67774	84.83	78.80	79.99

数据来源：《2021年中国农村统计年鉴》。

（二）经营主体培育乏力，专业化及组织化能力有待加强

截至2020年，全省省级以上重点龙头企业仅有900户，占全省农业龙头企业总数的20.27%，其中年销售收入在10亿元以上的"小巨人"仅38户，占省级以上重点龙头企业的4.22%，与《云南省高原特色农业现代化建设总体规划（2016—2020年）》《云南省人民政府办公厅关于印发培育壮大农业"小巨人"的意见》（以下简称《意见》）提出的"到2020年，

实现年销售收入10亿元以上的农业'小巨人'达100户"的目标相去甚远。《意见》提出花5年时间"以培育壮大年销售收入50亿元以上的农业'小巨人'为目标，确定50户农业龙头企业重点培育、分类指导、连续扶持"，可截至2020年，年销售收入达50亿元以上的农业"小巨人"仅培养成功6户。上市农业产业化龙头企业由2016年的19户逐年减少到2020年10户，详见表18。2020年全省4440户龙头企业中研发投入占年销售收入比重超过1%的企业数量仅有167户；4440户龙头企业拥有农业科技人员11770人，其中，技术研发人员仅有3462人，占29.41%，每户龙头企业拥有的研发人员不足1人，详见表18。全省龙头企业培育壮大乏力，与农户利益联结机制不紧密，农业龙头企业经营规模整体偏小，整体竞争力、带动能力和经济实力仍显偏弱。

虽然全省农民专业合作社已近6.2万个，但部分农民专业合作社因运作管理不规范、建社"套利"动机不纯、组织过于松散且无入社成员实际参与、无实质性生产经营活动、因经营不善停止运营、服务和发展质量不高、发展动力不足以及盈利能力低下等诸多原因，沦为了"挂牌社""休眠社""空壳社"或"僵尸社"，严重影响了农民专业合作社的发展质量，拉低了整体的组织化、专业化服务水平，当然这些"空壳社"或"僵尸社"已被注销清理整顿出列。全省经营耕地面积在50亩以上的专业大户占农户总户数比例由2013年的0.50%降到2015年的0.41%，到了2020年提升到了1.44%。因统计口径变化，全省家庭农场2020年"井喷式"地发展到了5万家，省级示范家庭农场仅189家，种粮面积在200亩以上的家庭农场仅有155个，年经营收入在100万元以上的超大型家庭农场仅有1005个，整体适度规模经营不足、实力和影响力有限、示范带动仍不明显。①

---

① 数据来源于《云南省农村经营管理统计资料（2020年）》。

表18 云南上市龙头企业情况

经营主体	2016年	2017年	2018年	2019年	2020年
上市农业龙头企业（个）	19	17	14	10	10
其中：境内上市龙头企业（个）	18	16	12	9	10
境外上市龙头企业（个）	1	1	2	1	0

数据来源：《云南省农村经营管理统计资料（2016—2020年）》。

表19 云南龙头企业研发投入及科技人员情况

主要指标	2016年	2017年	2018年	2019年	2020年
龙头企业科技研发投入（万元）	46002	85926	80306	76133	81139
其中，研发投入占年销售收入比重超过1%的企业（个）	95	149	152	151	167
龙头企业拥有农科人员（人）	7679	9297	12826	12034	11770
其中，技术研发人员（人）	2658	3196	3165	3321	3462

数据来源：《云南省农村经营管理统计资料（2016—2020年）》。

（三）机构能力建设滞后，社会化服务水平不高

社会化服务依然是高原特色现代农业发展的短板。一是公共性服务不足。云南各州（市）、县（市、区）、乡（镇）农业科技推广部门存在产前、产中、产后公共服务和基础设施建设滞后等问题，多层次、全方位服务网络不健全不完善。技术人员配比不足，农技服务队伍年龄断层现象显现。基层一线推广人员既从事公益性服务，又从事党政工作，尤其是2016—2020年脱贫攻坚任务繁重的地区，大部分的基层一线农技推广人员被抽调到驻村帮扶，使得其社会化服务力量分散，难以为农户提供高效优质的服务。新型职业农民培训不到位，"谁来种地"的困局破解仍然面临诸多难题。

二是经营性服务不活。农民专业合作社由于自身缺乏资金积累、经济效益不高、技术人员业务能力偏低及管理不规范等因素，能够提供的农业服务内容少，服务质量不高，产前、产中、产后服务链短。龙头企业等市场化服务主体以营利性经营服务为主，公益性服务较少，在与农户合作方

面尚未形成稳定的利益联结机制，骨干作用不明显。全程式、订单式、托管式服务跟不上。基层农资供销商、农村经纪人和种养大户等其他社会服务组织由于规模小、管理不规范且相互之间缺乏合作，服务手段较为落后，服务能力也很弱。

三是服务管理跟不上。建成的首席科学家服务团队人员数量较少，覆盖面较低，研发项目投入不足，缺乏有效激励机制。处于基层一线的技术指导员团队尚未建立健全，缺乏有效管理。[①] 缺乏现代农业发展的经营管理和技术型、服务型人才，农业社会化服务人才在数量、服务水平、知识构成、技术创新等方面，都难以满足云南高原特色现代农业发展的需要。在信息技术与农业知识兼顾的复合型人才方面的缺口尤其突出。[②] 公益性服务组织还出现盈利化倾向。[③] 公益性社会服务组织和营利性服务组织之间职能界限模糊，还存在"越位""缺位"现象，农业社会化服务市场监管脱节。

（四）政策扶持落实不力，不利于新型农业经营主体培育

相关政策落实不到位，不利于新型农业经营主体发展壮大。仅以2021年9月开展的云南农产品冷链物流龙头企业的问卷调查数据为支撑，12.5%的调查企业销售额在1000万元以下，1000万—5000万元达18.75%，5000万—1亿元达18.75%，1亿元以上达50%。受调研的农产品冷链物流龙头企业反映冷链物流成本高的达62.5%，认为冷链物流成本一般的37.5%。从融资上看，农产品冷链物流龙头企业通过担保、抵押、信用证及流动资金贷款等银行信贷的占62.50%，通过自筹的占18.75%，

---

① 申坤、谭鑫：《健全农业社会化服务体系引领云南小农户跟上现代化》，《创造》2018年第5期，第37页。

② 秦小立等：《云南省农业社会化服务体系和模式研究》，《热带农业科学》2015年第10期，第115页。

③ 梁冰倩、赵首：《经济新常态背景下新型农业经营主体发展的障碍与破解》，《河北青年干部管理学院学报》2019年第5期，第96页。

通过资本市场融资的占6.25%，通过其他投资机构共同成立项目开发基金的占12.5%。《云南省支持农产品冷链物流设施建设政策措施》提出"对省内县级以上农民专业合作社示范社、示范家庭农场投资建设的田间地头冷藏初加工设施，先建后补，统筹中央资金对主要产区和农产品优势区按照不超过实际投资额的30%给予奖补，单个投资主体奖补资金总额不超过100万元；对于基地冷藏初加工设施建设的，实际投资额在200万元以上的，按照实际投资额的20%给予一次性奖补，单个投资主体奖补不超过200万元；支持集配型冷链物流设施建设，实际投资额在1亿元以上的，按照实际投资额的10%给予一次性奖补，对1亿元以下的，按照实际投资额的一定比例给予奖补；对移动式冷库租赁服务，按照实际投资额的5%、10%给予一次性奖补。省财政给予经营主体0.2元/千瓦时的用电补助；金融扶持上，政府给予专债支持"。

然而，调研中发现很多政策落实落地发生偏差。部分农产品冷链配送的龙头企业反映用电成本高，仍按工业用电价格征收而未按农业用电优惠政策落实，未享受省级、州（市）级龙头企业用电优惠；税收销项税计征时，未对农产品进项税进行抵扣；从事蛋种鸡养殖的一户龙头企业反映，产品通过冷链运输时，按商业运输收取过路费，未按农产品绿色通道给予倾斜优惠；建设的冷库房享受到统筹中央资金对主要产区和农产品优势区按照不超过实际投资额的30%给予奖补待遇，但重点是对自己运营投入较大的冷链配套设施，如冷库运输车、冷柜设施等未纳入奖补之列，自身负担过大过重；金融信贷资源与新型农业经营主体需求"错配""错位"，经营主体融资难、融资贵的难题长期困扰其发展。

三、展望及对策建议

随着云南在巩固拓展脱贫攻坚成果同乡村振兴有效衔接的稳步推进，到2025年，新型农业经营主体利益联结机制不断健全，逐步步入健康良性发展轨道，规模集约化、专业化、组织化程度不断提升，新型农业社会化服务体系不断完善。为进一步推进新型农业经营体系建设，需有序规范流转耕地给经营主体，促进农业适度规模经营；深入实施家庭农场培育计划，加大对运行规范的农民合作社扶持力度，优化农业产业带，推进农业生产区域化、专业化和集群化发展；健全联农带农激励机制，打造利益联结共同体，让农民共享全产业链增值收益；促进公益性服务体系在产前、产中、产后全覆盖，推进经营性组织参与公益性服务；不断强化财税、金融等政策支撑。

（一）展望

围绕农业"八大重点产业"的发展和世界一流"绿色食品牌"的打造，全省新型农业经营主体不断培育壮大、持续发展，家庭承包经营耕地流转给家庭农场、专业大户、农民合作社以及龙头企业等新型农业经营主体的面积显著增加，耕地流转率每年提高1.5—2个百分点，农业规模化、集约化经营水平提升。到2025年，全省力争年销售收入达10亿元以上的农业"小巨人"达60户左右，年销售收入超过50亿元的"小巨人"达20户左右，年销售收入超过100亿元的龙头企业达10户左右，龙头企业规模化经营实力显著提升。全省家庭农场规模稳定在5万家左右，发展质量、经营效益和带动能力显著提升。农民专业合作社在稳定6.2万户基础上，提质增效，运行进一步规范化，组织能力、带动能力和市场竞争能力得到显著增强。经营耕地面积在50亩以上的专业大户达4.5万户左右。农产品标准体系不断健全，区域化、专业化生产格局进一步形成，龙头企业绑定合作社、合作社绑定农户的稳定的"双绑"利益联结机制进一步完善，组织化程度进一步提升。以农户家庭经营为基础，合作与联合为纽带，社会化服务为支撑的立体式复合型现代农业经营体系进一步健全。[1]

---

[1] 加快构建新型农业经营体系课题组：《安徽省加快构建新型农业经营体系研究》，《安徽农学通报》2014年第22期，第3页。

(二)对策建议

推进云南新型农业经营体系建设,促进新型农业经营主体健康发展,推动高原特色现代农业快速发展,进一步培育壮大新型经营主体,推进农业现代化发展。

1. 进一步提高规模集约化经营水平

加强巩固和完善农村基本经营制度,扎实推进第二轮土地承包到期后再延长 30 年试点工作。创新农地"三权分置"的流转机制,完善农地交易平台,引导农户在稳定承包经营权的基础上,依法以转包、出租、互换、转让、入股、托管等方式,促进耕地经营权有序规范流转给新型农业经营主体,发展多种形式的农业适度规模经营。加强土地流转用途管制,引导经营主体"农地农用",遏制流转的耕地"非农化",防止"非粮化"。以土地"集体所有、家庭承包、多元经营、管住用途"为主线的制度内核,构建起新型农业经营体系的基本架构,并不断促进完善。[①] 加快推进农村要素市场化改革,加大新型农业经营主体赋能,持续增强其内生发展动力,建立健全政策支持体系,全面提升政府支持效能,补齐农村基础设施短板,加强政策机制化、制度化管理,增强财政支农协同性。[②]

2. 提升农业专业化、组织化程度

增强新型农业经营主体带动力。支持农业产业化龙头企业创新发展、做大做强,培育培强 100 家农业产业化重点龙头企业。着力抓好家庭农场和农民专业合作社这两类新型农业经营主体,鼓励发展多种形式适度规模经营。实施家庭农场培育计划,进一步完善家庭农场发展的政策体系和管理制度,持续巩固提升家庭农场的生产经营能力和带动能力。加大对运行

[①] 罗必良:《家庭经营仍是新型农业经营体系基础》,《中国集体经济》2014 年第 3 期,第 5 页。
[②] 孔祥智、周振:《新型农业经营主体发展必须突破体制机制障碍》,《河北学刊》2020 年,第 6 期。

规范的农民合作社扶持力度。发展壮大农业专业化社会化服务组织,加强面向小农户的社会化服务。加强粮食生产功能区、重要农产品生产保护区建设,构建稻谷、玉米、马铃薯等主要粮食安全产业带,优化优势特色农业产业布局,推进农业生产区域化、专业化和集群化发展。依托现代农业产业园区,搭建智慧农业共同体。健全完善产业化利益联结机制,健全联农带农激励机制,促进新型经营主体之间良性互动。龙头企业绑定农民专业合作社、农民专业合作社绑定农户发展,让农户、农民专业合作社、龙头企业结成稳定的利益联结共同体,以多种方式与农民建立紧密型利益联结机制,让农民共享全产业链增值收益,将小农户带入大市场。

3. 完善新型农业社会化服务体系

健全以农业公共服务机构为依托、合作经济组织、农业产业化龙头企业等为骨干的新型农业社会化服务体系。强化农业公益性服务体系。完善农业科技推广服务体系,鼓励社会资本参与农业公共服务体系建设,建立主体多元化、运行市场化、服务专业化的新型农业服务主体,开展代耕代种、联耕联种等专业化服务,加大产学研一体化示范基地建设,加大政府购买服务力度,实现公益性服务在产前、产中、产后全覆盖。构建多元互补、协同高效的农业科技社会化服务体系,深入推行科技特派员制度。依托龙头企业、专业合作社等新型经营主体,加快发展以市场为主导的经营性服务体系。积极发展互助性质的农民专业合作社,将其打造为新型农业社会化服务体系的中坚力量。加快农产品生产服务体系建设,"创新+产业化"模式,建成了以企业为主体、基础公益研究为支撑、产学研相结合、育繁推一体化的种业创新体系。依托新型经营主体,不断改造生产链、打通流通链、提升价值链,加强在种子种苗农资供应、良种良法、机耕作业、统防统治、冷链物流、产品营销、农田水利设施运营等环节服务,完善优质特色农产品质量安全监管全过程可追溯信息体系,加强农产品质量安全保障体系建设,加快农产品品牌建设、营销和流通,引导农业社会化经营服务组织参与公益性服务。

4. 强化政策集成扶持

贯彻实施《中华人民共和国乡村振兴促进法》，制定《云南省乡村振兴促进法实施条例》，切实支持发展多种经营主体，健全农业农村社会化服务体系。用好用足用实推进新型农业经营体系建设的各项政策举措。构建以高质量绿色发展为导向的新型农业补贴政策体系，鼓励支持新型农业经营主体发展。在用地保障、电价优惠倾斜、税收、冷链物流等政策优惠给予落实落细。进一步扩大农产品加工企业进项税额核定扣除范围，健全农产品初加工所得税优惠目录，农产品加工企业凭收购发票按规定抵扣增值税。落实农产品初加工用电执行农业生产用电价格的政策，完善电价、水价形成机制，对符合条件的新型农业经营主体给予奖补。完善财政支农资金形成资产股权量化改革。采取贷款贴息、融资担保、投资奖补等方式激励市场主体加大产业投入。完善农业支持保护制度和农村金融服务体系，支持州（市）、县（市、区）构建域内共享的涉农信用信息数据库，建成比较完善的新型农业经营主体信用体系。开展农户小额信用贷款、保单质押贷款、农机具和大棚设施抵押贷款业务。鼓励开发专属金融产品支持新型农业经营主体和农村新产业新业态，增加首贷、信用贷。增加对农民和新型农业经营主体的信贷规模。提高政府性融资担保业务覆盖面和普惠性，建立政策性农业融资担保考核评价体系。积极发展农业保险和再保险业务，健全农业风险社会化分担体系。

（作者单位：云南省社会科学院农村发展研究所）

切实增强粮食安全保障能力

颜晓飞

观点概要

俗话说,"民以食为天,食以粮为先,粮稳天下安"。粮食安全是治国安邦的头等大事,是关系经济发展、社会稳定和国家安全的全局性重大战略问题。保障粮食安全对中国来说是永恒的课题,任何时候都不能放松[①];对粮食安全不能有丝毫松懈……手中有粮、心中不慌在任何时候都是真理[②]。随着我国"三农"工作向乡村振兴战略转型,实现农业农村现代化成为乡村振兴战略的总目标,而确保重要农产品特别是粮食供给,则是实施乡村振兴战略的首要任务。因此,增强粮食安全保障能力自然成为实现农业农村现代化的首要任务。

新中国成立70多年来,尤其是改革开放40多年来,云南坚决贯彻落实国家粮食安全战略,坚定扛稳扛牢国家粮食产销平衡区的安全责任,加快推动藏粮于地、藏粮于技落实落地,实现了口粮绝对安全、谷物基本自给,全省粮食产量和粮食安全保障水平取得了历史性成就,为全省打赢打好脱贫攻坚战、如期全面建成小康社会提供了有力支撑,也为国家粮食安

---

① 新华社:《认真贯彻党的十八届三中全会精神汇聚起全面深化改革的强大正能量》,《人民日报》2013年11月29日,第01版。

② 杜尚泽:《微镜头·习近平总书记两会"下团组"(两会现场观察)》,《人民日报》2020年5月24日,第01版。

全的保障做出了云南贡献。2020年，云南粮食产量和单产水平再获"历史新高"，分别达到1895.86万吨和303.28公斤/亩，口粮自给率、谷物自给率、粮食自给率分别达到120.84%、125.90%、100.47%。同时，云南保障粮食安全也面临着粮经比较效益的矛盾日趋突出、粮食生产成本过快增长、粮食社会化服务发展滞后、粮食储存运销市场化程度加快等挑战和困难。随着我省同步开启社会主义现代化新征程、迈向农业农村现代化新阶段，云南粮食安全应坚持"谷物基本自给、口粮绝对安全"的新国家粮食安全观，坚持高质量发展要求、绿色发展导向，全面贯彻落实粮食安全党政同责，全面推进粮食供给侧结构性改革，加快改善粮食生产条件，逐步完善粮食社会化服务体系，进一步健全粮食储运销体系，持续巩固提升粮食综合生产能力和粮食安全水平，继续为全省安全、国家安全做出应有的贡献。

一、形势整体良好

在新国家粮食安全观的引领下，云南全面贯彻落实国家粮食安全战略，坚决扛稳扛牢粮食安全责任，实现粮食综合生产能力和粮食安全水平"双巩固提升"，确保全省谷物基本自给、口粮绝对安全，为取得抗击新冠肺炎疫情的决定性胜利及全面建成小康社会提供了坚强支撑，也为全面推进乡村振兴战略实施，开启农业农村现代化建设奠定了坚实基础。

（一）粮食综合生产能力巩固提升

在国家"重农抓粮"及各项强农惠农政策的影响下，全省千方百计稳定面积、提升单产，深入实施藏粮于地、藏粮于技，实现了粮食生产方式由面积扩张型向单产提升型的根本转变，粮食单产水平和粮食总产量稳步提升，粮食综合生产能力持续巩固提升。

粮食总产量持续巩固提升。改革开放以来，全省粮食产量从1978年的864.05万吨提高至2020年的1895.86万吨①，创历史新高，连续8年稳定在1800万吨以上水平，如图18所示，继续位居全国第14位②；年均增速达1.89%，与同期全国粮食总产量年均增速持平。截至2021年8月中旬，全省夏粮再获丰收，达261.8万吨，同比增长4.9%；完成秋粮播种4652.9万亩，同比增加49.7万亩③；预计2021年粮食总产量将达到1905万吨以上④。

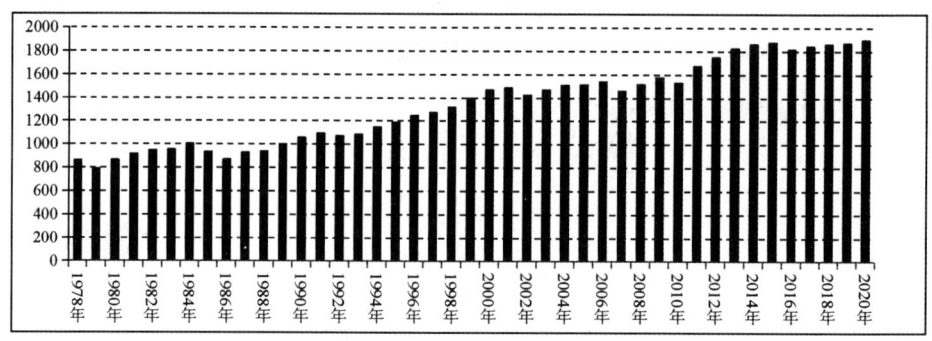

图18　1978—2020年云南省粮食总产量变化情况

资料来源：《中国农村统计年鉴（1985—2020年）》，2020年粮食总产量来自《云南领导干部手册2021》。

注：因《云南统计年鉴2020》历年粮食总产量与《中国农村统计年鉴（1985—2020年）》部分年份数据不一致，按照《国家统计法》有关规定，本文粮食总产量以《中国农村统计年鉴》为准。

粮食产量波动趋缓。改革开放以来，全省粮食产量波动保持在合理区间，粮食产量增长的年份远远多于其下降的年份，粮食产量的增幅大多高于其降幅。1978—2020年，全省粮食减产的年份仅有8个（1979年、1985年、1986年、1992年、2002年、2007年、2010年和2016年），其他年份均实现增产；除个别年份以外，全省粮食产量增幅均在±6%以内，

---

①　云南省人民政府办公厅、云南省统计局、国家统计局云南调查总队编：《云南领导干部手册2021》，云南人民出版社2021年版，第85页。

②　从2000年开始，云南粮食总产量就位居全国第14位。

③　王淑娟：《全省秋粮播种完成97.7%》，《云南日报》2021年8月18日，第01版。

④　《中共云南省委、云南省人民政府关于全面推进乡村振兴加快农业农村现代化的实施意见》，2021年5月10日。

且党的十九大以来，粮食产量波动更加趋缓，均在2%以内，详见图19。

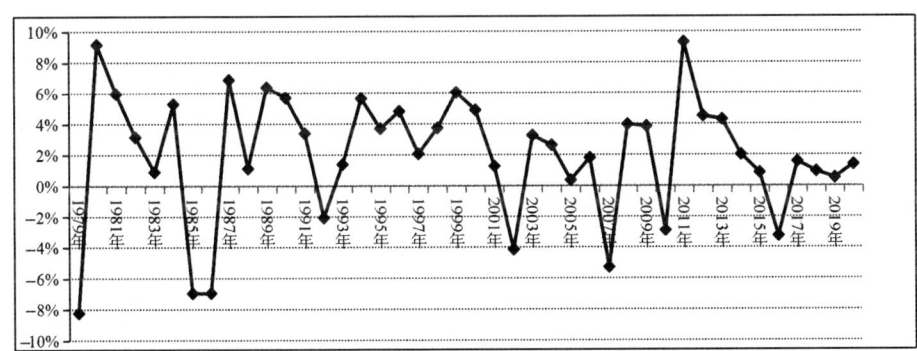

图19 1978—2020年云南省粮食增幅变化情况

资料来源：根据图18数据计算整理。

粮食单产显著提高。改革开放以来，全省粮食单产水平稳步提高，从1978年的156.62公斤/亩提高到2020年303.28公斤/亩，年均增长1.59%，且2020年亩均粮食产量首次突破300公斤，详见图20。随着单产水平的稳步提升，全省粮食产量在播种面积相对稳定的基础上，实现了同步增长，并实现了生产方式由播种面积扩张型向单产水平提升型的根本性转变，全省粮食增产更多依靠以科技为主的内涵式、综合性手段。

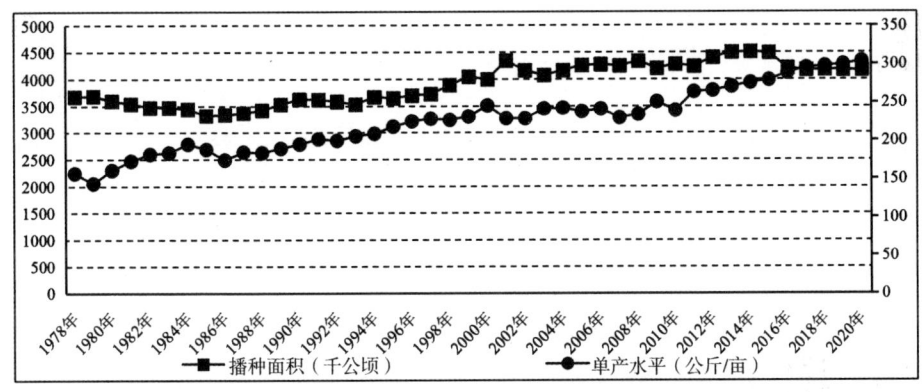

图20 1978—2020年云南省粮食播种面积和单产水平变化情况

资料来源：根据《中国农村统计年鉴（1985—2020年）》《云南领导干部手册2021》相关数据整理计算。

(二)粮食安全总体实现

长期以来,国内外研究者一般将人均粮食占有量400公斤、粮食自给率95%作为我国粮食安全标准[①]和世界平均水平[②],也有学者提出了人均粮食占有量390公斤、粮食自给率92%的适度安全型标准[③],以及生存安全标准(300公斤/人)、营养安全标准(350公斤/人)和小康标准(400公斤/人)。[④]

改革开放以来,全省粮食人均占有量显著提高,粮食自给率逐年提升,粮食安全总体水平日趋向好。特别是党的十八大以来,全省粮食人均占有量、粮食自给水平、粮食安全水平等均达到历史最高水平,稳定实现了人均占有量390公斤/人[⑤]以上、自给率95%以上[⑥]的高水平高层次上的粮食安全。

人均粮食占有量逐步提升,达到我国和世界粮食安全标准。改革开放以来,全省粮食人均占有量水平显著提升,从1978年的282.55公斤/人提高到2020年的401.88公斤/人,提高了42.23%,首次达到了世界粮食安全平均水平及我国的小康标准;从1986年的252.24公斤/人的历史最低水平提高到2020年的401.88公斤/人的最高水平,提前7年完成了粮食消费量不低于395公斤/人[⑦]的目标,详见图21。全省粮食人均占有

---

① 朱泽:《中国粮食安全:实证研究与政策选择》,湖北科学技术出版社1998年版。
② 国家发改委宏观经济研究院"宏观经济政策动态跟踪"课题组:《粮食安全评估指标与方法研究综述》,《经济研究参考》2007年第13期,第44—51页。
③ 龙芳、曾福生:《中国粮食安全的战略目标与模式选择》,《农业经济问题》(月刊)2008年第7期,第32—38页。
④ 刘晓梅:《我国粮食安全战略与粮食进口规模》,《宏观经济研究》2004年第9期,第16—20页。
⑤ 龙芳、曾福生:《中国粮食安全的战略目标与模式选择》,《农业经济问题》(月刊)2008年第7期,第32—38页。
⑥ 国家发改委宏观经济研究院"宏观经济政策动态跟踪"课题组:《粮食安全评估指标与方法研究综述》,《经济研究参考》2007年第13期,第44—51页。
⑦ 《国家粮食安全中长期规划纲要(2008—2020年)》提出"到2010年人均粮食消费量不低于389公斤、到2020年不低于395公斤"的目标。

量的提升促使全省粮食安全水平实现了从不安全状态向世界平均水平的安全状态跃升，完成了生存安全、营养安全和小康标准的"三级跳"，并为全省同步全面建成小康社会奠定了基础。

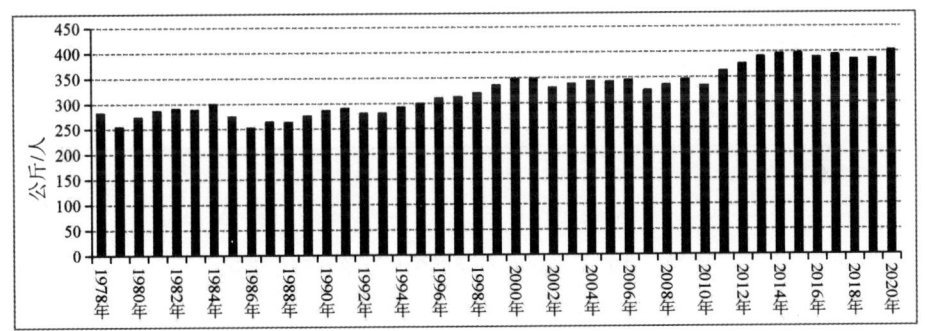

图 21　1978—2020 年云南省人均粮食占有量变化情况

资料来源：根据《中国农村统计年鉴（1985—2020 年）》《云南领导干部手册 2021》中粮食总产量、年末总人口整理计算而得。

粮食自给率在波动中稳步提升，并保持较高标准。改革开放以来，全省粮食安全水平实现了由不安全向基本安全、适度安全、安全转变。以 390 公斤 / 人的粮食安全标准计算（由于缺乏全省进出省的粮食数量和粮食边境贸易数量，故只能采取粮食人均占有量进行简单判断），全省粮食自给率从 1978 年的 72.45% 粮食自给水平逐步跨越 92% 的适度安全水平、95% 的国际平均安全水平，达到 2020 年的 103.05% 的粮食自给水平。以 400 公斤 / 人的国际粮食安全线[①]计算，全省粮食自给率同样呈现稳步提升状态，从 1978 年的 70.64% 的粮食自给率水平逐步跨越 90% 的基本自给安全水平、95% 的国际平均安全水平，达到 2020 年的 100.47% 的粮食自给水平，详见图 22。不管按照 390 公斤 / 人的粮食占有水平衡量，还是按照 400 公斤 / 人的粮食占有水平衡量，全省粮食安全状况不断提升、总体向好。

---

①　本书编写组编：《粮食安全干部读本》，人民出版社 2021 年版，第 32 页。

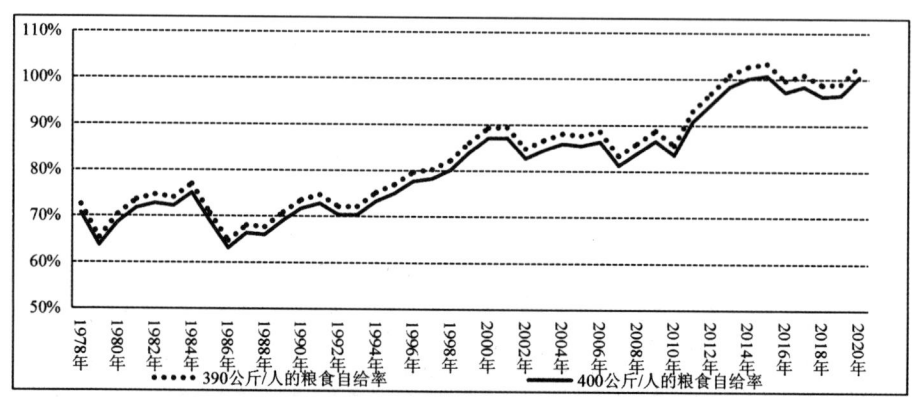

图 22　1978—2020 年云南粮食自给率变化情况

资料来源：根据《中国农村统计年鉴（1985—2020 年）》《云南领导干部手册 2021》相关数据计算整理而得。

（三）口粮绝对安全全面实现

稻谷和小麦是我国主要的口粮作物，只要守住了稻谷和小麦基本可以保证口粮的绝对安全[①]。我国居民口粮安全处于极高的保障水平，且不会发生本质性的改变。[②] 按照口粮自给率[③]，云南口粮安全水平整体快速提升，并均处于较高安全保障水平。

根据人均口粮消费量和人口的计算，2013—2020 年，全省口粮的生产量远高于消费量，全省口粮自给率分别达 129.12%、146.70%、143.99%、147.06%、124.98%、134.36%、135.60%、120.84%，达到了绝对安全的水平，详见图 23。

---

① 本书编写组编：《粮食安全干部读本》，人民出版社 2021 年版，第 17 页。

② 贾帅帅、张旭辉：《新形势下中国粮食安全战略调整的现实逻辑——基于粮食、谷物与口粮自给率的分析》，《价格理论与实践》2016 年第 10 期，第 140—143 页。

③ 口粮自给率是指当期国内（地区）口粮产量占国内（地区）口粮消费的比例，是衡量口粮安全的重要指标。其计算方法为口粮自给率＝当期国内（地区）口粮产量／国内（地区）口粮消费量。口粮产量可以从统计资料中获得，而口粮消费量尚未统计，只能根据人均口粮消费量进行估算。

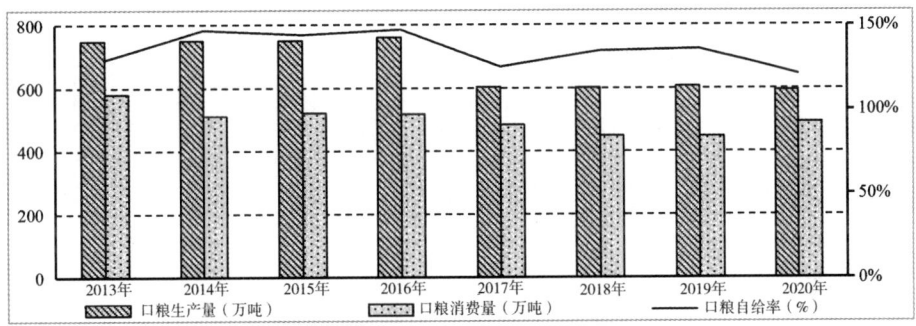

图 23　2013—2020 年云南口粮消费情况

资料来源：根据《云南调查年鉴（2014—2021 年）》居民人均食品消费量及《云南领导干部手册 2021》云南人口数据整理计算。

（四）谷物基本安全全面实现

根据粮食的用途，谷物除满足口粮消费以外，还满足饲料、工业、种子等的消费。《中国的粮食安全》白皮书指出，我国谷物自给率[①]超过 95%，实现了谷物基本自给[②]。1993—2020 年，全省谷物产量从 936.5 万吨增长至 1587.5 万吨，占粮食总产量的比例都在 80% 以上，如图 24 所示。本文测算显示[③]：全省谷物自给率超过了 100%，全面实现了谷物基本自给。

---

① 谷物自给率是指当期国内谷物产量占国内谷物消费的比例，学术界一般用其衡量我国的谷物安全水平，计算方法为谷物自给率 = 当期国内谷物产量 /（国内谷物产量 + 谷物净进口量）。

② 中华人民共和国国务院新闻办公室：《中国的粮食安全》，中华人民共和国国务院新闻办公室网站，2019-10-14，http://www.scio.gov.cn/zfbps/ndhf/39911/Document/1666231/1666231.htm。

③ 对省级层面来讲，无法获得进出省域的谷物数量，只能通过用途及其产量来估算谷物的消费量，再测算谷物自给率。

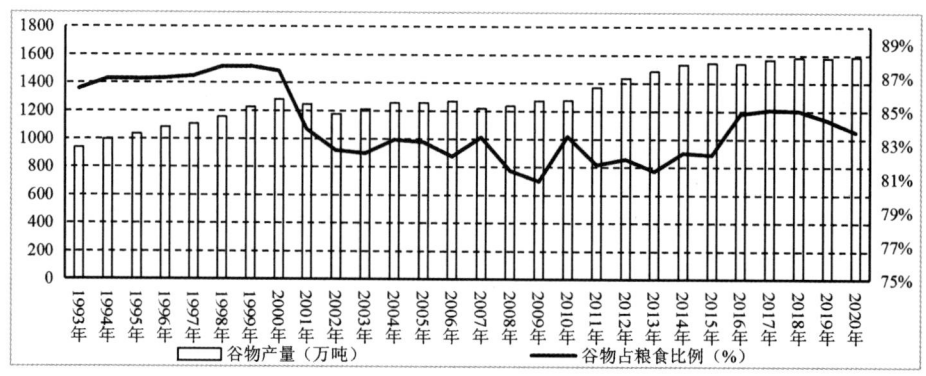

图 24　1993—2020 年云南谷物产出情况

资料来源：根据《中国农村统计年鉴（1985—2020 年）》《云南领导干部手册 2021》相关数据计算整理而得。

通过口粮、饲料用粮、工业用粮[①]、种子用粮[②]等的测算，全省全面实现谷物基本自给。从满足全省居民消费角度来看，2013—2020 年，全省谷物自给率分别达 152.29%、169.90%、166.92%、164.94%、178.93%、189.59%、186.29% 和 179.21%，已经超额实现了"谷物基本自给"的要求，然而，全省谷物除满足居民消费需求以外，还有满足市场需要、创造经济价值等多种生产需求，尽管这些生产需求或许会产生供给"过剩"的风险，从而导致谷物消费量的增加，并影响谷物自给率的变化。从满足全省生产生活的角度看，2013—2020 年间，全省谷物自给率同时分别达

[①] 工业用粮是近年来粮食使用量迅速增加的重要原因，可分为食品类和非食品类工业用粮，食品类工业用粮主要用于糕点、饼干、淀粉、面食、酿酒等方面，而非食品类工业用粮主要用在生物能源、医疗等方面。王禹：《新形势下我国粮食安全保障研究》，中国农业科学技术出版社 2016 年版，第 111 页。

[②] 种子用粮是谷物消费中不可或缺的重要部分，其需求量主要取决于播种面积和科技进步。金鹏辉等编著：《我国粮食安全问题研究——兼论耕地保护、农业现代化和对外开放》，中国金融出版社 2016 年版，第 29 页。从国内的情况来看，我国种子用粮数量较为稳定，一般占粮食总产量的 3%—5%。本文选取 4% 的水平来估算全省种子用粮的使用情况。王禹：《新形势下我国粮食安全保障研究》，中国农业科学技术出版社 2016 年版，第 29 页。

120.48%、123.79%、118.82%、118.60%、125.87%、128.98%、131.53%和125.90%，同样也已实现了"谷物基本自给"的要求，详见图25。

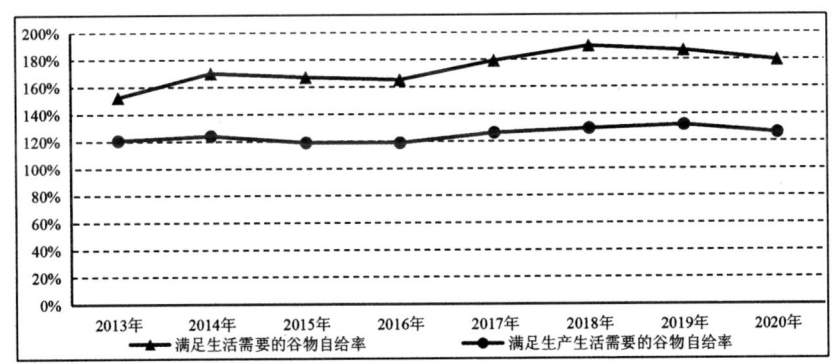

图25 1993—2020年云南谷物产出情况

资料来源：根据《全国农产品成本收益资料汇编（2014—2020年）》《中国农村统计年鉴（2015—2020年）》《云南调查年鉴（2014—2021年）》《云南领导干部手册2021》相关数据整理计算。

注：1. 各年的动物性产品的耗粮系数分别根据云南小规模生猪、全国散养肉牛和肉羊、云南中规模肉鸡、云南中规模蛋鸡、云南小规模奶牛的主产品及耗粮数量计算，2020年耗粮系数采用2019年预测。《全国农产品成本收益资料汇编》从2008年开始不再统计水产品的相关数据，云南水产品的耗粮系数采用2007年的数值。2. 国家和云南从2014年开始对城乡居民食品消费情况进行统一统计，之前数据缺乏。3. 各类粮食用途计算方法重点参考《新形势下我国粮食安全保障研究》。

（五）粮食流通储备体系日益健全

为了促进粮农卖得出、卖得好及消费者买得到、买得起，云南省坚持以战略眼光审视粮食、以市场理念经营粮食、以产业模式发展粮食、以法治手段管控粮食[①]，深入贯彻国家粮食购销市场化改革方向，增强流通能力，提升储备功能，培育粮食产业，市场调控能力进一步增强，优质粮食工程成效显著，粮食全产业链发展成效初现。

粮食流通进一步顺畅。全面落实《粮食流通管理条例》，修订《云南

---

① 云南省粮食和物资储备局：《坚定信心乘势而为不断开创粮食和物资储备行业改革发展新局面》，云南省粮食和物资储备局官网，2021-01-25，http://lswz.yn.gov.cn/gzdt/74173。

省〈粮食流通管理条例〉实施办法》，充分利用公路、铁路、水路等骨干交通网络及乡村公路"细微网络"，深入推进"粮安工程"建设，大幅提升原粮散粮运输能力，仓储物流现代化水平明显提高。2020年，全省粮食仓库总仓容达68.7亿公斤，其中标准仓容62亿公斤；实现省、州（市）、县（市、区）三级粮库远程监控全覆盖，信息化管理仓容达47.6%；建成昆明王家营"北粮南运"国家粮食物流节点，"十三五"时期全省通过铁路省外调入粮食近2590万吨[①]，仅2020年就从省外铁路调入粮食近600万吨，2021年上半年，铁路调入粮食300多万吨[②]。同时，加强粮食产销合作，强化粮食监测预警，加强粮食流通质量安全监管，维护粮食流通秩序，确保粮食收购、销售、存储、运输、加工等环节平稳有序进行，全省粮油产品价格总体平稳、秩序良好，详见图26。

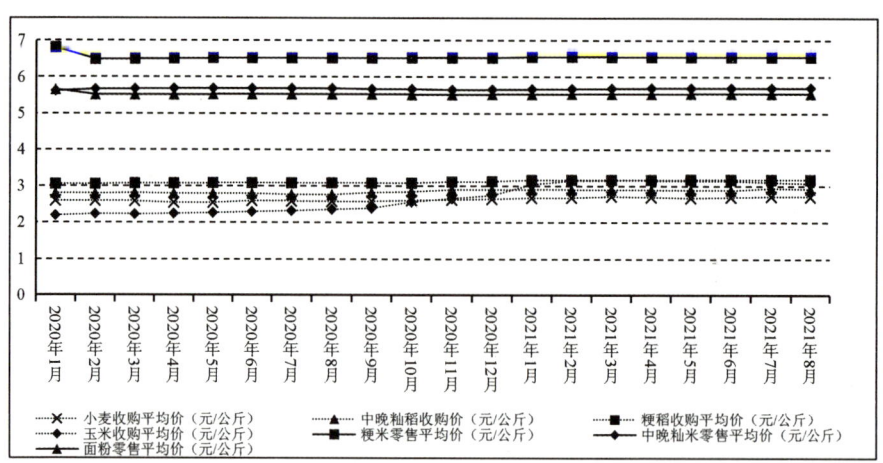

图26 2020年以来云南主要粮食购销价格变化情况

资料来源：根据云南省粮食和物资储备局对全省70个粮油价格直报监测点监测数据整理绘制。

---

① 《云南省"回眸'十三五'奋进彩云南"系列新闻发布会·高原特色现代农业发展专题发布会》，云南省人民政府网站，2020-12-15，http://www.yn.gov.cn/ynxwfbt/html/2020/zuixinfabu_1215/3425.html。

② 《云南省深入推进优质粮食工程加快粮食产业高质量发展新闻发布会》，云南省人民政府网站，2021-10-16，http://www.yn.gov.cn/ynxwfbt/html/2021/zuixinfabu_1016/4448.html。

粮食储备和应急体系逐步健全。深入推进粮食收储制度改革，继续落实好稻谷和小麦最低收购价格政策，进一步降低了政策性收购比例，实现了以市场化收购为主，未出现"卖粮难"现象。2020年，全省粮食企业收购粮食110万吨以上；全面完成国家下达的增储任务，地方储备粮规模达225万吨。[1]坚守保应急、稳粮价、保供应责任，守住数量真实、质量良好、储存安全、管理规范的底线，建立省、州（市）、县储备体系，应急供应网点遍布城乡街道社区，昆明市建立了不低于15天市场供应量的应急成品粮油储备，其他州（市）建立了不低于7天市场供应量的应急成品粮油储备，建成粮食应急供应网点2011个，应急储备、加工和配送体系基本形成。[2]同时探索建立政府储备和社会储备相结合的新机制，提升粮食收储调控能力，政府粮食储备在漾濞、双柏地震灾害及抗击新冠肺炎疫情中发挥了重要作用。2020年，全省建立了15万吨省级大米动态储备和5万吨省级成品粮（大米）临时储备，各级粮食储备可以保证全省常住居民正常消费四个半月以上。[3]

粮食产业逐渐壮大。深入实施优质粮食工程和"中国好粮油"云南行动计划，大力提升精深加工水平，积极推进粮食质量安全检验监测体系建设，落实粮食质量安全监管责任，全力壮大培强"云南六大名米"，努力发展粮食产业经济，着力打造世界一流"绿色食品牌"，增加绿色优质粮食供给。云南粮食产业集团、滇中粮贸、个旧大红屯、曼香云天等一批龙头企业逐步壮大，宜良饲料产业园区、红河粮食物流产业园区等一批粮食

[1] 《云南省"回眸'十三五'奋进彩云南"系列新闻发布会·高原特色现代农业发展专题发布会》，云南省人民政府网站，2020-12-15，http://www.yn.gov.cn/ynxwfbt/html/2020/zuixinfabu_1215/3425.html。

[2] 《云南省"回眸'十三五'奋进彩云南"系列新闻发布会·高原特色现代农业发展专题发布会》，云南省人民政府网站，2020-12-15，http://www.yn.gov.cn/ynxwfbt/html/2020/zuixinfabu_1215/3425.html。

[3] 《云南省"回眸'十三五'奋进彩云南"系列新闻发布会·高原特色现代农业发展专题发布会》，云南省人民政府网站，2020-12-15，http://www.yn.gov.cn/ynxwfbt/html/2020/zuixinfabu_1215/3425.html。

工业园区初步形成，2020年全省粮油加工企业实现工业总产值225亿元。①云南省八宝贡米业有限责任公司生产的八宝贡牌八宝贡米润口型、云南省滇雪粮油有限公司生产的滇雪牌滇雪一级菜籽油和菜家村牌菜家村上等菜籽油、云南万兴隆集团油脂有限公司生产的醇自然罗平菜油4个产品上榜2020年"中国好粮油"；②八宝贡米清香型、生态米声农4号、"金红禾"502香米、"硕野"原味生态稻米、荒坝香米、澜沧香软米、云粳37号粳米、阿昌米、彩云之南云香米、七彩梯田有机红糙米等共32个粮油产品入选2021年度"云南好粮油"。③

此外，全省还充分利用面向南亚东南亚开放优势，积极打通"外循环"，充分拓展国际粮食来源。2021年云南在红河综合保税区落地投产首个进境粮食保税加工项目——云南云天化集团整套粮食加工生产线。④

二、挑战日益严峻

全省粮食安全尽管总体实现，但是保持长期安全存在着生产要素、资源环境、刚性需求等常规约束问题⑤，面临着比较效益矛盾突出、生产成本过快增长、社会化服务发展滞后、市场化较快等新问题和新挑战。

---

① 《云南省"回眸'十三五' 奋进彩云南"系列新闻发布会·高原特色现代农业发展专题发布会》，云南省人民政府网站，2020-12-15，http://www.yn.gov.cn/ynxwfbt/html/2020/zuixinfabu_1215/3425.html。

② 云南省粮食和物资储备局：《我省4个粮油产品上榜"中国好粮油"》，云南省粮食和物资储备局网站，2021-02-01，http://lswz.yn.gov.cn/gzdt/74255。

③ 云南省粮食和物资储备局：《云南省32个粮油产品入选2021年度"云南好粮油"》，云南省粮食和物资储备局网站，2021-07-26，http://lswz.yn.gov.cn/gzdt/76824。

④ 云南省粮食和物资储备局：《云南省首个进境粮食保税加工项目落地红河综合保税区》，云南省粮食和物资储备局网站，2021-08-26，http://lswz.yn.gov.cn/gzdt/77201。

⑤ 云南省社会科学院农村发展研究所编：《摆脱小农之困——云南农村改革40年》，云南人民出版社2018年版，第181—184页。

（一）粮经比较效益的矛盾日趋突出

作为大宗农产品，粮食价格是整个物价的基础，一直处于较低水平，相比其他经济作物，本身收益就低；而云南粮食的收益更是低于全国平均水平，与经济作物的收益差距更大。以稻谷为例，《2020年全国农产品成本收益资料》显示，2019年云南中籼稻亩均净利润仅有-46.77元，已经处于亏本状态，更是低于全国的平均净利润（138.69元）；云南粳稻亩均净利润也只有98.78元，竟是全国粳稻亩均平均利润水平（37.12元）的2.66倍；云南收益较高的粳稻也仅为甘蔗的49.10%，西红柿的1.19%，露地黄瓜的1.32%，露地大白菜的12.41%，露地马铃薯的15.84%，露地萝卜的16.70%，详见表20。再加上为此先行垫付的生产成本和不确定的市场风险，在农民整体现金收入水平不高的情况下，云南生产粮食的经济效益远低于蔬菜、林果，更没有办法与外出打工所得的经济效益相比。从经济效益上讲，云南粮食作物，尤其是以稻谷为主的口粮作物生产是不具备比较优势的。正如老百姓所说，"种粮不如种菜，种地不如打工"。种粮不划算、种粮增收难等思想在各级政府及广大农民中普遍存在。在云南多样性农业、多功能农业发展的新背景下，比较收益低的粮食与高价值的经济作物的矛盾将日趋突出，并且将长期存在。

表20　2019年云南稻谷与部分经济作物的效益比较情况

品种	净利润（元/亩）	差距（%）
籼稻	-46.77	—
粳稻	98.78	—
甘蔗	201.19	49.10
西红柿	8322.45	1.19
露地黄瓜	7471.93	1.32
露地大白菜	795.99	12.41
露地马铃薯	623.72	15.84
露地萝卜	591.44	16.70

资料来源：《全国农产品成本收益资料汇编2020》。

（二）粮食生产成本过快增长

随着农村劳动力的大量转移和农资价格的提升，全省粮食的生产成本快速攀升。2004—2019年，云南粳稻的亩均总成本分别从727.49元快速上涨到1929.66元，上涨了1202.17元，增长了165.25%，年均增速达6.72%。而人工成本快速增长是导致生产成本增长的主要因素，在这15年间，云南粳稻的亩均人工成本从371.56元增长至1176.51元，上涨了804.95元，增长了216.64%，年均增速达7.99%，高出总成本年均增速1.27个百分点；人工成本占总成本的比重从51.07%快速提高至60.97%。与此同时，全国粳稻的亩均总成本和人工成本仅从510.80元和156.11元分别上涨至1415.20元和455.38元，年均分别增长7.16%和7.40%。在宣威、陆良、广南等产粮大县的调研也证明了人工成本快速上涨是不争的事实，近几年间，用工成本从60—80元/人/天普遍上涨至120元/人/天，有时甚至高达130—150元/人/天，而且还要管一顿午餐。

受地理条件、生产方式等影响，云南粮食生产成本普遍高于全国平均水平，且其差距有逐步扩大的态势。2004—2019年，云南粳稻生产成本普遍高于全国平均水平，人工成本的年均增速还高于全国0.59个百分点；云南粳稻亩均总成本与全国的差距从2004年的225.69元扩大至2019年的514.46元，详见图27。

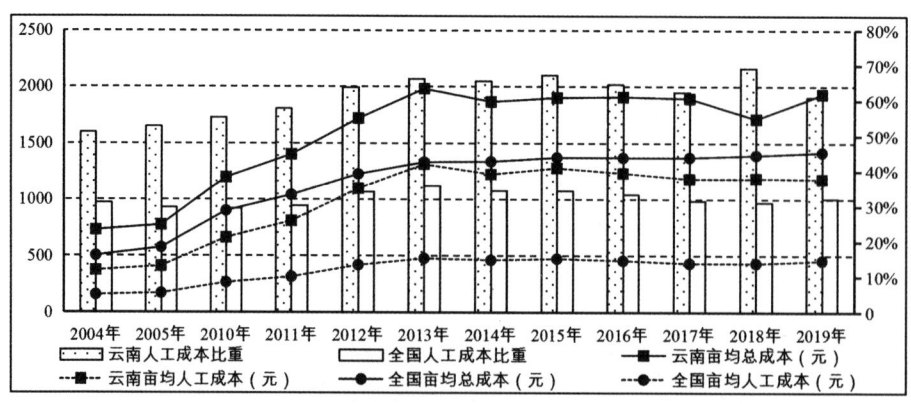

图27 2004—2019年云南和全国成本变化比较情况

资料来源：根据《全国农产品成本受益资料汇编（2005—2020年）》整理计算。

在土地、劳动力、农资等农业生产要素价格全面持续上涨的趋势下，全省粮食生产成本的"地板"持续抬升，而大宗稻谷的价格也接近"天花板"，这进一步挤压了粮农的利润空间，降低了粮农生产的积极性。

（三）粮食社会化服务发展滞后

尽管国家大力推动粮食生产全过程机械化和社会化服务，但是受地形地貌、生产条件、市场发育等制约，云南粮食生产全过程社会服务发展仍然较为滞后。现有社会化服务主要集中在机耕、机播、机收、病虫害统防统治等田间管理方面，及各类市场主体开展农资服务，而粮食加工、烘干、储运服务等产后服务仍然缺乏，甚至部分产粮大县的干部和群众提出建设"晾晒场""储粮房"。全省广大山区、半山区粮地粮田普遍存在农机"下田难""作业难"现象，存在"有机难用""无机可用"等问题。此外，全省粮食科技服务与粮食生产之间存在脱节现象，粮食科技服务存在着"生产技术多、加工技术少，产量技术多、品质技术少，品种形态多、推广技术少"的"三多三少"现象。

（四）粮农消储市场化倾向凸显

尽管粮食市场化推动了全国、全省粮食产、运、销、储等环节有效衔接，为全国全省粮食全过程安全提供了支撑，但是市场化也带来了一定的不利影响，主要表现为粮食生产者由"自给型"向"商品型"转变、由"家庭储备"向"市场储备"转型。近年来，全省城镇化率逐年提高，从1978年的12.15%提高到2020年50.05%，大量农村转移人口进入城镇成了"离农"的粮食消费群体。随着城镇化的快速推进和农民从业的加剧分化，农业转移人口中的多数人从粮食的生产者转变为纯粹的消费者，同时由粮食消费"自给型""半自给型"转变为粮食购买的"商品型"。2020年，全省农村常住居民家庭人均购买粮食94.1千克，占其人均粮食消费159.01

千克的 59.18%①，比 2013 年 35.86%②的水平高出了 23.32 个百分点。与此同时，全省大部分粮农除储备部分生产用的良种外，也不再进行粮食的"自我储备"，逐渐转向"市场购买"。全省农村居民粮食消费和储存习惯的根本转变，进而加速了粮食市场化改革的进度，同时加重了政府粮食储备和市场调节的压力。

三、展望与基本路径

习近平总书记强调：国家粮食安全这根弦什么时候都要绷紧，一刻也不能放松，中国人的饭碗要牢牢端在自己手里，而且里面应该主要装中国粮；③各级地方政府要树立大局意识，增加粮食生产投入，自觉承担维护国家粮食安全责任。④在社会主义现代化新征程上，云南将逐级落实粮食安全责任，逐步完善提升产、储、销等体系和能力，巩固提升粮食自我平衡能力，为国家粮食安全、国家安全做出新的贡献。

（一）展望

开启全省农业农村现代化的新征程，云南必须胸怀"国之大者"、增强大局意识，把确保粮食安全作为做好新时代"三农"工作、实施乡村振兴战略、推进农业农村现代化的首要任务，切实扛稳扛牢粮食安全的政治责任和产销平衡区的具体责任，全面贯彻"确保谷物基本自给、口粮绝对安全"的新国家粮食安全观，全面实施"以我为主、立足国内、确保产能、适度进口、科技支撑"的国家粮食安全战略，坚决落实粮食安全党政同责，

---

① 国家统计局云南调查队编：《云南调查年鉴2021》，中国统计出版社2021年版。
② 国家统计局云南调查队编：《云南调查年鉴2015》，中国统计出版社2015年版。
③ 中共中央党史和文献研究院编：《习近平关于"三农"工作论述摘编》，中央文献出版社2019年版，第86页。
④ 中共中央党史和文献研究院编：《习近平关于"三农"工作论述摘编》，中央文献出版社2019年版，第79页。

深入推动"藏粮于地、藏粮于技"战略落地落实，按照高质量发展、绿色发展要求，稳面积、提单产、优品质，巩固提升粮食综合生产能力，深化粮食供给侧结构性改革，实现产能、产量、质量安全；继续保持"稳中调优"态势，优化粮食品种安全，有保有控，确保"口粮绝对安全、谷物基本自给"；改革完善粮食储备体制机制，科学合理确定储备规模，加快构建粮食安全管理体系，全力将云南人的饭碗"端牢""端好"，为保障国家粮食安全继续做出云南贡献。

"十四五"时期，全省需继续贯彻落实粮食安全省长责任制和"菜篮子"市长负责制，健全粮食安全党政同责逐级落实机制，按照"稳面积、攻单产、增总量、保安全"的思路，优化稻谷、玉米、麦类、马铃薯等粮食作物生产布局，加强粮食生产功能区和重要农产品生产保护区建设，以打造世界一流"绿色食品牌"和培强"云南六大名米"为重点推动粮食全产业链发展，实现到2025年粮食综合生产能力达1950万吨，确保粮食播种面积和产量只增不减，确保全省粮食供需基本平衡、确保粮食安全。

2022年，全省需坚决遏制耕地"非农化""非粮化"，确保粮食播种面积达到6252万亩、粮食总产量达到1915万吨以上，粮食作物和粮食产品质量不断提升；进一步巩固粮食总体安全的良好局面，粮食安全的分类安全将继续深化调整；进一步发展粮食产业，粮食储运销体系和效能将进一步完善提高。

（二）基本路径

紧紧围绕"谷物基本自给、口粮绝对安全"目标，以压实粮食安全责任为基石，以巩固提升粮食综合生产能力为核心，以提升粮食储备流通能力为关键，开展粮食节约行动，持续提高全省粮食安全保障能力，切实增强全省粮食自我平衡能力。

1. 以压实粮食安全责任为基础

一分部署，九分落实，制度的生命力在于执行。全省各级党委政府要充分认识"保障粮食安全党政同责"的分量,坚决扛牢粮食安全的政治责任,坚决把粮食安全摆在经济社会发展的突出位置来抓,将粮食安全省长责任制逐级落实到人、落实到地,切实把粮食安全责任牢牢抓在手上,任何时候都不能有丝毫松懈。

一是系统全面学习新国家粮食安全观和国家粮食安全战略。从全局高度、战略深度、底线角度深刻理解"谷物基本自给、口粮绝对安全"的新国家粮食安全观的内涵、背景和意义,全面把握"以我为主、立足国内、确保产能、适度进口、科技支撑"国家粮食安全战略的准确意图,确保全省保障粮食安全方向正确、措施到位,坚决守住思想认识的首要"防线"。

二是进一步完善粮食安全责任层层落实机制。落实"任何省区市,无论耕地多少,都要承担粮食生产责任"[1]的重要论述,认真贯彻"米袋子"省长责任制,推动粮食安全责任下沉,完善省、州(市)、县(市、区)粮食安全责任制逐级落实机制,把县域作为落实粮食安全责任的基础单元,强化县级党委政府保障粮食安全的主体责任,促进保障粮食安全责任的举措、工作落实到位,努力形成粮食安全层层负责、齐抓共管的局面。

三是加强粮食安全责任考核。全面深化粮食安全行政首长责任制考核,推动粮食安全逐级考核下沉,继续将粮食安全工作考核列入全省"三农"发展综合考评,并将考核考评结果作为干部选拔任用的重要指标。

2. 以巩固提升粮食综合生产能力为核心

充分借鉴我国农业发展"一靠政策、二靠科技、三靠投入"的宝贵经验,全面落实"粮食生产根本在耕地,命脉在水利,出路在科技,动力在政策"的重要论述,深入实施"藏粮于地、藏粮于技"战略,持续巩固提升粮食综合生产能力。

一是全力保护耕地、提升质量。全面落实"藏粮于地"战略,采取"长

---

[1] 《云南省"回眸'十三五'奋进彩云南"系列新闻发布会·高原特色现代农业发展专题发布会》,云南省人民政府网站,2020-12-15,http://www.yn.gov.cn/ynxwfbt/html/2020/zuixinfabu_1215/3425.html。

牙齿"的措施，落实最严格的耕地保护制度，全面开展耕地数量、质量、生态"三位一体"保护，深入落实永久基本农田特殊保护制度，牢牢守住全省8768万亩耕地保护红线和7348万亩永久基本农田①，坚决守住6250万亩的粮食播种面积安全底线，确保全省耕地红线不突破、耕地质量不减弱。加快完善粮食生产功能区建设管理制度，加快完成全省1500万亩水稻生产功能区、350万亩小麦生产功能区、1900万亩玉米生产功能区等3750万亩粮食生产功能区②的划定工作，将粮食生产功能区细化落实至县、乡、村和地块，建立健全粮食生产功能区建设和管护工作，有效保障粮食生产功能区长久持续发挥作用。强化耕地用途管制，深入开展"大棚房"、违建别墅、农村乱占耕地建房等专项整治，坚决遏制耕地"非农化"、防止"非粮化"；明确耕地利用优先序，永久基本农田重点用于粮食特别是口粮生产，一般耕地主要用于粮食和棉、油、糖、蔬菜等农产品及饲草饲料生产。大力推进高标准农田建设，建立健全财政投入与农田建设任务相适应的投入稳定增长机制，提高建设标准和质量，健全管护运行机制，落实管护主体责任，实现全省高标准农田一张图管理。注重耕地养护，统筹当前和长远、生产和生态、工程与农艺，推进耕地轮休耕作制度试点，引导农民采用增施有机肥、秸秆还田、种植绿肥等综合措施保护和提升耕地质量，因地制宜推广粮—豆、粮—绿肥等符合云南实际的轮作模式。

二是持续加强农田水利建设。以基本解决工程性缺水瓶颈，基本消除区域性、大面积干旱为目标，按照先建机制、后建项目原则，实施"兴水润滇"工程，提升全省水资源优化配置和水旱灾害防御能力。落实国家农业节水行动，加快灌区续建配套与现代化改造，推进小型农田水利设施达标提质，建设一批重大高效节水灌溉工程，提高抗旱防洪除涝能力。

---

① 《云南省人民政府关于建立粮食生产功能区和重要农产品生产保护区的实施意见》，2017年12月28日。

② 中共中央党史和文献研究院编：《习近平关于"三农"工作论述摘编》，中央文献出版社2019年版，第80页。

三是努力增强粮食生产科技支撑。创新抓实"藏粮于技"措施，努力提高科技增粮提质水平。聚焦稻谷、玉米、小麦、马铃薯等主要粮食作物，深化粮食科技成果转化和推广工作，实施现代种业提升工程，建设元谋、宣威、会泽等国家区域性良种繁育基地，示范推广新品种，提高主要粮食作物良种应用水平；以现代农业产业技术体系为依托，以粮食作物高产创建示范区为平台，深入推行科技特派员制度，配套推广新技术，集成推广新模式，促进粮食生产绿色优质、节本增效，切实提高单产、提升品质水平。以促进粮食稳产增产为目标，聚焦主要粮食作物生产全程机械化薄弱环节，持续研发推广适应全省山地粮食生产的农机新技术和新装备，推进农业机械化和农机装备产业转型升级，加大购置补贴力度，开展农机作业补贴，努力提升粮食生产全程机械化水平。

四是着力创新粮食生产支持政策。全面落实国家种粮补贴等惠农政策，在产粮大县和粮食生产功能区探索创新种粮补贴发放新机制，使种粮补贴更加精准地真正落实到种粮主体身上，保障种粮主体基本收益。统筹县域粮食安全水平，科学测定不同功能区、不同资源禀赋的县域粮食安全责任，健全粮食生产重点县利益补偿机制和产粮大县支持政策体系，鼓励县域开展通过经济手段调剂粮食安全指标的实践创新，推动产粮大县重农抓粮得实惠、有发展。推动全省农村承包土地"三权分置"有序实施，培育新型粮食经营主体和服务主体，鼓励支持发展土地流转型和服务引领型规模经营，促进小规模、分散经营向适度规模、主体多元转变，努力提高粮食生产组织化程度。

五是持续优化调整粮食品种结构。坚持数量、质量和效益并重，筑牢"确保谷物基本自给、口粮绝对安全"的战略底线。稳稻谷，把推广优质稻作为提质的切入点，把推广"水改旱"作为增量的新举措。优玉米，坚持政府引导、市场主导、科技带动，稳定籽粒玉米，增加鲜食玉米、青贮玉米，促进农民增收。扩马铃薯，充分挖掘单产潜力，构建"四带"①协调发展、种薯与商品薯协调发展、冬春马铃薯与夏秋马铃薯错峰发展、"粮用""菜用"功能差异发展的生产格局，提升马铃薯产业规模化、集约化、标准化、机械化高质量发展水平。增杂粮，充分利用全省地理优势和气候优势，大力发展以荞麦、燕麦、青稞、薏仁、红薯、蚕豆、芸豆等高品质特色小杂粮，推广适宜种植技术和模式，提高效益和竞争力。

六是加快完善粮食社会化服务体系。以节约成本、服务全产业链为重点，坚持需求导向，聚焦产粮大县和粮食生产功能区，聚焦生产的关键薄弱环节，加大对社会化服务的引导支持力度，提供集农资供应、技术集成、农机作业、仓储物流、市场营销等服务于一体的农业生产经营综合解决方案，推动小农户和现代农业有机衔接，为激发粮食生产主体积极性、转变粮食生产经营方式、保障粮食安全提供支撑。鼓励和支持发展多元化、多层次、多类型的农业社会化服务，通过服务主体集中采购生产资料降低农业物化成本，通过统一开展规模化机械作业提高农业生产效率，通过集成应用先进技术、开展标准化生产提升农产品品质和产量，努力实现农产品优质优价、农业节本增效、农民增产增收。以粮食生产环节、产后环节为重点推动服务带动型规模经营的社会化服务主体加快发展，把专业服务公司、服务型农民合作社、家庭农场作为全省社会化服务的骨干力量，提升其专业化、规模化、信息化、市场化水平，不断增强服务能力，拓展服务半径，引领农业生产经营的专业化、标准化、集约化和绿色化，着力构建组织结构合理、专业水平较高、服务能力较强、服务行为规范、全产业链覆盖的农业社会化服务体系。

3. 以提升粮食储备流通能力为关键

一是进一步提升粮食储备和应急保供能力。以服务宏观调控、调节稳定市场、应对突发事件为目标，进一步改革完善粮食储备体制机制，

---

① 即滇西北马铃薯产业带、滇东北马铃薯产业带、滇东南马铃薯产业带、滇西马铃薯产业带。

科学合理确定省内各级粮食储备功能和规模，科学调整储备的品类、规模、结构，提升储备效能。坚持均衡轮换、常储常新，加强储备基础设施和信息化建设，示范推广绿色、环保、智能粮食储藏设施设备，强化内控管理和外部监督，加快构建功能互补、权责清晰、管理科学、运转高效、保障有力的粮食安全管理体系。持续优化粮食应急供应、配送、加工网点的布局，结合省内自然灾害发生特点，依托交通物流网络节点，建成一批规范化粮油配送中心、粮油应急加工企业和应急供应网点，形成布局合理、设施完备、运转高效、保障有力的粮食应急供应保障体系，提升应急供应保障水平。

二是切实加强粮食仓储物流建设。围绕优化布局、调整结构、提升功能，结合全省各州（市）、各县（市、区）人口变化情况和特征及交通物流状况，支持合理改建、扩建和新建粮食仓储物流设施，稳妥推进粮库智能化升级。优化大中型粮食物流园区布局，积极构建以昆明、曲靖、大理、保山、红河为主的重要节点，努力构建以红河、德宏、西双版纳为主的粮食进出口物流通道，着力提升粮食流通效率，减少粮食流通环节的损失损耗。

三是努力做优培强粮食产业。积极适应农业主要矛盾的转变和高质量发展的要求，破除粮食生产拼产量、拼成本、拼价格的路径依赖，主动实施差异化战略，推动云南粮食生产从规模数量增长型向特色质量提升型的战略转型，着力构建优粮优产、优粮优购、优粮优储、优粮优加、优粮优销，加快构建现代化粮食产业体系。深入推进优质粮食工程和"中国好粮油"云南行动计划，以粮食供给侧结构性调整为主线，以绿色优质安全为导向，以云南"六大名米"为引领，以提升粮食生产"三品一标"[①]和农产品"三品一标"[②]为重点，以农垦集团、"中国好粮油"上榜企业、"云南好粮油"入选企业等为龙头，以粮食基地和"绿色食品牌"基地为平台，着力构建稻谷、玉米、马铃薯等主要粮食安全产业带，持续增加绿色优质和特色粮

---

① 即品种培优、品质提升、品牌打造和标准化生产。
② 即绿色食品、有机农产品、地理标志农产品和食用农产品达标合格证。

食产品供给。进一步加强云粮宣传推介力度,逐步提升消费者对云粮的"信任溢价"。

(作者单位:云南省社会科学院农村发展研究所)

持续强化农业种质保障能力[①]

陈良正　罗　雁　杜春燕　鄢文光

观点概要

国以农为本，农以种为先。农业种质资源是农业科技原始创新与现代种业发展的物质基础，被称作现代种业发展的"芯片"，是人类生存和社会发展不可或缺的重要战略性资源之一。对种质资源的拥有和开发利用程度，是衡量一个国家综合国力和可持续发展能力的重要标志之一。[②] 中华人民共和国建立以来，通过长期努力，我省初步建立了农业种质资源的分类收集和系统保存体系，一大批珍贵的农作物、畜禽、水产、食用菌等野生资源、地方品种和栽培原种等资源得以收集保存；搭建了若干农业生物资源保护和利用研究平台，培养了一大批优秀人才，筛选出了一批优异资源，培育出了一大批农作物新品种及畜禽、水产良种，申请了一批技术专利，部分研究成果达到国内领先水平。

农业种质资源保存保护方面：一是基本形成了以迁地保护和原位保护

---

① 本报告以作者团队2020年承担"《云南省农业种质资源保护与利用中长期发展规划（2021—2035年）》研究编制"项目成果为基础，并得到云南农业发展智库建设及科技管理政策研究（202102AE090036-15）项目资助，云南省农业农村厅及相关科研单位、高校提供了大量数据。

② 杨红杰：《我国畜禽遗传资源保护利用现状与展望》，《中国家禽》2011年第10期，第6—8页。

国家级资源圃（库）为核心、区域作物资源圃（库）为补充的农作物种质资源迁地保存和由自然保护区、国家公园、植物园、特有作物原生境保护点等构成的原位保护体系，保存数量和种类均位居全国各省（区、市）前列；二是初步建成了以国家级和省级遗传资源保种场（区）为主体，以省级原良种场、特色遗传资源保存库为补充的畜禽和水产遗传资源保存保护体系；三是收集保存了大量以食药用野生菌和农业病原菌等为主的微生物资源。

农业种质资源开发利用方面：一是围绕发展高原特色现代农业产业，开展农作物种质资源创新利用和新品种选育繁育，筛选出了一批高产、优质和抗逆性强的种质资源并培育出一批农作物新品种（系）；二是围绕发展高原特色现代猪禽、山地畜牧业和淡水渔业，种源生产体系基本形成，供种能力明显提高；三是积极开展人工驯化栽培和特色濒危药材良种繁育、野生动物驯养繁殖和野生植物繁育驯化工作，推进了相关产业的发展。

总体来说，云南农业种质资源不仅为高原特色农业发展提供了大量新品种和新材料，也为全国农业种质资源保护与利用做出了突出贡献，但保护力度不够、利用层次较低等初级阶段特征十分明显。下一步应结合正在实施的全国第三次农作物种质资源和畜禽遗传资源普查以及第四次中药资源普查工作，进一步完善农业种质资源系统收集与分级分类保存保护体系，提高资源保障能力；加强农业种质资源精准鉴定与深度挖掘，搭建云南农业种质资源大数据平台，创新资源开发利用机制体制，为育种创新提供资源保障，支撑全省高原特色现代种业发展。

一、现状基础

云南是全球生物多样性最丰富的三大区域之一，素有"动物王国""植物王国"之誉，是天然的农业基因宝藏，加上若干"地理隔离""生态隔离"的生态环境带来的"生殖隔离"避免了"基因交流"，更赋予云南许多极其珍贵的生物特有属、种，在全国乃至全球农业种质资源领域均占有十分重要的地位,可以说是"农业种质资源王国"。中华人民共和国成立以来,按照国家的统一部署,云南省先后开展了两次主要农业种质资源系统收集和多次专项农业种质资源考察搜集工作,一大批珍贵的农作物野生资源、地方品种资源和栽培原种资源得以收集保存,许多地方畜禽、水产遗传资源得到保存保护。尤其是以蔡希陶、吴征镒、程侃声等为代表的一代又一代科学家,带领有关科研院所技术团队,开展了农业种质资源调查、科学研究和技术推广等工作,先后出版了《中国兽类物种与分布大全》《云南鱼类志》《云南两栖爬行动物志》《云南鸟类志》《云南植物志》《云南省生物物种名录》《云南省农作物种质资源志》《云南作物种质资源》《云南省家畜家禽品种志》《云南省畜禽遗传资源志》等系列专著,积累了大量的农业种质资源数据和研究成果,培养了大批优秀人才,为深入开展云南乃至全国的农业种质资源研究、保护、利用提供了科学依据,奠定了坚实的基础。

(一)种质资源保障能力逐步增强

全省初步建立了农业种质资源的分类收集和系统保存体系,对所保存的种质资源进行了基本农艺性状鉴定,筛选出一批高产、优质和抗逆性强的种质资源;对部分特异资源进行了基因组测序与功能基因研究,初步建立了表型与基因型相结合的种质资源鉴定评价体系;开展了种质资源创新研究,利用多样化地方品种和野生近缘种中的优异特性,创制了一批新材料,为云南高原特色现代农业发展提供了大量新品种和新材料。

1. 基本形成以迁地保护为主体、原位保护为补充的农作物种质资源保存保护体系

云南是中国 3 种野生稻、金荞麦等国家重点保护农业野生资源的主要产地之一,是亚洲栽培稻、荞麦、茶、甘蔗等主要粮经作物的起源地或多样性中心,是蜡质玉米、云南小麦亚种铁壳麦等作物的次生起源中心。[①]

---

① 孙林华:《云南农作物种质资源保护现状、问题及对策》,《种子科技》2016 年第 10 期,第 59—60 页。

全省有主要栽培植物500余种，占全国的80%，包括了30余种粮食作物、60余种经济作物、139种果树作物及大量的药用植物等；有重要野生近缘植物600余种。[①②]通过多年努力，全省建成了以国家级资源圃（库）为核心、区域作物资源圃（库）为补充，以省级公益性科研单位为依托、中国科学院、高校、企业为补充，专业化资源圃（库）为主体、科研团队和项目组为补充的农作物种质资源迁地保护体系；建成了以自然保护区、国家公园、植物园、特有作物原生境保护点建设等为主的原位保护体系，大批珍稀濒危和特有农作物种质资源得以保存。[③]截至2021年年底，全省建有4个国家级特色资源圃、3个农业农村部特色资源圃，在元江、澜沧、思茅、景洪、龙陵、耿马、勐海、宁洱、墨江、绿春、屏边、永善等县（市区）建立了14个国家级农业野生植物原生境保护点，认定了26个省级作物种质资源圃（库）。[④]全省各类农作物种质资源保存量和保存种类位居全国各省区前列[⑤]，其中，稻种、甘蔗、大叶茶树、花卉、热带果树、猕猴桃、红花、工业大麻等资源在全国占有特殊的地位。

据作者调查统计，依托云南省农业科学院建设的各类农作物种质资源保存保护圃（库）所保存的农作物种质资源从2000年的2.8万余份增加到2021年的近6万份，85%以上为珍贵的古老地方品种。以云南省农业科学院的国家级资源圃（库）为代表的资源保护平台被纳入国家种业体系，

---

① 王淑娟：《全省农业种质资源保护利用见成效》，云南网官方账号，2021-06-04，https://baijiahao.baidu.com/s?id=1674507592332804712&wfr=spider&for=pc。
② 罗雁等：《云南省农业种质资源保护利用对策研究》，《中国种业》2021年第8期，第19—25页。
③ 罗雁等：《云南省农业种质资源保护利用对策研究》，《中国种业》2021年第8期，第19—25页。
④ 云南省农业农村厅种业管理处：《云南省农业农村厅关于公布第一批省级作物种质资源圃（库）的通告》，2021-09-10，https://nync.yn.gov.cn/html/2021/yunannwenjian-qtwj_0305/377089.html。
⑤ 王淑娟：《全省农业种质资源保护利用见成效》，云南网官方账号，2021-06-04，https://baijiahao.baidu.com/s?id=1674507592332804712&wfr=spider&for=pc。

每年为全国科研机构、农业创新体系、各类重大项目提供了丰富的资源共享服务，为发现、筛选培育优良品种提供物质基础和资源保障。此外，云南农业大学、云南师范大学、宁蒗县农技中心、中科院热带植物所、永胜县农技中心、昭通市农科院等机构搜集保存了云南杂粮、粮食、蔬菜和油料等地方品种560份、育成品种68份和引进资源860份①，荞麦等资源已入国家种质资源库保存。

2. 初步成立了以保种场和保护区为主体的畜禽、水产、农业微生物遗传资源保存保护体系

一是以国家级和省级畜禽遗传资源保种场和保护区为主体、特色畜禽遗传资源保存库为补充的云南畜禽遗传资源保存保护体系基本形成。截至2021年6月底，云南省共有72个畜禽遗传资源列入《国家畜禽遗传资源品种名录（2021年版）》②，详见表21，其中地方品种64个，占全国总数的11.7%，居全国首位。全省建立了9个国家畜禽保护资源的国家级保种场或保护区、38个畜禽遗传资源的48个保种场和27个畜禽遗传资源的55个保护区，对独龙牛、瓢鸡、大围山微型鸡、弥勒红骨羊等濒危资源实行抢救性保护，大多数品种的基因都得到了保存。③如贡山大额牛已从1986年的77头增至2020年的3560头。截至2021年6月，全省认定了第一批省级畜禽遗传资源保种场（库）24个，共保存畜禽遗传材料5.6万份。当前，云南省农业农村厅正在组织开展第二批省级畜禽遗传资源保种场（库）的申报和认定工作。

---

① 孙林华：《云南农作物种质资源保护现状、问题及对策》，《种子科技》2016年第10期，第59—60页。
② 国家畜禽遗传资源委员会办公室：《关于公布〈国家畜禽遗传资源品种名录（2021版）〉的通知》，中国畜牧网，2021-01-26，http://www.chinafarming.com/axfwnh/2021/01/26/3307297899.shtml。
③ 罗雁等：《云南省农业种质资源保护利用对策研究》，《中国种业》2021年第8期，第19—25页。

表21 《国家畜禽遗传资源品种名录》云南品种一览表（2021年版）

畜种		云南省《国家畜禽遗传资源品种名录》收录品种（72个）	
		地方品种（64个）	培育品种/配套系（8个）
猪		乌金猪、保山猪、高黎贡山猪、明光小耳猪、滇南小耳猪、撒坝猪、藏猪、丽江猪	大河乌猪、滇陆猪、宣和猪、滇撒猪配套系
牛	普通牛	邓川牛、迪庆牛、滇中牛、文山牛、云南高峰牛、昭通牛	云岭牛
	水牛	槟榔江水牛、德宏水牛、滇东南水牛、盐津水牛	
	牦牛	中甸牦牛	
	大额牛	独龙牛	
羊	绵羊	迪庆绵羊、兰坪乌骨绵羊、宁蒗黑绵羊、石屏青绵羊、腾冲绵羊、昭通绵羊	云南半细毛羊
	山羊	凤庆无角黑山羊、圭山山羊、龙陵黄山羊、罗平黄山羊、马关无角山羊、弥勒红骨山羊、宁蒗黑头山羊、云岭山羊、昭通山羊、威信白山羊	云上黑山羊
禽	鸡	茶花鸡、独龙鸡、大围山微型鸡、兰坪绒毛鸡、尼西鸡、瓢鸡、腾冲雪鸡、他留乌骨鸡、武定鸡、无量山乌骨鸡、西双版纳斗鸡、盐津乌骨鸡、云龙矮脚鸡、宁蒗高原鸡	
	鸭	建水黄褐鸭、云南麻鸭、文山中国番鸭	
	鹅	云南鹅	
马		大理马、腾冲马、文山马、乌蒙马、永宁马、云南矮马、中甸马	新丽江马
驴		云南驴	
兔		云南花兔	

注：根据《国家畜禽遗传资源品种名录》（2021年版）整理。

二是初步建成了以国家级和省级水产种质资源保护区、省级水产原良种场为主体的水产种质资源保护体系。根据现有调查，云南记录的鱼类有629种，占中国淡水鱼类种数的39.9%，居全国各省（区）之首；其中土著种594种，云南特有种类（全球仅分布于云南）255种，在中国仅分布于云南而在国外有分布的有152种，有29种国家级一、二级重点保护水生野生动物。① 全省共建有涉渔水生生物自然保护区11个，保护面积7270公顷；建有国家级水产种质资源保护区15个、省级水产种质资源保护区6个，保护面积32345公顷，保护的鱼类种质资源有100余种以及两栖类、爬行类和水生植物种。2020年通过动态评估认定19家省级水产原、良种场（其中，原良种场1家、原种场5家、良种场13家），水产苗种场（站）163个，主要保护的鱼类种质资源和云南特有土著鱼类100余种。此外，全省86种土著鱼类实现人工驯化繁殖，云南"六大名鱼"② 人工繁育成功，为水产资源挽救和保护起到了良好的作用，滇池金线鲃等实现回归滇池湖体，星云湖大头鲤数量恢复性增长。

三是收集保存了部分食药用菌和农业病原菌等微生物资源。云南食药用菌资源丰富，据不完全统计共有882种，占世界2166种的43%，占中国978种的90%，省内市场上常见的贸易类群有200种。③ 中科院昆明植物所收集保藏了大型菌物（干制）标本突破10万份；中华全国供销合作总社昆明食用菌研究所保藏了食药用菌干制标本超过4万份、活体样品1500余份、菌株3000余个；中国西南野生生物种质资源库微生物库收集保藏了微生物菌种资源3万余株、次生代谢产物提取物2万余份；云南省农业科学院收集保存了食药用菌、病原微生物等农业微生物菌种5000余份。④

3. 采取了系列措施，农业种质资源保护与利用体系逐步健全

一是颁布实施了一系列地方配套法规。一方面，近年来云南省政府成

---

① 王淑娟：《全省农业种质资源保护利用见成效》，云南网，2020-08-09，https://baijiahao.baidu.com/s?id=1674507592332804712&wfr=spider&for=pc。

② 即滇池金线鲃、抗浪鱼、大头鲤、丝尾鱯、云南裂腹鱼、滇池高背鲫。

③ 王淑娟：《全省农业种质资源保护利用见成效》，云南网，2020-08-09，https://baijiahao.baidu.com/s?id=1674507592332804712&wfr=spider&for=pc。

④ 罗雁等：《云南省农业种质资源保护利用对策研究》，《中国种业》2021年第8期，第19—25页。

立了生物多样性保护委员会及专家委员会，印发了《关于加强滇西北生物多样性保护的若干意见》《云南省生物多样性保护战略与行动计划（2012—2030年）》等文件，出台了《云南省生物多样性保护条例》等法规。另一方面，《云南省农作物种子条例》《云南省农作物种子管理实施办法》《云南省省级作物种质资源圃（库）管理办法》《云南省种畜禽管理办法》《云南省省级畜禽遗传资源保护名录》《云南省省级畜禽遗传资源保种场保护区和基因库管理办法》等一系列地方配套法规的颁布实施，对云南省农业种质资源保护与利用发挥了重要的作用。

二是颁布了《云南省农业种质资源保护与利用中长期发展规划（2021—2035年）》。为贯彻落实《国务院关于加快推进现代农作物种业发展的意见》和《国务院办公厅关于深化种业体制改革提高创新能力的意见》的要求，依据《中华人民共和国种子法》《中华人民共和国畜牧法》《中华人民共和国渔业法》和《国务院办公厅关于加强农业种质资源保护与利用的意见》等法律和文件精神，2020年6月，云南省农业农村厅、云南省发展和改革委员会、云南省科学技术厅、云南省财政厅、云南省自然资源厅和云南省生态环境厅联合印发了《云南省农业种质资源保护与利用中长期发展规划（2021—2035年）》，系统提出了未来15年云南农业种质资源保护与利用工作的总体思路、基本原则和发展目标，体系建设的布局、重点工作及其保障措施。

三是开展了一系列措施推进农业种质资源保护与利用的工作。一方面，根据农业农村部第三次全国农作物种质资源普查与收集行动以及农业种质遗传资源保护与利用三年行动方案等工作部署，制定印发了省级总体普查方案和农作物、畜禽、水产3个分项普查实施方案，在全省116个县全面开展了第三次农作物种质资源普查收集。截至2021年6月底，全省共普查收集资源3484份；推荐"维西糯山药"等13份具有地方特色的优异种质资源报全国普查办参加"2020年度十大优异资源"评选；在昆明举办了全省第三次畜禽遗传资源普查培训班，启动了畜禽遗传资源普查和收集工作。另一方面,在全省范围内组织认定了26个省级作物种质资源库(圃)、首批畜禽遗传资源保种场(库)24个、19家省级水产原良种场等;安排财政资金支持农业种质资源保存单位加强种质资源保种能力建设,仅2021年就安排保种经费1265万元,支持第一批认定的省级种质资源保种场(区库圃)完善保存条件、提高保存能力、开展繁殖更新等保种工作;启动了云南省畜禽遗传资源基因库建设。与此同时,加快推动新发现畜禽遗传资源鉴定,争取云南省列入《国家畜禽遗传资源品种名录》品种数量"只增不减",总数力争突破80个,地方品种数量稳居全国第一。2021年国家畜禽遗传资源委员会办公室分别对新发现的阿克鸡和江城黄牛进行畜禽资源现场鉴定,对玉龙雪山乌鸡、维西傈家乌鸡、兰坪长毛山羊3个新发现的畜禽遗传资源按程序审定。

4. 开展了系列研究,农业种质资源保护与利用科技水平逐步提高

云南省承担了一批国家和省级农业种质资源保护与利用项目,建立了一批相关科研条件平台,研究建立了一系列遗传材料制作与保存配套技术体系,实现了部分农作物种质资源、畜禽遗传资源、大型真菌、农用菌剂、病原微生物等基因遗传物质保存自动化、信息化和智能化。① 同时,积极支持农作物种质资源鉴定评价和创新研究,对所保存的农作物种质资源的基本农艺性状、抗病虫和抗逆性、营养品质和加工品质等进行了鉴定评价,分析了部分特异资源的遗传多样性、基因标记、克隆和转化特殊性状的控制基因,初步建立起了表型与基因型相结合的鉴定评价体系,筛选出一批高产、优质和抗逆性强的农作物种质资源,创制了一大批新材料,不仅为云南高原特色现代农业发展提供了大量新品种和新材料,也为全国农业种质资源保护与利用做出了突出贡献。② 开展了主要粮经作物的部分野生资

---

① 罗雁等:《云南省农业种质资源保护利用对策研究》,《中国种业》2021年第8期,第19—25页。

② 刘冬梅、李俊生、肖能文:《"一带一路"倡议下云南生物遗传资源保护与可持续利用》,《环境与可持续发展》2018年第5期,第108—111页。

源、地方品种、栽培品种的基因组测序，成功构建了部分种质资源的DNA库，为地方种质特性遗传机制研究和优良基因挖掘奠定了基础；在对畜禽品种表型特征多样性进行研究的基础上，还对31个地方品种的生化遗传多样性、分子生物学多样性、染色体和DNA指纹多样性等进行了分析研究，为畜禽新品种的培育、良种基因的保存利用提供了较大的选择空间。①AFLP分子标记、DNA条形码等现代技术在水稻、玉米、小麦、马铃薯、蔬菜、花卉、水果、烟草、甘蔗、茶叶等农作物和猪、禽、牛、羊等育种中大量应用，缩短了育种周期。

（二）育种创新工作取得重大成效

云南经济社会发展的历程，一定程度上就是对生物物种资源保护与开发利用的过程。从20世纪80年代开始培育壮大的茶叶、甘蔗、烟草、橡胶产业，到21世纪云药、云花、云菜、云果、云菌等开发利用形成的产业，无不体现出云南利用丰富多样的种质资源促进育种创新、支撑产业发展的重要地位和作用。近年来，云南进一步注重在巩固提高、抓住重点，不断在创新和有所作为上下功夫，一批国家级、省级科研团队和国有企业、民营企业及研发机构等，组织科技攻关的一批农业种质资源育种创新等生物技术成果已在农业生产中推广应用。如云南省农业科学院以粮油作物、花卉植物、蔬菜植物、药用植物、食用菌等资源为基础，利用现代生物技术进行作物遗传改良和品种培育，先后育成了近600个新品种、新材料，成功驯化栽培了天麻、灯盏花、铁皮石斛、丽江山慈姑、滇重楼、滇黄精、滇龙胆、红豆杉等20余个药用植物品种，为实现全省粮食连续多年增产和烟草、花卉、蔬菜、水果、茶叶、中药材、蔗糖、蚕桑等高原特色经济作物产业发展提供了支撑和保障。②

---

① 李恒：《我省畜禽种质资源多样性及保护利用》，《云南畜牧兽医》2000年增刊，第26页。

② 农业农村厅种业管理处：《解读〈云南省省级作物种质资源圃（库）管理办法〉》，云南省农业农村厅官网，2020-08-08，https://nync.yn.gov.cn/html/2020/zhengcejiedu-new_0808/371846.html。

云南省自主培育出云岭牛、云上黑山羊、宣和猪等新品种并形成了一定的产业规模。其中，云岭牛是中国南方第一个肉牛品种，中国第一个三元杂交肉牛品种；云上黑山羊是中国第一个肉用黑山羊新品种；宣和猪是我国第一个火腿专用原料猪新品种，结束了宣威火腿产业长期"有腿无猪"的历史[①]；利用分子选育专利技术培育均一化的高肌内脂肪含量的滇南小耳猪优良种猪为产业化奠定了基础。驯化养殖并繁育了元江鲤、滇池高背鲫、大头鲤等80余种云南土著鱼类，引进罗非鱼、鲟鱼、虹鳟鱼等经济鱼类产量在全国排名前列，推动全省渔业品种结构调整和产业化开发。原生境保育扩繁技术对于松茸、块菌、大红菇等多种共生菌根菌具有较好的推广价值。"包山养菌"在干巴菌的保护促产方面成效突出。金耳、牛肝菌类、杨柳田头菇、卵孢小奥德蘑、花脸香蘑、荷叶离褶伞等野生资源的人工驯化和规模化栽培，更是促进了全省食用菌产业的发展。"云南六大名米、六大名猪、六大名牛、六大名羊、六大名鸡、六大名鱼"以及近年来开展的"十大名茶、十大名花、十大名菜、十大名果、十大名药"等"绿色食品牌"十大名品等评选认定活动，扩大了地方特色资源的品牌影响力，对地方特色农业种质资源的保护利用、特色品种的推广、市场开拓产生了积极的推动作用。国有和民营相结合的资源保护与开发利用模式逐步成为畜禽和水产遗传资源的保护与开发的主要模式。[②]

二、问题与挑战

云南的农业种质资源保护利用虽然取得了比较显著的成效，但是受政策支持不够、基础投入不足、管理体制不顺、开发机制不活等因素制约，

[①] 王淑娟：《全省农业种质资源保护利用见成效》，云南网，2020-08-09，https://baijiahao.baidu.com/s?id=1674507592332804712&wfr=spider&for=pc。

[②] 罗雁等：《云南省农业种质资源保护利用对策研究》，《中国种业》2021年第8期，第19—25页。

农业种质资源的保护和开发利用尚处于初级阶段，存在明显的困难和诸多的问题。尤其是在全球农业种质资源保护利用越来越受到重视，我国也前所未有地将农业种质资源提高到保障国家粮食安全与重要农产品有效供给、支撑农业可持续发展的战略性资源的高度下，全省农业种质资源的保护和开发利用面临着巨大的挑战。总的来看，全省农业种质资源开发利用工作尚不适应现代种业发展需要，资源优势尚未完全转化为高原特色农业产业优势，更没有形成明显的经济优势。

（一）政策支持及执法监管不够，管理体制亟须完善

一是缺乏政策支持和法规制度，农业种质资源保护管理体制机制不健全，国家统筹、分级负责的保护体系尚未建立。二是保护管理职能交叉重叠现象突出，部门职责不明晰，资源收集、保存研究缺乏统筹规划，不同部门和机构各自为政，管理混乱、重复收集、资源分散情况突出，尚未形成公共资源共享的有效机制。三是保护工作缺乏有力抓手，基础性工作支持投入不足，资源保护成本持续增加，资源保护主体的动力不足，知识产权保护不力，从事资源保护研究的科技人员待遇低、职称晋升难，流失严重，队伍不稳。以农作物种质资源为例，目前全省农作物种质资源规范化保存率不足60%，经费不足使得规范化保存的种质资源面临无法按要求进行繁殖更新的问题，分散保存在各课题组的大量资源更是面临"鼠吃虫蛀"的风险。四是执法监管力度不够，乱采滥挖野生珍稀植物现象时有发生。五是资源引进、输出的办理程序不完善、管理机构不明，既有个别重要物种及遗传资源被国外非法获取的问题，也有入境引种的植物种子苗木后续监管难度大、非法外来入侵物种对本地特有物种的生存构成威胁的难题。[①]

---

① 罗雁等：《云南省农业种质资源保护利用对策研究》，《中国种业》2021年第8期，第19—25页。

（二）资源保护压力日益突出，保护工作仍需加强

许多野生资源原位保护点的管理处于"似管非管"状态，一些物种濒危和丧失程度未得到缓解和控制，个别土著物种已灭绝。地方原始品种生存空间越来越受到挤压，一些地方良种基因趋于消失。大量地方特色、特有蔬菜、花卉、水果等资源的野生分布量近年来均急剧减少，许多土著鱼类濒临灭绝。由于财政投入不足等原因，资源收集还有较多空白，一些新收集的资源安全保存得不到保障，存在二次丢失的风险。[1]据不完全统计，过去20年，全省野生稻资源减少了约30%，仍有分散在各地30个野生稻居群尚未得到有效保护，处于濒临灭绝的危险境地。[2]

（三）资源开发利用层次低，产业化水平有待提升

由于科技创新不足、产业链延伸不够，对地方品种的品质、食用、药用、文化等优良特性评估和发掘不深入、不系统，全省农业种质资源开发利用多停留在初级阶段，种质资源优势远未有效地转化为产业优势和经济优势。通过表型与基因型精准鉴定、应用于育种创新的农业种质资源不到10%，大多数资源尚未被开发利用。[3]全省已开展利用的农业种质资源大多表现为"初级产品多、低层次开发多，深精加工少、综合利用少"的"两多两少"特征[4]，彰显本土特色、具有自主知识产权的知名品牌不多，产品竞争力不足，市场占有份额小。[5]

---

[1] 孙林华：《云南农作物种质资源保护现状、问题及对策》，《种子科技》2016年第10期，第59—60页。

[2] 罗雁等：《云南省农业种质资源保护利用对策研究》，《中国种业》2021年第8期，第19—25页。

[3] 曹茸：《开启农业种质资源保护与利用新篇章》，农民日报百家号，2020-02-12, https://baijiahao.baidu.com/s?id=1658294546011903259&wfr=spider&for=pc。

[4] 李树芬、乐志伟：《"云品""云企"如何提质增效：升级产业决胜市场》，云南日报网，2017-03-11, https://www.yndaily.com/html/2017/yunguanzhu_0311/106968.html。

[5] 罗雁等：《云南省农业种质资源保护利用对策研究》，《中国种业》2021年第8期，第19—25页。

（四）资源保护宣传不够，全民参与机制亟须形成

近年来，虽然宣传教育力度在加大，公众参与农业种质资源等生物多样性保护的意识也不断增强，但全社会对物种资源保护的重要性、紧迫性认识仍然不够，对野生动植物保护法律法规知晓甚少，全民广泛参与农业种质资源保护的长效机制尚未形成。相关遗传资源获取与惠益分享和产权制度等方面，与国际接轨的要求还有不小差距。

三、展望与建议

（一）展望

随着种质资源利用价值越来越大，全球许多国家对农业种质资源保护和利用的力度越来越大。一方面，国际上逐步形成以基因资源产权保护为核心的资源全方位保护利用法规，世界大多数国家均建立了依据生态区布局，涵盖收集、检疫、保存、鉴定、创新等分工明确的农业种质资源国家公共保护和研发体系，国家间种质资源获取与交换日益频繁，已经形成规范的资源获取和利益分享机制。另一方面，发达国家对重要生物种质资源的评价、发掘和可持续利用方面的深度研发逐渐形成规模，发现了大量的优异资源和关键基因。基因组测序技术、基因编辑技术、DNA 条形码技术、分子育种技术、实验动物替代技术等前沿技术发展较快。①

近年来，面对人口快速增长，资源需求增加，产业结构调整、发展方式转变等挑战，我国基本建立了分工明确、职责清晰、运行有效的国家级农业种质资源保护体系。随着《全国农作物种质资源保护与利用中长期发展规划（2015—2030 年）》和《全国畜禽遗传资源保护和利用"十三五"规划》的逐步推进，尤其是农业种质遗传资源保护与利用三年行动方案

---

① 农业部、国家发展改革委、科技部：《关于印发〈全国农作物种质资源保护与利用中长期发展规划（2015—2030 年）〉的通知》，农业农村部官网，2015-04-29，http://www.moa.gov.cn/nybgb/2015/si/201711/t20171129_6134098.htm。

（2019—2021年）的实施，全国农业种质资源保护和利用体系将日趋完善、政策支持愈发健全。《云南省农业种质资源保护与利用中长期发展规划（2021—2035年）》明确，到2035年，云南将建成系统完整、科学高效的农业种质资源保护与利用体系，资源保存总量位居全国前列，珍稀、濒危、特有资源得到有效收集和保护，实现应保尽保；资源系统评价、深度鉴定挖掘和综合开发利用水平显著提升，资源创新利用达到国际先进水平，成为中国最大的国际性、现代化的低纬高原特色农业种质资源保存及利用中心。

珍稀、野生资源得到有效收集和保护，优异资源得到有效引进，资源保存总量大幅提升，结构不断优化。到2035年，全省新增农作物种质资源3万份左右，专业化规范保存总量达到12万份以上，保存种类超过1000种，其中中期库保存6万份以上，引进资源比例提高到50%左右，农业重点野生植物物种保护率达到80%以上；全省所有通过国家畜禽遗传资源委员会鉴定的畜禽遗传资源均建立相应的保种场或保护区得到有效保护；全省水产种质资源保护区机构完善、功能健全、作用显著，具有重要经济和遗传育种价值的水产种质资源均建立有活体保种场和基因库；全省农业微生物菌种保存量达7万株，其中食药用大型真菌菌株超过1.5万株，建设重点野生食药用菌原生境保育区15个以上，食药用菌珍稀物种保护量达到50种以上。

攻克一批种质资源保护与利用的关键技术，发掘一批有重要育种价值的新基因，创制一批突破性的新种质。到2035年，共完成3万份以上农作物、6000份畜禽、10份水产和800份食用菌资源的重要性状表型精准鉴定、全基因组水平基因型鉴定及关联分析，发掘和创制250—300份有重要育种价值的新种质。

构建由种质保存库（圃）、原生境保护点、鉴定评价（分）中心、信息网络平台组成并与国家体系相衔接的农业种质资源保护、鉴定评价和共享利用体系。到2035年，基本完成全省农业种质资源保存圃（库场区）、原生境保护点、监测预警中心（站）、省级农业种质资源大数据信息网络平台、资源分发体系的完善与补充建设，并与国家体系有机衔接，全面建成系统完整、科学高效的农业种质资源保护与利用体系。

（二）建议

结合正在实施的全国第三次农作物种质资源和畜禽遗传资源普查以及第四次中药资源普查工作，突出农业种质资源保护与利用工作具有公益性、基础性、长期性等显著特点，按照政府主导与市场参与结合、以保为先与以用促保结合、体系建设与制度保障结合、资源共享与产权保护结合的"四结合"原则，重点做好以下几个方面工作。

1. 加大种质资源的普查收集、保存保护和鉴定评价

一是全面开展农业种质资源普查和系统收集，确保重要资源不丧失。全面完成第三次全国农作物种质资源普查与收集行动，启动并完成第三次全国畜禽遗传资源普查和第一次全国水产种质资源普查、第四次全国中药材资源普查等工作，积极争取国家相关项目，整合各方资源，开展云南省内农业种质资源的全面普查和系统调查，加快摸清资源家底，抢救性收集珍稀濒危、云南特有资源与特色地方品种，对新收集资源进行基础性状鉴定、统一编目、入库（圃）保存，完善相关资源数据库。

二是完善农业种质资源分类分级保护名录，提升资源保存保护能力和水平。继续提升已建资源保护库（圃、场、区），重点改善资源保存条件，提升资源保存保护能力和水平。对国家级资源名录中未建库（圃、场、区）的地方资源，认真落实保存主体，建设省级资源保存体系，积极争取认定为国家级资源库（圃、场、区）。持续开展农业种质资源保护库（圃、场、区）认证，推进农业种质资源的专业化规范保存，支持建设一批离体保护设施和农业种质资源基因核心库，充分利用现代生物技术手段，逐步优化建立适应各类种质资源特征特性的安全保存设施及技术体系。加强对各类农业种质资源库（圃、场、区）和原位保护点的日常巡查和监管，做好所

有农业种质资源原生境保护点和保护区及缓冲区的"四至界限"坐标划定、标识牌设置及上图入库等基础性工作。

三是强化精准鉴定与深度挖掘，创制优异种质和基因。以优势科研院所、高等院校为依托，搭建专业化、智能化资源鉴定评价与基因发掘平台，建立高效完善的种质资源鉴定评价、基因发掘与种质创新技术体系。按照种质资源相关法规和技术标准，加强农业种质资源的系统鉴定。加快高通量鉴定、等位基因规模化发掘等技术应用，开展种质资源表型与基因型精准鉴定评价，构建分子指纹图谱库，深度发掘优异种质，规模化发掘控制产量、品质、抗逆、养分高效利用等性状的基因及其有利等位基因，并进行功能验证，创制高产、优质、高效、广适、适合机械化与规模化等目标性状突出和有育种价值的新种质。[1]

2. 大力推进农业种质资源开发与育种利用

一是建立全省农业种质资源数据库、育种共性技术数据库，搭建全省农业种质资源大数据共享平台，整合归总现有各类种质资源信息数据，建立协调交流机制和资源利用机制，做好信息发布和资源分发等日常工作，在保护知识产权的前提下，破除各保护主体的信息壁垒，实现信息互联互通和资源共享融合。[2]

二是组织实施云南优异种质资源创制与应用行动，重点推进特色作物和畜禽良种等重大科研联合攻关。鼓励农业科研单位、高校、技术推广机构和种业企业等单位及育种家开展种质创新、新品种选育和产业化开发应用推广，激活丰富的种质基因资源，促进收集保护的种质资源得到充分推

---

[1] 农业部、国家发展改革委、科技部：《关于印发〈全国农作物种质资源保护与利用中长期发展规划（2015—2030年）〉的通知》，农业农村部官网，2015-04-29，http://www.moa.gov.cn/nybgb/2015/si/201711/t20171129_6134098.htm。

[2] 四川省人民政府办公厅：《关于加强农林业种质资源保护利用工作的意见》，四川省人民政府官网，2018-01-30，http://www.sc.gov.cn/10462/10464/13298/13301/2018/8/30/10458360.shtml。

广利用。① 鼓励企业开展种质资源收集、鉴定和创制,逐步成为种质创新利用的主体。鼓励支持地方品种申请地理标志产品保护和重要农业文化遗产,发展一批以特色地方品种开发为主的种业企业,推动资源优势转化为产业优势。

3. 强化种质资源对外合作与交流

一是加强与农业种质资源富集的国家和地区合作。以南亚、东南亚等周边国家为重点,通过国际合作项目、种质交换、联合考察、技术交流、建立联合实验室等方式支持相关国家开展资源收集保存等基础性工作,建立研究成果和利益共享机制,加大优异资源引进和交换力度。

二是严格按照国际和国家标准,建设云南省引种隔离检疫温室及评估基地,对引进的农业种质资源定期开展检疫性病虫害分类分级风险评估,加强种质资源安全管理。对接农业有害生物监测与预警体系,严控外来有害生物入侵,确保农业生产安全。

三是提高农业种质资源保护国际化参与度,加强种质资源保护利用技术创新和人才培育等国际化交流合作,打造"一带一路"国际化农业种质资源保护利用中心。

(作者单位:云南省农业科学院农业经济与信息研究所)

---

① 贵州省人民政府办公厅:《关于加强农业种质资源保护与利用的实施意见》,贵州农经网,2021-01-26,http://www.gznw.com/gznjw/kzx/njzx/qwfb/753868/index.html。

加快提升农业物质装备水平

王献霞

观点概要

农业物质装备现代化是农业现代化的基础和重要支撑。2021年是实现第一个百年奋斗目标向开启实现第二个百年奋斗目标征程的转折年。为顺利实现云南与全国同步实现现代化的目标,有必要在此关键之年摸清家底、找准短板,有的放矢制定新政策,实现新目标。以农业物质装备为研究对象,对云南省高标准农田建设、农业机械现代化、农田水利现代化、农业信息现代化自2012以来取得的成效以及现状进行专题研究,分析云南省农业物质装备现代化水平和存在的问题,提出提高农业物质装备现代化水平的对策建议。数据比较分析发现,云南省农业物质装备水平整体偏低,高标准农田建设力度有待加强,农业机械化建设出现投资疲软,农田水利建设的溢出效应趋弱,信息化建设的覆盖面较宽但信息使用水平有待增强。农产品冷链装备少、物流慢、成本高、农产品加工设备和技术欠缺的短板依然比较凸显。与此同时,云南农产品安全性口碑越来越好,服务于绿色农业的装备和技术在不断突破,但是作为后发展和欠发达的省份,云南必须奋起直追才能与全国同步实现农业现代化。当前,云南需大力提升农业物质装备水平,构建适应地域特征、具有多样性和差异化的农业支撑体系,夯实农业基础,提升农业发展质量,培育乡村发展新动能,实现云南农业优质、高效、生态、安全。

一、农业物质装备现状

农业物质装备水平是衡量农业农村现代化的基本标准，是实现农业农村现代化的重要支撑。改革开放以来，农业现代化理论和实践取得了长足进展和巨大成就，探索了以"多化论"为特征的具有中国特色的农业现代化道路，然而，无论农业现代化的内涵和外延如何变化，核心是不断改进传统、落后的生产力和生产工具，从而提高生产效率。而农业物质装备的主要内容涉及生产力和生产工具。因此，农业物质装备的现代化具体表现为农业生产手段的机械化、智能化，抵抗自然风险的农田装备化、水利化，农业管理和市场的信息化等，以及为达到物质装备现代化而涉及的基础设施改造、技术技能提升等内容。

（一）主要措施

自2011年底云南提出以高原特色农业为引领的农业现代化发展路径到2021年《中共云南省委、云南省人民政府关于全面推进乡村振兴加快农业农村现代化的实施意见》出台，云南省制定了一系列推进高原特色现代农业发展的政策措施，实施一大批农业综合生产能力提升重大工程（行动），着力提升全省农业物质装备水平。

1. 加快推进高标准农田建设

高标准农田建设是提升农田综合基础的工程。2016年，云南省人民政府制定出台《关于进一步加快高标准农田建设的意见》，为高标准农田建设保驾护航。云南在高标准农田建设中，强化水利基础设施和装备能力建设，提高土地产出率、资源利用率和农业综合生产能力。按照"集中连片、旱涝保收、稳产高产、生态友好"的要求，在畅通骨干排灌渠系的基础上，实行水、电、路、渠、林等综合治理，重点实施土地平整、排灌沟渠、机耕路、农田林网等配套建设。协调推进、紧密衔接骨干排灌水利工程、田间工程、输配电设施等建设。强化土壤改良和地力培肥。积极改善农田生态系统环境。主要有农田水利建设工程、耕地保量提质行动，因地制宜改良土壤、培肥地力、控污修复、保水保肥，全面推进建设占用耕地复垦利用。坚持耕地占补平衡数量与质量并重，开展国家休耕试点工作，降低耕地开发强度。

2.提高农业供水保障能力

供水能力和供水保障水平是直接影响农业水利化的主要因素。如2019年减少的有效灌溉面积中，有37.9%因为水源不足而无法灌溉，居减少灌溉面积原因的第一位。①为解决供水问题，云南省一方面继续推进"润滇工程"，加快一批大中小骨干水源和引调水、水电站水资源综合利用以及连通工程等重点水网项目建设。另一方面加快大、中、小型灌区建设，加快滇西边境山区、石漠化片区等扶贫灌溉工程建设，加强灌区渠系节水配套和灌溉泵站更新改造。围绕农业产业结构调整及高原特色现代农业发展，在粮食生产重点县、生态环境脆弱区、水资源开发过度区等重点地区，因地制宜大力发展低压管道输水、喷灌和微灌等高效节水灌溉工程建设。以病险水库（闸）的除险加固、田间渠系节水配套、"五小水利"工程建设、雨水集蓄利用以及农村河塘清淤整治等为重点，有效提高农业供水保障能力和农业生产能力。

3.实施坡耕地水土流失综合治理工程

云南省山高坡陡、谷深流急、降雨量大且集中、多单点暴雨、地震活动频繁，生态环境脆弱、极易发生水土流失。据2019年云南省水土流失动态监测成果显示：全省水土流失面积10.22万平方公里，占国土面积的25.9%；其中，坡耕地水土流失面积为3.08万平方公里，占全

---

① 中国机械工业年鉴编辑委员会、中国农业机械工业协会编：《中国农业机械工业年鉴2020年》，机械工业出版社，第215页。

省水土流失面积的30.14%。坡耕地是目前全省广大山丘区群众赖以生存和发展的生产用地，也是水土流失的重要策源地。对此，云南省自2010年起连续11年实施坡耕地水土流失综合治理工程。主要做法是，以"坡改梯、田间生产道路、坡面水系"为主，紧紧围绕"田地治理成型、水系布局合理、道路连接成网、产业规模发展、农民收入提高、社会和谐稳定"的目标，坚持"山、水、田、路"综合治理。以梯田建设为重点，沿梯田地埂顶部布设蓄水埂截留蓄渗；以田间道路为骨架，合理布置配套配水措施，做到灌溉自如。并与农村产业结构调整、当地特色产业综合生产能力相结合，促进项目区农民增收和农村经济社会发展。

4. 强化机械装备能力建设

机械装备是提高劳动生产效率、提升农产品品质的主要保障。近年来，围绕水稻、玉米、马铃薯、甘蔗、油菜等生产机械化关键、薄弱环节所需技术及装备，加快高效植保、产地烘干、精深加工、秸秆处理等环节与耕种收环节机械化集成配套，加快机械化技术集成与示范。围绕"绿色食品牌"重点产业，发展高效设施农业技术及装备，加大自动饲喂、疫病防控、畜禽粪污资源化利用、饲草收获等技术和装备的推广应用。围绕农业绿色发展，加大对深翻整地、水肥一体化、秸秆还田离田、化肥农药精施、环保烘干等绿色机械化技术和复式作业机具的示范推广。稳定实施农机购置补贴政策，支持温室大棚、水肥一体化等新装备示范推广。积极推进农机报废更新，加快淘汰老旧农机装备，促进新机具新技术推广应用。积极发展农用航空，规范和促进植保无人机推广应用。

5. 建设农业服务平台

主要是加快建设农产品冷链仓储物流、农产品质量追溯、农村电子商务和农业信息化服务平台，为农业现代化发展提供强有力的要素支撑。

建设冷链仓储物流平台。建立"全链条、网络化、严标准、可追溯、新模式、高效率"的现代化冷链仓储物流体系，打造区域性国际先进冷链仓储物流中心。支持农产品产地和部分田头市场建设规模适度的初加工冷链设施，加快补齐农产品产地"最先一公里"短板。完善布局合理、覆盖广泛、衔接顺畅的冷链基础设施网络，加快各类保鲜、冷藏、冷冻、预冷、运输、查验等冷链物流设施建设，围绕特色农产品生产基地，改造和建设一批设施设备先进、节能环保、高效适用的冷库，加强低温配送处理中心、生鲜农产品销售网络体系和运输车辆及制冷设备建设。采取政策扶持、资源整合等方式，加快培育一批与现代农产品流通相适应的冷链物流企业。改造提升一批区域性、田间等产地市场。推进县级物流集散中心建设，加快实现县、乡、村三级物流服务网络全覆盖。因地制宜，依托公路网、铁路网、新增支线机场、电商企业布局，完善仓储物流设施。构建跨区域物流服务网，将特色农产品流通成本降低到全国平均水平以下。深入实施"乡村流通工程""新农村现代网络工程""智慧便利店进社区工程""品牌农产品进超市工程""乡村旅游后备箱工程"，鼓励推广农超、农企、农旅等多种形式的产销对接。以滇中农产品交易中心为载体，构建面向南亚东南亚国家的区域性重要农产品交易中心、物流中心。

建设可追溯监管平台。加快建立从生产基地到市场销售全过程的农产品质量安全检测、追溯和监管体系。推动县、乡级农产品质量安全公共服务机构建设，提升农产品质量安全检验检测机构能力，推进检验检测资源整合。加强云南省农产品质量安全追溯信息平台推广运用。按照国家相关要求，统一追溯模式、统一业务流程、统一编码规则、统一信息采集，实现对特色农产品农业投入品、生产过程、流通过程全程追溯。健全农产品质量和食品安全监管体制，强化风险管理和属地责任，将农产品加工经营主体纳入全省各级食品质量安全追溯体系予以监管。建立健全检测结果通报制度、质量诚信体系和农产品质量安全风险评估机制。运用国际先进质量管理标准和方法，构建统一管理、共同实施、权威公信、通用互认的质量认证体系，创新认证监管和激励约束机制，深化质量认证国际合作互认。建立食品安全黑名单制度，依法从严从重查处食品安全领域的犯罪行为。加强动植物疫病防控体系建设，规范口岸动植物检疫。

建设农村电子商务平台。创新农村电商模式，推进综合服务网络建设，建立符合电商行业及消费需求的农产品供给体系。开展电子商务进农村综合示范，深化农村电商示范县创建，培育一批特色电商镇、电商村。支持新型农业经营主体在电商平台开设地方特色馆，开展绿色食品推介活动和"云品"网络促销。建设"云品荟"电子商务直供平台和绿色食品产品库，鼓励农业企业、专业合作社入驻电商平台，开展产品文化创意。引导知名电商平台开设云南馆或云南专区，发展跨境电商。加快培育一批农产品电商平台企业和农村电商服务企业，支持供销、邮政、快递及各类企业把服务网点延伸到乡村，鼓励各类基层服务网点和乡村农家店等开展农村电商服务，支持农业龙头企业建立云南高原特色农产品线上、线下专卖店，形成工业品、消费品下乡和农产品、旅游纪念品进城双向流通渠道。

建设信息化服务平台。完善"云农12316"三农综合信息服务平台和高原特色农业信息化服务体系，依托"国家农业农村大数据中心云南分中心"和"云农大数据推广运用中心"构建重点产业智慧云平台。制定和推进云南省"互联网+"现代农业行动计划，促进农业与互联网融合发展。发展"互联网+农业社会化服务"，为农民提供定制化、专业化服务。积极推动各类信息技术在农业的应用。综合运用大数据、云计算、人工智能、物联网、区块链等新一代信息技术，推动涉农有关基础数据开放共享，依托国家试点示范项目、产业园区、骨干行业、龙头企业，积极发展智慧农业，形成可复制推广的典型经验。鼓励支持各类市场主体，发展分享农业、众筹农业等基于互联网的新型农业产业模式。

（二）主要成效

通过上述措施，云南农业物质装备水平全面提速，"能通全通""互联互通"加快推进。截至2021年高速公路总里程超过9000公里，居全国第二，110个县（市、区）实现通高速。大临铁路建成通车，中老铁路正式通车，蒙自机场开工建设。乌东德水电站首批机组投产发电。滇中引水工程加快建设，水利投资增速全国第一。16个州（市）建成区块链服务网络城市节点，建成一批智慧交通、智慧能源、智慧旅游、工业互联网试点示范。建制村4G网络全覆盖，建成5G基站1.85万个。[①]

1. 高标准农田快速增长

高标准农田建设是一项综合性工程，依据国家高标准农田建设的有关规范，主要在永久基本农田保护区、粮食生产功能区、重要农产品生产保护区实施，遵循"中央统筹、省负总责、市县乡抓落实、群众参与"的工作机制。在投资上主要为中央预算内投资。2021年，全省高标准农田建设投入资金56.13亿元，其中，中央资金45.03亿元，省级预算补助资金11.1亿元。共完成480.05万亩，超额完成年度建设任务。[②] 通过高标准农田建设项目的实施，将有效改善项目县农田基础设施条件，提升耕地质量，提高粮食等重要农产品综合生产能力，筑牢粮食安全底线。

2. 农业机械化向全程全面发展

2020年，全省作物耕种收综合机械化率从2012年的35%达到50.8%。自2019年实现国家级全程机械化示范县创建实现零的突破以来，国家级全程机械化示范县增加到3个，全产业机械化试点作物扩展为玉米、水稻、马铃薯等多个作物。植保无人机补贴试点、报废更新补贴试点快

---

① 数据来源：《2021年云南省政府工作报告》，云南省政府门户网站，2021年2月1日。
② 云南省农业农村厅产业发展处：《对政协云南省十二届五次会议第0726号提案的答复》，云南省农业农村厅网站，nync.yn.gov.cn，2022年6月6日。

步推进。农业机械化水平持续提升，2020年农业机械总动力增加2786.7万千瓦，综合机械化率为50.8%，详见表22。

表22　云南省2012—2020年农业机械化相关指标

年份	机耕面积（千公顷）	机播面积（千公顷）	机收面积（千公顷）	机械灌溉面积（千公顷）	机械植保面积（千公顷）	机械化总投入（万元）	乡村农业机械从业人员（人）
2012	2257.02	69.75	284.76	1027.52	1444.21	259951.45	1557481
2013	2464.00	95.00	355.00	1022.00	1541.00	228794.21	1652376
2014	2670.00	110.00	393.00	1071.00	1607.00	208335.00	1739764
2015	2781.26	141.41	400.84	1103.09	1648.09	220233.09	1860156
2016	2815.81	176.52	534.86	1076.43	1672.43	202119.60	1924473
2017	2903.56	219.52	624.43	1077.76	1715.09	198540.85	1956239
2018	2919.13	238.46	648.96	1056.41	1724.86	*6770.08	1755990
2019	2968.12	259.05	660.00	1085.68	1747.02	*4347.00	1760979
2020	2968.49	290.23	677.77	1085.51	1815.94	2379.89	2012258

资料来源：以上数据均来自相应年份的《中国农业机械工业年鉴》。

注：*表示仅指财政投入资金，不含企业及农民个人投入资金。

3. 农田水利保障水平提高，综合治理特征明显

农田水利建设的目的一方面是增加水源供给，提高有效灌溉面积；另一方面是控制由水带来的灾害，减少水土流失、洪涝灾害和其他次生灾害。2020年，全省累计建成大中小型水库6703座，总库容138.8亿立方米，耕地有效灌溉面积1978.1千公顷，比2012年增加了300.17千公顷，增长了17.89%，年均增长率为2.56%，年均增长率比全国水平高1.17个百分点。2020年有效灌溉率为36.7%[①]，有效灌溉率比上一年增加了1%，比2012年增加了9.7个百分点，详见表23。

---

① 2020年耕地面积数据来源于云南省第三次全国国土调查数据公报。

表23 2012—2020年云南省与全国耕地有效灌溉面积变化情况

年份	耕地有效灌溉面积（千公顷）		年增长量（千公顷）		年增长率（%）	
	全国	云南	全国	云南	全国	云南
2012	63036.4	1677.9	1354.9	43.7	2.20	2.67
2013	63473.3	1660.3	436.9	−17.6	0.69	−1.05
2014	64539.5	1709.0	1066.2	48.7	1.68	2.93
2015	65872.6	1757.7	1333.1	48.7	2.07	2.85
2016	67140.6	1809.4	1268.0	51.7	1.92	2.94
2017	67851.0	1851.4	710.4	42.0	1.06	2.32
2018	68271.6	1898.1	456.0	46.7	0.67	2.52
2019	68678.8	1922.5	407.2	24.4	0.60	1.29
2020	69160.5	1978.1	481.7	55.6	0.70	2.89

资料来源：根据相关年份《中国统计年鉴》和《云南统计年鉴》整理而来。

云南省从2010年启动坡耕地水土流失综合治理工作以来，已连续11年实施了坡耕地水土流失综合治理工程，相继在全省14个州（市）、42个县（市、区）共156个项目区实施了坡耕地水土流失综合治理工程，共完成坡改梯57.72万亩，完成投资18.17亿元，其中中央资金15.45亿元，地方资金2.68亿元，其他资金0.05亿元。① 截至2020年底，累计水土流失治理面积10543.1千公顷，其中小流域治理面积2236.1千公顷，2020年新增水土流失治理面积551.3千公顷。②

4.节水灌溉快速发展

节水灌溉是农田水利现代化的重要内容，尤其是对于云南结构性缺水和局部地区水源保障有问题的省份，节水灌溉成为提高水利现代化的重要途径。然而，对比2012—2020年云南省和全国水平的差距，会发现云南省节水灌溉面积小、差距大、水平低。2020年云南实现节水灌溉面积

---

① 云南省网上新闻发布厅：《云南省庆祝中国共产党成立100周年系列新闻发布会·交通运输专题发布会》，http://www.yn.90v.cn，2021年5月20日。

② 数据来源：《中国农业机械年鉴（2021）》，机械工业出版社，第177页。

1001.68 千公顷，比 2012 年增加了 376.07 千公顷，增长了 60.11%，年均增长 6.06%。相比全国，2020 年全国节水灌溉面积为 37795.99 千公顷，比 2012 年增加了 6579.3 千公顷，增长了 21.08%，年均增长 2.42%。详见表 24。

表 24　2012—2020 年云南省和全国节水灌溉面积

年份	节水灌溉总面积（千公顷）		占总耕地面积的比例（%）	
	云南	全国	云南	全国
2012 年	625.61	31216.69	10.05	23.10
2013 年	637.72	27108.62	10.25	20.06
2014 年	681.12	29018.76	10.97	21.49
2015 年	724.51	31060.44	11.67	23.01
2016 年	794.26	32846.99	12.79	24.35
2017 年	867.97	34318.97	13.97	25.44
2018 年	941.18	36134.72	15.15	26.79
2019 年	959.91	37059.31	17.79	28.98
2020 年	1001.68	37795.99	18.56	29.56

数据来源：相关年份《中国农业统计年鉴》相关数据。

5. 立体化交通物流农网基本形成

"十三五"期间，云南省公路交通网全省累计新建和改建农村公路 10.75 万公里，建成了 7 个"四好农村路"全国示范县，建制村 100% 通硬化路、100% 通邮、具备条件建制村 100% 通客车的交通扶贫"三通"兜底性任务全面完成；累计完成 199 座溜索改桥建设，占全国总规模的 61%；在国家特殊政策关心支持下，优先实施 2.5 万公里"直过民族"、人口较少民族及沿边地区 20 户以上自然村通硬化路项目，曾经"山里山外两重天"的局面彻底改变，为全省 11 个"直过民族"和人口较少民族实现整族脱贫，告别"出行难"、走上"致富路"提供了坚实的交通运输保障。[①]

云南物联网方面，2019 年便完成了全省建制村直接通邮 100% 的目标

---

① 云南省网上新闻发布厅：《云南省庆祝中国共产党成立 100 周年系列新闻发布会·交通运输专题发布会》，http://www.yn.gov.cn，2021 年 5 月 20 日。

任务。截至 2020 年，云南省有邮政局所 1820 个，城乡末端邮政服务网点 7984 个，邮政企业网点乡镇覆盖率 100%，实现乡乡设所、村村通邮，履行基本公共服务义务。现有快递企业法人 835 家，涉及邮政速递、顺丰、中通、圆通、申通、韵达、京东、德邦和联邦、敦豪等 23 个品牌，备案分支机构 2886 个、末端网点 6347 个，快递网点乡镇覆盖率 99.7%，建制村快递服务覆盖率为 25.31%，为打造商品流通的加速器，支撑农产品进城和工业品下乡双向流通奠定了物资基础。全省快递进出港量超过 21.5 亿件，年人均使用快件量超过 40 件。①

6. 数字乡村正式启动

《数字乡村发展战略纲要》《数字农业农村发展规划（2019—2025 年）》的发布，标志着正式启动实施数字农业建设试点，适合农业观测的高分辨率遥感卫星"高分六号"成功发射并正式投入使用。遥感等信息技术在动植物疫病远程诊断、轮作休耕监管、农机精准作业、无人机飞防等领域加快推广应用，农业生产智能化、经营网络化、管理数据化、服务便捷化取得明显进展。截至 2020 年底，12316 信息进村入户服务已覆盖所有区域，公共信息服务正在惠及更多农民。

7. 农产品安全生产体系初具成效

为实现农业绿色发展，保障农产品的安全，2016 年"中央一号文件"提出化肥施用量"零增长"目标，次年提出"负增长"。云南省认真贯彻落实中央政策，在总量上于 2017 年实现了负增长，化肥施用量（折纯）由 2015 年的 235.58 万吨减少到 2017 年的 231.94 万吨。在亩均化肥施用量上于 2018 年实现负增长，由 2017 年的 22.77 公斤减少到 21.03 公斤，并持续减少。到 2020 年亩均化肥施用量减少到 18.76 公斤。与全国相比，云南省的亩均化肥施用量一直少于全国。虽然在执行"零增长"和"负增长"目标上晚于全国，但是自 2018 年起，云南亩均化肥施用量的"负增长"

---

① 云南省网上新闻发布厅：《云南省庆祝中国共产党成立 100 周年系列新闻发布会·交通运输专题发布会》，http://www.yn.gov.cn，2021 年 5 月 20 日。

幅度大于全国，到2020年云南省每亩化肥施用量比全国平均水平少2.14公斤，详见表25。

表25 云南省2012—2020年化肥施用情况

年份	亩均化肥施用量（公斤/亩）		年度亩均增长率（%）		年度亩均增长量（公斤/亩）	
	全国	云南	全国	云南	全国	云南
2012	23.82	20.25	0.02	0.01	0.39	0.21
2013	23.94	20.43	0.01	0.01	0.12	0.18
2014	24.16	21.02	0.01	0.03	0.22	0.60
2015	24.13	21.51	0.00	0.02	−0.03	0.49
2016	23.94	21.97	−0.01	0.02	−0.19	0.46
2017	23.48	22.77	−0.02	0.04	−0.45	0.80
2018	22.72	21.03	−0.03	−0.08	−0.77	−1.74
2019	21.71	19.60	−0.04	−0.07	−1.01	−1.43
2020	20.90	18.76	−0.04	−0.04	−0.81	−0.84

资料来源：根据相关年份《中国统计年鉴》和《云南统计年鉴》整理而来。

二、存在的问题

作为后发展和欠发达省份，虽然近年来有了较大发展，但是与发达省份相比甚至与全国平均水平相比，云南省农业物质装备现代化水平仍存在较大差距。具体表现为：耕地质量较差，提质增效缓慢；农业机械化程度低，农业水利化滞后，农业信息化、智能化基础差。

（一）耕地质量整体提升缓慢

耕地"坡改梯"难度大。根据云南省第三次全国国土调查主要数据公报数据显示，云南全省位于15度以下坡度的耕地仅有292.07万公顷（4381.1万亩），占全省耕地面积的54.14%，其中2度以下坡度（含2度）的耕地仅有60.55万公顷（908.21万亩），占全省耕地的11.22%。15度以上坡度的耕地247.48万公顷（3712.2万亩），占全省耕地总数的45.86%。其中，位于25度以上坡度的耕地有100.59万公顷（1508.92万亩），占18.64%。坡度大的耕地不仅不易保水保肥，更严重影响机械设备的使用，很难提升生产效率。如需进行高标准农田改造，其改造成本也比较高，详见表26。

表26 云南省耕地坡度分布情况

耕地坡度	面积（万公顷）	面积（万亩）	占全省耕地面积比重（%）
位于2度以下坡度（含2度）	60.55	908.21	11.22
位于2—6度坡度（含6度）	63.77	956.60	11.82
位于6—15度坡度（含15度）	167.75	2516.31	31.10
位于15—25度坡度（含25度）	146.89	2203.28	27.22
位于25度以上坡度	100.59	1508.92	18.64
合计	539.55	8093.32	100

数据来源：云南省第三次全国国土调查主要数据公报。

高标准农田建设成本高，投资大。按照已实施建设成本核算，每亩约3000元。然而，当前中央财政专项资金核发标准约为1000元/亩，差额部分需要省市配套或者统筹社会资金，这给云南省财政带来了不小的压力。而且，当前的高标准农田建设重点区域为永久基本农田，粮食生产功能区、重要农产品生产保护区，这些区域大多集中于坝区或半山区，相对于山区其成本更低。因此，对于云南大比例位于较大坡度的耕地现实，其高标准农田的建设成本更高、建设难度更大。截至2020年年底，全省累计建成高标准农田2444万亩，占总耕地面积的26.2%。[①]

（二）农业机械化程度低、差距大

农业机械总动力是衡量农业机械化水平的核心指标，我们将云南改革开放以来云南农业机械化总动力变化情况与全国水平进行对比，衡量云南

---

① 王淑娟：《云南省已累计建成2444万亩高标准农田》，云南网，2021-03-22。

农业机械化发展的程度,并分析其原因。

纵观改革开放以来的43年,云南农业机械化程度虽然有了较大提升。但是与全国相比,差距却在不断加大。图28和图29分别是改革开放以来云南与全国的亩均机械总动力和年度增长速度对比图。我们可以从图28很明显地看到一个"大喇叭口"。这说明云南的亩均机械总动力与全国平均水平相比,差距在不断加大。其差距从不明显发展到明显,再发展到差距较大。而这种差距我们可以从图29中找到原因。图29显示,云南农业机械总动力的增长速度呈现出几个阶段性特征。

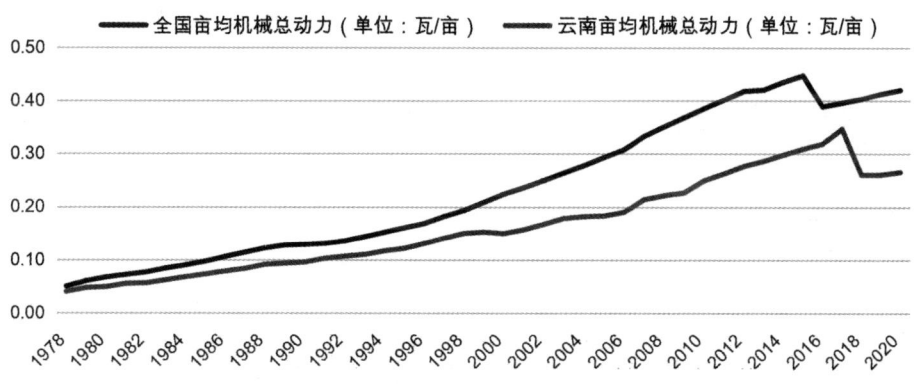

图28 改革开放以来云南与全国亩均机械总动力趋势

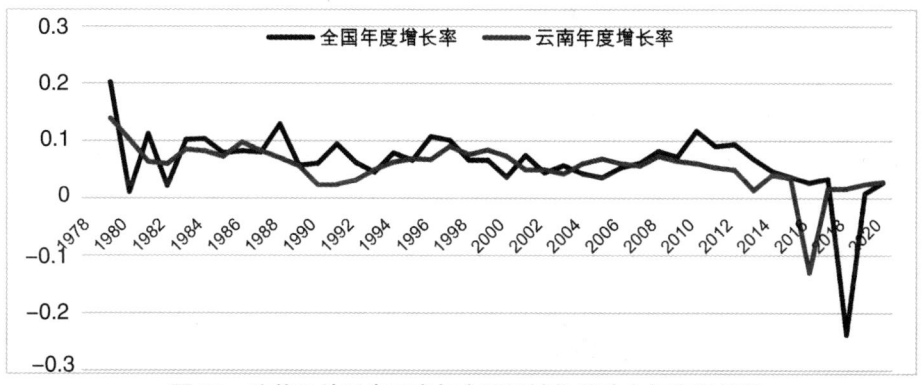

图29 改革开放以来云南与全国机械化总动力年度增长率

数据来源:以上两图的数据均来源于相关年份的《云南统计年鉴》和《中国统计年鉴》相关数据测算所得,其中:亩均机械总动力 = 机械总动力 / 农作物播种面积。

低速跳跃增长期（1978—1984年）。改革开放初期云南和全国一起处于低位水平。1978年，全国亩均机械化总动力为0.05千瓦，云南为0.04千瓦。接下来的5年，云南机械化呈回荡式发展，即在低速甚至零增长和高速增长之间跳跃，导致云南的亩均机械化水平在略有提升后裹足不前，而全国则在持续起伏增长，与全国差距逐渐显现，差距大约为2—3年。

高速波动增长期（1985—1999年）。直到1985年，云南的农业机械化水平才转为高速波动增长，之后，增长速度快于全国，部分年份高于10%。如1988年增长率达12.87%，1996年、1997年连续2年的增幅超过10%。这样的增长一直持续到1999年。但是，由于云南发展基础薄弱，这样的增长只是使云南保持了与全国的差距，并没有弥补差距。

低水平增长停滞期（1999—2009年）。1999—2009年10年间，云南农业机械总动力一直处于低水平增长，不仅没有增长幅度突高的年份，某些年份还震荡走低。而全国从1993年一直到2009年之间，交替快速增长。10年间，云南与全国机械化水平差距大幅拉大，2009年云南亩均机械化总动力比全国少了0.14瓦，相当于1978年亩均差距的14倍，年份差距上约为10年。

短暂的高速追赶期（2010—2013年）。2010年起云南奋起勇追，持续三年用接近10%的增速发展农业机械，2010年增幅更是高达11.67%。

长期的持续下降期（2014年至今）。然而这样的增长速度并没有持续保持，反而在2013年之后持续下降，甚至在2018年出现了大幅度的负增长，导致"大喇叭口"更大。截至2020年，云南亩均农业机械总动力仅为0.27瓦，比全国水平少0.15瓦。仅相当于全国2004年的水平，与全国农业机械化水平差距更大。

（三）耕地有效灌溉率水平低[①]

耕地有效灌溉率是衡量农田水利化程度的核心指标。比较云南和全国

---

① 本部分的耕地有效灌溉率 =（耕地有效灌溉面积/耕地面积）×100%。所有相关数据均来源于相关年份《云南统计年鉴》和《中国统计年鉴》。

的有效灌溉率我们可以看出，云南的有效灌溉率一直落后于全国，但是不同时期的差距不同。总的来说，1996年之前云南与全国的差距在逐渐缩小，有效灌溉率差距从1978年的12.23%缩小到1995年的8.34%。到1996年，云南省的有效耕地灌溉率曾一度超过全国水平达44.42%，比全国高5.68个百分点。然而，1997年由于调整耕地面积数据，耕地有效灌溉面积虽然增长，但是有效灌溉率呈"断崖式"下跌，跌至21.76%，与全国相差17.65个百分点，并在此后的14年里与全国差距持续拉大，与全国差距曾一度达23.42个百分点（2010年）。经过20多年的发展，到2018年云南省的耕地有效灌溉率依然未恢复到"断崖"前1996年的水平（44.42%），与全国差距持续保持在20个百分点。这一方面说明云南耕地的水利建设工作滞后，另一方面也说明云南耕地的农田水利建设任务艰巨，水利条件改善难度越来越大。值得一提的是，最近三年云南加大了水利化建设的投入，耕地有效灌溉率大幅提升。2020年云南耕地有效灌溉率达到36.66%，但是与全国的差距依然不小，还相差17.43个百分点，详见图30。

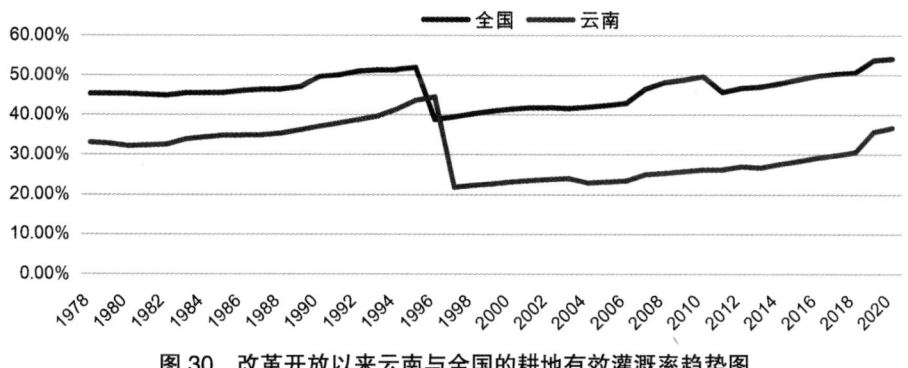

图30　改革开放以来云南与全国的耕地有效灌溉率趋势图

（四）农业农村畅通程度不高

一是交通通达状况效率低。交通不便一直是限制云南发展的重要因素，经过多年的发展，截至2020年，云南每万人拥有铁路运营里程0.85公里，公路里程60.20公里，民用航空里程75.72公里，已经形成了一个内通外达、河、陆、空立体发展的交通运输体系。然而，农村通达情况不容乐观。据云南省第三次全国农业普查数据显示，云南仅有5.2%的乡镇有火车站，仅有14.2%的乡镇有高速公路入口；而全国有8.6%的乡镇有火车站、21.5%的乡镇有高速公路入口。2020年云南省还有等外公路20206公里，占公路通车里程的6.91%，而全国等外公路的占比仅为4.88%，云南的比全国的占比多了2.03个百分点。详见表27。

表27 2012—2020年云南省公路通车里程及其结构

年份	公路通车里程（公里）	等级公路		其中高速公路		等外公路	
		里程（公里）	占比（%）	里程（公里）	占比（%）	里程（公里）	占比（%）
2012	219 052	171 960	78.50	2 943	1.34	47 092	21.50
2013	222 940	178 371	80.01	3 200	1.44	44 568	19.99
2014	230 398	189 481	82.24	3 255	1.41	40 917	17.76
2015	236 007	197 071	83.50	4 006	1.70	38 936	16.50
2016	238 052	200 898	84.39	4 134	1.74	37 154	15.61
2017	242 546	208 526	85.97	5 022	2.07	34 020	14.03
2018	252 929	220 555	87.20	5 184	2.05	32 374	12.80
2019	262 409	231 741	88.31	6 003	2.29	30 668	11.69
2020	292 479	272 273	93.09	8 406	2.87	20 206	6.91

数据来源：相关年份《云南统计年鉴》和《中国统计年鉴》。

二是城乡物资流动不畅。冷链物流作为服务"绿色食品牌"的新型物流业态，将承担更大的职责。2021年，云南省以保障生鲜农产品在流通环节质量、提升生鲜农产品流通附加值为目标，在生鲜农产品主产区、区域性集散地，建设一批产地预冷、保鲜及销地冷藏、冷冻设施，基本满足高原特色农产品冷链物流需求。同时，云南省还支持建设"全温控"自动化立体冷库、移动式冷链加工厂等新型冷链基础设施；鼓励应用标准化冷链仓储、运输等设施设备，加快发展铁路冷链班列，提升生鲜农产品冷链仓储、流通加工和运输比重。目前，在全省重点培育的物流企业中，鲜有将冷链物流作为主要业务的企业。一方面，全省工业长期以化工、冶金等传统重工业为主，大部分物流企业业务主要围绕着钢铁、煤炭、有色金属、化工产品等大宗商品开展；另一方面，大部分物流企业承担着做大营收、冲刺"中国500强""世界500强"的任务。以花卉、野生菌、蔬菜、水果为代表的高原特色现代农业，散、小、弱问题突出，不足以支撑一些物流企业做大营业收入，对大部分物流企业不具备吸引力。此外，冷链物流较一般物流项目投资成本高、专业化程度高、科技投入高。业内领先的冷链物流企业，如顺丰冷链、京东生鲜均是市场化程度极高的现代化企业。云南众多国资控股的物流企业如若想从冷链物流产业中分一杯羹，首先要转变以营业收入为主要指标的考核方式。其次，通过产业基金、股权合作等方式，引进行业领先的冷链物流、企业落地云南，或许是最佳方式。

三、展望与对策

云南仍是后发展和欠发达地区，发展不平衡不充分问题突出，支撑高质量发展的基础还不牢固，面对一系列现实问题，必须时刻保持清醒，不能盲目乐观，也不得妄自菲薄。

（一）展望

全球疫情走势特别是周边国家和边境疫情防控形势，对云南省经济发展和社会稳定带来较大的不确定性。未来五年是推动云南高质量发展、为全面建设社会主义现代化打基础的关键五年。到2025年，农业农村现代化取得重要进展，农业基础设施现代化迈上新台阶，农村生活设施便利化初步实现，城乡基本公共服务均等化水平明显提高。农业基础更加稳固，粮食和重要农产品供应保障更加有力。在农业物质装备现代化上具体表现如下。

1. 高标准农田建设实现机制化和数字化

2022年，为保障主要农产品有效供给，粮食生产重点县和高原特色现代农业发展优势区域的高标准农田建设的重点地位进一步凸显。在制度建设上，建立激发调动广大农民群众、新型经营主体和农村集体经济组织参与高标准农田建设和工程管护机制，激励引导社会资本投入高标准农田建设。建立健全高标准农田建设、管护和使用监管机制。做好全省高标准农田上图入库工作，实现高标准农田建设一张图管理，实现云南省高标准农田数字化管理。2021年9月《全国高标准农田建设规划（2021—2030年）》（以下简称《规划》）获批，《规划》明确提出，云南省到2025年累计建成面积3733万亩，到2025年累计改造提升面积360万亩，到2030年累计建成面积4350万亩，到2030年累计改造提升面积966万亩。《规划》还将高效节水灌溉与高标准农田建设统筹规划、同步实施，提出2021—2030年云南省将要完成598万亩新增高效节水灌溉建设任务。

2. 水利现代化进一步加强

到2022年，全省新增有效灌溉面积分别达到500万亩，有效灌溉率达到49%以上。新建"五小水利"工程30万件。农田灌溉水有效利用系数提高到50.9%以上。实施大中型灌区续建配套和现代化改造。到2025年完成全部现有病险水库的除险加固。

3. 农业机械现代化将全体全面提升

在2021年12月6日云南省农业农村厅编制发布的《云南省"十四五"高原特色现代农业发展规划》中，农业机械化被认为是农业现代化的重要内容、重要支撑和重要标志。到2025年，全省农作物耕种收综合机械化率达到55%。课题组认为，随着人工成本的不断攀升，农业机械的需求将达空前水平。但是由于农业机械的供给偏差和山地、坡地比重大，云南农业机械化水平很难实现跳跃发展。预计到2022年，全省农业机械总动力将超过2800万千瓦以上，在与"绿色食品牌"相关的中小机械研发上取得新进展。主要农作物耕种收综合机械化水平每年最多提高0.5个百分点。

4. 农业科技支撑不断坚实

坚持农业科技自立自强，完善农业科技领域基础研究稳定支持机制，深化体制改革，布局建设一批创新基地平台。深入开展乡村振兴科技支撑行动。支持高校为乡村振兴提供智力服务。加强农业科技社会化服务体系建设，深入推行科技特派员制度。打造国家热带农业科学中心。提高农机装备自主研制能力，支持高端智能、丘陵山区农机装备研发制造，加大购置补贴力度，开展农机作业补贴。强化动物防疫和农作物病虫害防治体系建设，提升防控能力。

（二）对策

1. 建立健全投入保障机制

2020 年 9 月，《中共中央办公厅、国务院办公厅关于调整完善土地出让收入使用范围优先支持乡村振兴的意见》提出从"十四五"第一年开始，各省（自治区、直辖市）分年度稳步提高土地出让收入用于农业农村比例；到"十四五"末，以省（自治区、直辖市）为单位核算，土地出让收益用于农业农村比例达到 50% 以上。并要求各省（自治区、直辖市）可对所辖市、县设定差异化计提标准，但各省（自治区、直辖市）总体上要实现土地出让收益用于农业农村比例逐步达到 50% 以上的目标要求。云南应尽快落实中央政策，制定农业投入保障机制。

2. 实施差异化的农业基础设施扶持方式

云南农业条件与全国存在重大差距，但是，云南的基础设施需求也与全国存在重大差异。如前所述，云南具有独特的地理条件和资源特征。如云南 94% 的国土面积是山区，88.64% 的耕地是山地，95.4% 的灌溉用水源是地表水，54.6% 的村庄自然村分布距离 65 公里以上。这些特征导致云南的农业基础设施建设不能照搬全国的建设方式和扶持方式。比如在水利建设中，我们要注重地表水的利用，加强工程性水利设施建设，并因势利导，利用云南山区建设毛细血管似的水渠、水沟等，以减少工程型水利设施带来的用水成本。在机耕道路建设中，集合土地平整、耕地设施配套等一起实施，做好中低产田改造等工作，在提升农业基础的同时改善土地质量，提高农业效率。在机械化发展中，整合现有政策重点扶持中小型拖拉机及其配套设备，适当补贴蔬菜、花卉耕种、采摘和保鲜处理设备，促进适应云南高原特色农业设备的发展。实施耕地质量保护与提升行动，持续落实农药化肥"负增长"行动计划，巩固测土配方施肥成果，鼓励施用农家肥、绿肥、有机肥等。

3. 以大项目、大工程助推大建设

紧抓国家高标准农田建设契机，积极筹措配套资金，使规划中高标准农田建设目标按质按量完成，提升云南省农产品主产区、粮食生产功能区、重要农产品生产保护区的口粮田、基本农田实现质的飞跃。持续推进"滇中引水"和"润滇工程"，全力提高工程沿线的水源保障水平和水利化程度。落实好"赤水河流域保护和治理战略"，实现云南赤水河流域生态环境和基础设施的双提高。

4. 统筹发展数字农业

农业产业数字化是农业要素、农业过程的数字化，是一场深刻革命。要以产业数字化、数字产业化为发展主线，以数字技术与农业经济深度融合为主攻方向，以数据为关键生产要素，着力建设基础数据资源体系，加强数字生产能力建设，加快农业生产经营、管理服务数字化改造，全面提升农业生产智能化、经营网络化、管理高效化、服务便捷化水平，用数字化引领驱动高原特色农业现代化。建设农业自然资源、种质资源、农村集体资产、农户和新型农业经营主体数据库，绘制高原特色农业"一张图"，推进云南农业农村大数据中心建设。推进种植业、畜牧业、水产养殖、农产品加工、产品供应链、农产品销售全链条的数字化改造。围绕"绿色食品牌"重点产业，优先选择茶叶、花卉、蔬菜、水果、中药材和畜牧养殖业，中试和熟化一批农业物联网关键技术、智能装备，建设数字农业示范基地。整合农产品质量追溯、动物卫生监督、"绿色食品牌"产业基地管理等系统，拓展功能，提升服务，建设全省农业数字化管理平台。深入实施信息进村入户工程，推进益农信息社运营服务功能提升，建设农业数字化公共服务平台。

（作者单位：云南省社会科学院农村发展研究所）

积极发展新型农村集体经济

付晴岚　付晞然

观点摘要

农村集体经济是我国农村经济和社会主义公有制的重要组成部分，是乡村振兴战略实施的重要抓手和保障。2017—2020年，我国基本完成集体资产清产核资。2021年中央一号文件指出，"2021年基本完成农村集体产权制度改革阶段性任务，发展壮大新型农村集体经济"。相比传统的农村集体经济，新型农村集体经济是基于农村集体产权制度改革后的集体经济组织，以共同富裕为目标，以市场化资源配置为核心，产权更为清晰、集体资产底数更为清楚、集体成员资格更为明晰，引入现代企业管理制度，多种经营模式的一种新型的经济形式。

自党中央做出开展农村集体产权制度改革以来，云南省委、省政府高度重视改革工作，一方面强化政策体系建设，另一方面狠抓工作落实，全省各地积极探索新型农村集体经济的有效实现形式，为发展壮大新型农村集体经济、推动乡村振兴、实现共同富裕提供了必要保障。

一是坚持产业主导，推动特色产业发展。以农业发展为核心，农村集体经济组织积极培育新型农业经营主体或提供农业生产托管服务，增加集体收入。以区位优势为依托，发展文化服务、管理服务、物流经济等服务业，增加村集体收入。

二是资源挖掘，充分利用当地资源条件。以土地股份合作社形式发展村级集体经济，助力农业发展。充分挖掘"四荒地""四边地"等"沉睡"资产的功能价值，使特定市场需求与当地资源条件相匹配，积极发展新型农村集体经济。

三是资金入股，提高集体资金利用效率。强化资产补贴政策，推动各级财政投入资金量化入股。将碎片化的农村扶贫资金整合后注入村集体经济组织，与外引企业联合发展村集体经济，建立"以企带村、以村促企"的利益联结机制，切实增强村集体经济实力。

四是资产盘活，提升闲置资产的使用率。积极盘活闲置的或低效使用的宅基地、水塘、旧办公楼、旧校舍等存量资产，采取社区自主经营、租赁等方式发展经营性集体经济，实现资源利用效率最大化，促使集体经济发展壮大。

一、发展现状与成效

自2017年以来，云南深入贯彻中央有关文件精神，以农村集体产权制度改革为契机，以农民增收为目标，全面推进新型农村集体经济发展。

（一）农村集体产权制度改革进展

改革是推动农村经济发展的动力。云南省委、省政府高度重视农村集体产权制度改革，积极破除体制机制障碍，为农村集体经济的快速发展提供了政策支持和制度框架。2017年以来，全省129个县（市、区）分五批承担国家农村集体产权制度改革试点，截至2021年6月底，已经有83个县（市、区）完成了产权制度改革的各项试点任务，宜良县、禄丰县的典型做法被农业农村部在全国范围内进行推广，其他46个县（市、区）将在2021年年底前完成改革试点。

1. 摸清了家底

通过清产核资，全省摸清了集体资产底数、分清了资产类别。按资源性资产、经营性资产、非经营性资产分类登记造册，建立台账和管理制度。据云南省农村经济经营管理站的统计，截至2021年6月，全省农村集体资产总额达2339.25亿元，其中，经营性资产总额350.03亿元；集体土地等资源性资产4.72亿亩，其中，农用地4.5亿亩、建设用地1396.24万亩、未利用地857.84万亩。

2. 理顺了权属

云南省农业农村厅编制《农村集体产权制度改革成员身份确认工作手册》，试点单位严格按照程序，确认成员身份，编制成员名册，明晰了农村集体经济组织成员、村民、农民的身份，解决了三者混为一谈的问题，厘清了三者之间的身份重叠和相互转换的身份定位。截至2021年6月，全省共确认集体经济组织成员身份3899.31万人。

3. 落实了成员与股权的对应关系

根据集体资产的来源渠道，分类设置股权，将集体资产以股份或份额的方式量化到每一个成员。据云南省农村经济经营管理站的统计，截至2021年6月，全省完成股权设置量化的村组75075个，共发放股权证468.6万本，量化资产总额698.6亿元。

4. 建立了法人治理机制

各试点单位组织各个农村集体经济组织召开成员大会，选举产生集体经济组织成员代表、理事会及理事长、监事会及监事长，表决通过了集体经济组织章程，成立了集体经济组织，以独立市场主体身份参与市场竞争。据云南省农村经济经营管理站的统计，截至2021年6月，完成集体经济组织登记赋码的村组达65000余个。

5. 促进了农村新型集体经济发展

各试点单位将农村集体经济组织从基层党组织和村民委员会、村民小组中分离出来，解决了"政社不分"问题，破除了发展经济所受到的体制机制束缚。在资源性资产利用方面，通过全面清理农村承包合同，依法规范了发包行为，完善了合同内容，提高了使用效率。在固定资产盘活方面，多数城中村和城郊村对闲置和废弃的房屋建筑物重新进行修缮出租，积极发展物业经济。在拓宽收益渠道方面，通过入股分红、市场经营、乡村旅游、村办企业等方式，激活农村生产要素，不断发展壮大了新型农村集体经济。

（二）新型农村集体经济发展成效

2017年来，云南省委、省政府高度重视新型农村集体经济的发展，采取有效措施，开展有益探索，取得了积极成效。据云南省农村经济经营管理站的统计，截至2020年年底，全省13674个村和168923个村民小组集体资产总额达2034.1亿元，比2017年增加了1139.5亿元，增长1.3倍。其中，流动资产527.9亿元、农业资产69.3亿元、长期资产50.3亿元、固定资产1373.2亿元、其他资产13.3亿元，分别占资产总额的25.9%、3.4%、2.5%、67.5%和0.7%。全省13674个行政村实现农村集体经济总收入156.6亿元，其中经营收入18.1亿元、发包及上交收入24.3亿元，投资收益3.9亿元、补助收入50.2亿元、其他收入60.1亿元，分别占总收入的11.6%、15.5%、2.4%、32.1%和38.4%。

1. 新型农村集体经济实力显著壮大

据云南省农村经济经营管理站的统计，截至2020年年底，全省有经营性收入的行政村10734个，占总村数的78.6%，比2017年提高了18.1个百分点，新型农村集体经济实力得到明显壮大。其中：经营性收入100万元以上的村有341个，50万—100万元的村有276个，10万—50万元的村有2159个，5万—10万元的村有4176个，分别比2017年年底增加17个、35个、1186个和3178个，详见表28。

表28 2017—2020年云南省村级集体经济收益情况

年份	无经营收入村（个）	有经营收入村（个）	收益5万元以下	收益5—10（万元）	收益10—50（万元）	收益50—100（万元）	收益100万元以上
2017	6570	6989	4433	998	973	241	324
2018	4541	9065	5628	1748	1161	230	298
2019	4382	9279	5216	2299	1304	194	266
2020	2940	10743	3782	4176	2159	276	341

资料来源：《2020年云南省农村经营管理统计资料》。

2. 基层组织服务功能得到增强

农村集体收入的增加大大增强了村集体的服务功能，基层党组织、村委会干部在群众中的号召力、凝聚力和战斗力明显增强。例如，腾冲市明光镇凤凰社区村集体经济增加后，每月给予社区干部补助500元、农村党组织书记140元、"三委"成员100元、村民小组长130元，极大地调动了社区党组织发挥和履行组织管理、协调利益关系和兴办公益事业的积极性和主动性。建水县临安镇第二十三股份合作社对年满55周岁以上的老人每人每月发放生活补助160元，并于年初一次性发放；凡是考取大学的学生，持录取通知书，一次性补助1000元助学金；对已故的村民一次性补助600元；每年村民新农合的交费由集体统一支付。

3. 促进了农业产业结构和农村经济结构的调整

全省各地在发展新型农村集体经济中紧密结合当地的优势资源和特色产业，围绕实施"一乡一业、一村一品"，充分利用地方优势种养业、环境气候等资源，因地制宜发展区域性特色主导产业如林果、畜牧、粮食、蔬菜等支柱产业，大力推进高原特色农业发展，进而带动农业结构调整和农村经济结构优化。据云南省农村经济经营管理站的统计，2020年年底，全省从事种植业、林业、畜牧业、渔业、服务业的农民专业合作社分别达31653个、4406个、19677个、671个、4100个，分别比2017年增加6178个、337个、2872个、15个和2223个。

4. 农民收入增长得到有效支撑

新型农村集体经济的发展，带动了农村土地承包经营权的有序流转，促进了农村生产要素的有效组合，支撑了农民收入的稳定增长。据国家统计局云南调查总队的调查资料，2020年，云南全省农村常住居民人均可支配收入12842元，其中，工资性收入3975元，转移净收入2147元，经营净收入6523元，财产净收入198元，较2017年分别增加了2980元、1180元、669元、1110元和21元，分别增长了30.2%、42.2%、45.3%、20.5%和11.9%，详见图31。

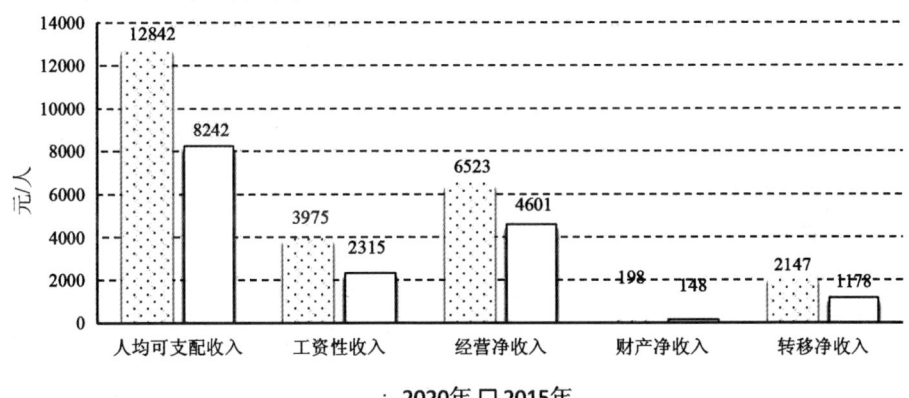

图31 2015—2020年云南农村常住居民收入结构对比情况

资料来源：《云南调查年鉴2021》。

二、面临的难题与挑战

全省新型农村集体经济虽然得到快速发展，但仍处于启动阶段，组织和运行模式尚不成熟，各地存在不同程度的误区和疑虑，支撑新型农村集体经济持续发展的市场要素、体制要素、观念要素等还未完全具备，仍面临较大挑战。

（一）存在的难题

全省新型农村集体经济尽管发展较快，但仍然存在着发展不平衡、功能减弱、发展模式同质化严重、扶持政策不完善、监管乏力、经营机制不健全等问题。

1. 空间区位差距，新型农村集体经济发展不平衡

基于空间区位因素，云南新型农村集体经济发展千差万别。地处城市中心的村镇、紧邻城市规划区或产业聚集区的农村，具备资源资产化的良好条件和内在动力，新型农村集体经济发展的后劲和潜力较大。而远离城镇的农村地区、边远偏僻山区的农村，招商引资难、资源资产化弱，新型农村集体经济发展水平较薄弱。尤其是，部分刚刚脱贫村的集体经济主要依靠财政的转移性支付，集体经济收入仍然"薄弱"，"造血"功能弱，收不抵支、债务较重、发展受限。

2. 思想观念局限，新型农村集体组织功能减弱

家庭联产承包责任制下，农村生产以家庭为单位，家庭收入被凸显，集体收入被淡化，村集体经济组织功能减弱。有的群众认为集体经济可有可无，对村集体"三资"监管存疑虑；部分领导思想顾虑多，不敢发展不愿发展农村集体经济。尤其随着市场经济的发展，农民专业合作社逐步取代集体经济组织，基层干部对新型农村集体经济的发展意识逐渐淡薄。缺乏实用性的经营管理人才，缺少创新创业能力的致富带头人，新型农村集体经济组织力量弱。大部分村集体经济都面临"缺规划、少统筹，无创新、难突破，发展不持续"的问题。此外，由于政策宣传不到位、先进经验少，全省新型农村集体经济整体发展氛围不浓厚，综合经济收益不明显。

3. 新型农村集体经济模式同质化，产业竞争力弱

受区位条件、资源禀赋、产业基础等因素影响，全省新型农村集体经济的产业门类不全、产业链条较短、要素活力欠缺、质量效益不高。除城中村、城郊村、集镇村等具备条件发展物业经济外，绝大多数新型农村集体经济都以封闭型的村域为主，集体经济资源少，自然资产价值低，开发

成本高，发展空间狭窄。新型农村集体经济的发展方向趋于同类，且实现途径相似。大部分偏远山区的农村集体经营性收入，仍依赖传统种养业，集体产业规模较小，市场竞争能力更显不足。非农产业的落后无法对丰裕的特色资源进行深度开发，也就难为集体发展提供积累和建设资金，无法资助农户的社会化服务等需求，导致集体经济缺乏发展后劲和支撑力。

4. 缺乏有效的扶持政策，配套法律法规不完善

长期以来形成的"重农民增收、轻集体经济发展"的惯性思维，使得全省新型农村集体经济在发展过程中缺乏强有力的外部保障。一方面，对于发展新型农村集体经济，各级政府给予的往往是方向性、原则性的指导，缺乏具体的、可操作性的政策支持，尚未建立与新型农村集体经济相关的诸多配套法律法规，因此很难及时有效地开展经营。另一方面，很多地方都是注重农民增收，对新型农村集体经济发展重视不够，因而对农村发展集体经济缺乏必要的引导，缺乏强有力的扶持措施和优惠政策，扶持资金分散，无法引导村集体经济走上可持续发展之路。有的村很想发展新型农村集体经济，也看准了项目，但缺启动资金，仅靠上级扶持资金难以解决，只能望洋兴叹；有的村办理相关手续、证照难，导致产品不能在市场流通；有的村没有落实专业的技术指导团队，无法满足项目需求；对新型农村集体经济项目优先立项、加大信贷力度、增加信贷额度、放宽抵押政策、降低信贷门槛等的税收优惠与项目扶持力度不大。

5. 资产监管乏力，集体项目融资难

新型农村集体经济组织与村民委员会的职能关系相对模糊，成员边界不清，交叉任职现象突出。多数村集体组织，均由村"两委"班子成员担任，他们既是决策者，又是经营者，难以保障监管公正性、透明性。除城中村、经济发达村外，多数新型农村集体经济薄弱，缺少干事创业带头人。由于集体经营性资产体量小，缺乏较好的集体经济发展项目，金融机构对开展农村产权抵押贷款的意愿低，涉农集体经济项目融资难。

6. 新型农村集体经济经营机制不健全

一是决策机制不完善。目前全省大部分新型农村集体经济组织独立性不足,日常的管理决策主要由村"两委"负责,行政管理"痕迹"明显,市场运营的专业化不足。非村级主要负责人的经营管理者,在决策时请示较多,同时因认知不同、风险承受度不同,导致经营理念不能得到有效发挥,贻误商机制约新型农村集体经济组织发展。调研中部分管理人员反映集体经济发展项目选择,主要由村"两委"负责人确定,利润不高和风险较大的项目多数被否定,有的项目议而不决难以实施。二是激励机制不完善。目前全省新型农村集体经济启动资金主要是政府补贴资金,一旦出现亏损,主要负责人可能会受到处分。同时,缺少对经营管理者绩效评价等激励措施,经营管理者从新型农村集体经济组织中获取的薪酬较低,导致全身心投入村集体经济发展的积极性、主动性不高。

(二)面临的挑战

全省新型农村集体经济发展也面临着客观环境、干部素质、群众观念、内生动力不足等因素制约,且具有长期性和根本性的特征。

1. 客观环境因素的制约

全省农村尽管资源丰富,但是可供村组发展集体经济的资源却很少,加之许多村所处地理位置偏僻,信息不灵、技术落后,致使村级经济的发展空间小。由于实行家庭联产承包责任制,多数村将集体土地、山林、水库等资产全部包产到户或组,已无集体资产可用;少数村有集体资产,但由于地势偏远、交通不便,导致开发利用价值不大。有的村干部为降低风险,将集体资产简单处理,一次性收取承包费或出让费,导致集体资源利用率低,村级集体经济缺乏可持续收入。

2. 干部素质因素的制约

云南省委组织部的相关数据表明,2019年年底,全省13674个村"两委"干部中,50岁以上的占33%以上,初中以下文化程度的占42%,这部分村干部年龄偏大、思想守旧、缺乏市场头脑，认为当前都在大力发展非公经济，发展新型集体经济难管理、效益低，且增加了工作量，积极性不高，因而"不愿搞"。有的村干部则消极地吸取村办企业盈少亏多的教训，发展观念淡薄，怕承担责任，害怕"搞砸了"无法向村民交代，因而"不敢搞"；有的村干部"等、靠、要"的思想严重，不会利用资源优势发展集体经济，表现为"不会搞"。这些因素成为影响当前发展壮大新型农村集体经济的无形阻力。

3. 群众观念因素的制约

调研发现，受市场经济冲击，一方面许多群众只顾眼前利益，认为新型农村集体收入要与家庭联产承包责任制的土地一样，分光吃净，导致新型农村集体经济积累困难；另一方面，一些群众不愿承担市场风险，对村干部不信任，在集体实施土地流转、规模生产、特色种植等项目时，难以形成统一意见，且有私利观念，严重制约着新型农村集体经济的发展。

4. 内生动力不足的制约

有的村干部认为，农村既无资金又无技术、人才，不具备发展集体经济的条件，因而缺少发展新型农村集体经济的主动性。有的村干部认为，近年经济下行压力加大，发展村级集体经济存在很大政治风险和经济风险，经营成功收益是集体的，经营失败责任是自己的，既落埋怨，还会丢选票，甚至背债务，因而存在"不求有功但求无过"思想。有的村干部对市场了解少、信息获取渠道狭窄、经营能力差，有资源不会用，不知道种什么、养什么，也不知道要开发什么、引进什么，找不到利用当地优势发展集体经济的路子。有的村干部仅有发展集体经济的想法，但缺少清晰明确的思路和规划，因而难以付诸实践。与此同时，农村青壮年劳动力外流严重，新型农村集体经济发展既缺少领路人和带头人，又缺乏懂市场、会经营、素质高的管理型人才，人才短板突出。

三、展望与政策建议

随着全省农村集体产权制度改革试点任务的完成，全省新型农村集体经济在激发农村活力、促进农业农村现代化发展、共享发展成果方面将进一步发挥积极的促进作用。

（一）展望与机遇

展望"十四五"，随着中央到地方对新型农村集体经济的支持力度不断加强，且各地农村集体经济发展势头迅猛，创新模式层出不穷，全省新型农村集体经济面临着重大发展机遇。到2025年全省农村集体产权制度改革将全面完成，新型农村集体经济"空壳村"将全部消灭，农村集体经济总收入年均增长5%左右，资源开发型、资产盘活型、股份合作型、农业生产型、服务创收型、乡村旅游型等发展模式将得到广泛推广。

国家重大战略交汇叠加，带来新型农村集体经济发展的重大机遇。随着"一带一路"建设、长江经济带发展、新时代西部大开发、黄河流域生态保护和高质量发展等国家战略的深入实施，一系列政策红利、改革红利和发展红利将持续释放。《中共云南省委、云南省人民政府关于全面推进乡村振兴加快农业农村现代化的实施意见》明确提出：建立股份合作机制，实现村级集体经济全覆盖。引导支持村级集体整合各类资源要素，采取组建公司、农民专业合作社或与各类经营主体合作等方式，建立公开透明的股份合作机制，力争用2—3年时间，每个行政村集体经营性年收入达到5万元以上、全省平均达到10万元。深入推进农村集体经济强村工程，财政涉农整合资金、衔接推进乡村振兴补助资金可以用于集体的，要重点支持村级集体增加符合资金政策支持范围的经营性资产，明确了当前和今后一个时期全省新型农村集体经济发展定位，为全省新型农村集体经济发展指明了前进方向，提供了根本遵循。

农业科技创新推动更加有力。"十四五"期间，新一轮科技革命和产业革命蓄势待发，全面创新改革和"双创"战略深入实施，"互联网+"与现代农业深度融合，新技术、新模式不断涌现，智慧农业等新业态方兴未艾，农业供给侧结构性改革不断推进，新型农村集体经济发展内生动力将持续增强。

开启全面建设社会主义现代化云南新征程，带来新型农村集体经济乘势发展的重大机遇。民族要复兴，乡村必振兴。全面建设社会主义现代化云南，最艰巨、最繁重的任务依然在农村，最广泛、最深厚的基础依然在农村。解决好发展不平衡不充分问题，重点难点在"三农"，迫切需要补齐农业农村短板弱项，推动城乡融合发展。构建新发展格局，潜力后劲在"三农"，迫切需要扩大农村需求，畅通城乡经济循环。应对国内外各种风险挑战，基础支撑在"三农"，迫切需要稳住农业基本盘，守好"三农"基础。

全面打赢脱贫攻坚战、持续改善脱贫地区生产生活条件，为新型农村集体经济发展奠定坚实基础。随着脱贫攻坚任务全面完成，长期困扰广大农村群众的行路难、饮水难、用电难、通信难等问题得到有效解决，数百万贫困群众住上安全敞亮的新居，教育、医疗保障水平大幅提升，群众精神面貌焕然一新，党员干部队伍经受锻炼洗礼，为云南新型农村集体经济发展奠定了坚实基础。

工商资本流入不断加快。"十四五"期间，卓莓、百果园、海升等国际国内行业一流企业先后落户云南，工商资本对农业的投入力度不断加大，有效带动现代生产要素进入农业农村，通过合理引导、强化监管及"双绑机制"，有利于提高新型农村集体经济发展水平。

（二）发展路径

发展壮大新型农村集体经济是强农业、美农村、富农民的重要举措，是实现乡村振兴、农民农村共同富裕的必由之路和重要破题点。全省只有坚持问题导向，进一步破解观念误区、突出特色优势、加大扶持力度、盘活集体资源、拓宽集体项目融资渠道、加强队伍建设，规范建立新型农村集体经济组织，才能稳步推进新型农村集体经济发展。

1. 以解放思想观念为基础，筑牢新型农村集体组织发展合力

健全完善新型农村集体经济组织，扶持培育致富带头人。积极探索"党建+产业发展""党员+致富能力"模式，增强农村党组织的组织力和领导力，发挥党建在发展壮大新型农村集体经济的引领作用。通过宣传典型、经验交流、示范带动等方式，选树不同基础、不同类型、不同模式的新型农村集体经济发展示范村，引进新型农业生产经营主体，以点带面、整体推进，提升新型农村集体经济整体活跃度。强化领导发展思路，通过解放思想，拓宽思路，打破地域限制，实行村村联合、强村帮弱村、大村带小村，重振新型农村集体经济。调动发挥村集体和村民的主体作用，严格推进"一事一议"程序，及时公开新型农村集体收入、项目实施进度、项目资金使用，提高群众主动参与率。

2. 以彰显特色优势为方向，推动新型农村集体经济错位发展

基于资源、区位、基础、市场等差异，树立错位发展的空间经济理念，宜农则农、宜林则林、宜商则商、宜租则租、宜转则转、宜股则股。依托种养业发展、绿水青山资源，挖掘生态田园风景观光、乡土民俗文化展示、传统村落建筑群，发展地域特色鲜明、本土优势明显的乡村集体产业。充分利用荒山荒地等土地资源进行土地流转，引进业主投资，盘活非耕地资源，加快土地资源向土地资本的转化。依托村级集体成立服务组织，开展有偿服务，同时兴办农副产品加工企业或收购公司，使农副产品在加工、储藏、运销等环节中实现多次增值。紧扣国家实施乡村振兴战略规划要求，根据村庄的发展现状、区位条件、资源禀赋等，按照"示范引领型、特色保护型、改造提升型、搬迁撤并型"四类村，打造彰显地域特征、承载乡村价值、体现乡土气息的错落有致村庄，分类指导、梯次推进乡村良性可持续发展。

3. 以强化精准扶持为关键，激发新型农村集体经济内生动力

因地制宜地制定扶持政策，激励新型农村集体经济发展，对经济薄弱

村要充分发挥本地优势，找准经济增长点，广辟增收渠道，加大对经济薄弱村的扶持力度，给予资金补助和项目扶持，通过"输血"和"造血"增强经济薄弱村的经济实力，确保村级组织正常运转。建立新型农村集体经济发展专项基金，整合各部门支农惠农资金，对发展计划可行、经营风险小、管理科学的农村集体经营项目，采取贴息、奖励、补助等方式予以扶持，尤其要加大对一些经济薄弱村的扶持力度，提高其集体经济收入。同时，加大信贷扶持力度，推进涉农金融机构服务链条的延伸，创新小额信贷方式，对符合条件的新型农村集体经济发展项目，通过增加授信额度、降低贷款利率、延长贷款期限等方式给予优惠和扶持，解决新型农村集体经济发展资金不足的问题。此外，全面落实国家对农村集体经济、涉农企业、中小微企业的优惠政策，制定完善省内对新型农村集体发展的经济项目或新办企业的减、免、扶、补的特殊优惠政策，促进农村集体经济组织公司化运作、市场化运营。

4. 以紧密利益联结为核心，积极探索新型农村集体经济发展模式

因村施策，按照"壮大富裕村、提升一般村、扶持薄弱村、消灭空壳村"原则，分类指导、因地制宜，探索新型农村集体经济发展新的实现形式和发展模式。强化基层党组织战斗堡垒作用，尊重农村居民的生产经营自主权，积极推广股份合作、订单合同、服务协作等模式，努力形成"利益联结紧密、联农带农效益明显"的乡村集体产业。引导龙头企业和农户共同入股合作，采取按股分红和利益二次分红方式，让农户享受到加工流通环节红利。探索发展订单农业，签订具有法律效力的购销合同，实现农企（农超）产销对接。推动社企联盟，发挥企业技术优势，开展服务协作，给予农户必要的"生产管理、技术咨询、经营销售"系列指导，发展壮大新型农村集体经济。

5. 以完善"三资"管理为重点，拓宽集体项目融资渠道

建章立制，强化资产管理。结合村情，大力推广实施农村"三资"管理信息化、制度化、规范化。培育和引进农村管理人才，建设一支善管理、懂经济、有责任、会经营的新型农村集体经济人才队伍。坚持村务公开，强化民主监督。在完成资产清算核查登记工作基础上，健全集体经济积累机制，管好盘活存量资产，增强集体经济发展后劲。由政府牵头，金融机构设立信用评定审核标准，评选信用村、信用社、信用农户，鼓励金融机构丰富对农村产权抵押商业服务，扩大涉农集体经济项目投融资规模。

6. 以加强队伍建设为支撑，提升新型农村集体经济发展活力

"火车跑得快，全靠车头带。"拓宽选人视野，以村党支部书记、村主任为重点，注重将思想素质好、致富能力强、带富能力强的"一好双强"型干部充实进村级班子。充分利用集中轮训、现代远程教育、组织村干部到经济发达地区考察学习等方式，加强对村级班子成员的教育培训，帮助村干部转变思想观念，摆脱村级集体经济"过时论""无用论""畏难论"等落后思想的束缚，增强发展壮大新型农村集体经济的信心和动力，帮助村干部以先进的发展意识指导新型农村集体经济的具体实践。

（三）政策建议

发展壮大新型农村集体经济是推动"三农"发展、富民强村、全面建设农业农村现代化的重要保障，应重点在选优配强领导班子、全面深化"三变"改革、拓宽集体增收渠道、切实加强经营管理、建立考核激励机制等方面上下功夫。

1. 选优配强领导班子

农村要想富，关键靠支部。发展壮大新型农村集体经济，必须把选优配强村级班子特别是村党组织书记作为关键，在坚持政治标准的前提下，注重选拔发展经济有思路、有办法、懂经营、会管理的优秀人才担任村党组织书记，切实建强村级党组织带头人队伍。进一步优化村"两委"班子结构，把建强带头人队伍作为发展新型农村集体经济的首要措施，打破行业、身份、地域限制，选优配强发展壮大新型农村集体经济的村党组织书记，形成正确的选人用人导向。以党组织书记为重点，以领导班子为核心，

以村组干部为骨干，以党员为主体，以入党积极分子为补充，建设一支政治坚定、素质优良、结构合理、充满活力的基层党员干部队伍，充分发挥党员干部的先锋模范作用。整合各类培训资源，积极开展与新型农村集体经济发展相适应的职业技能培训，重点抓好村"两委"负责人、农村各类经营人才、各类技术人才的培训，着力培育一批新型农村集体经济发展的经纪人。探索村支部、村委会、村集体经济组织三者关系的合理配置，加强村级集体经济组织带头人培养力度，实现培养一个人、富裕一个村、带动一大片的目标。

2. 全面深化"三变"改革

对新型农村集体"三资"情况进行全面清产核资，摸清家底，明晰产权，做到"三个清楚"①，清产核资结果及时向全村党员群众进行公示，并经党员大会或群众代表大会确认。强化新型农村集体经济"三资"管理，建立健全集体资产登记、保管、使用、处置等制度，实行台账管理，为下一步集体资产使用、承包、租赁、出让和开发利用打好基础。扎实推进"三变"改革工作，不断壮大新型农村集体经济。

3. 拓宽集体增收渠道

发展壮大新型农村集体经济必须创新工作思路，打破固有思想桎梏，通过开放共享、产业融合、模式再造等方式途径，探索创新新型农村集体经济的多种实现形式，积极拓宽发展路径，着力增强发展活力。要坚持因地制宜，立足优势，找准和培育新型农村集体经济发展的增长点，走好资产经营、资源开发、产业带动、服务创收、项目支撑等各具特色的发展路子，实现差异化发展和可持续发展，提升新型农村集体经济发展的质量和效益。一是发挥集体土地、山林等优势资源，通过有序探索，最大限度利用农民手中的土地资源，将农民承包地整合集聚到村集体，通过村集体集中发包

---

① 即清楚资金情况，弄清集体现金、存款、债权、债务状况；清楚资产情况，弄清资产数量、类型和账面价值，了解现有资产的经营状况以及相关合同、协议情况；清楚资源情况，弄清集体耕地、林地、荒地、矿产等资源的数量和经营情况。

租赁，提高流转租金，最大化农民利益，采取"保底收益+按股分红"等模式，完善经营主体与农户的利益联结机制，让农民成为新型农村集体经济发展的参与者、受益者。二是盘活闲置房屋、空地等资源，通过改造优化仓储货运，发展农产品加工第二、第三产业，借力壮大新型农村集体经济。三是整合资源资产，发展主导产业。坚持把产业发展作为乡村振兴的根本之策，因地制宜确立主导产业，作为集体经济支柱。引入现代农业龙头企业，发展各种形式的合作社组织，引导农户将土地资源、闲散资金、种植技术等要素入股，建立村集体、农户、经营主体"三位一体"的融合发展机制。四是利用闲散劳动力优势，开展服务创收。村集体可以牵头组织对接用工企业进行劳务合作，承接劳务输出、家政服务、绿化养护等业务，发展居家就业，为居家就业者提供担保，解决闲散劳动力就业、居民区附近就业等问题，增加新型农村集体经济收入。五是挖掘乡土文化资源，发展乡村旅游。随着城乡融合发展，乡村旅游市场广阔，前景可期，大量民俗文化值得挖掘，结合利用农村田园风光和自然景观，进一步拓展乡村旅游配套服务，发展农家乐、民宿、采摘园、休闲观光农业等给新型农村集体经济和农民带来直接收益。

4. 切实加强经营管理

建章立制，加强农村集体资产管理，做到聚财有术、理财有方，保障村级集体资产的保值增值，促进新型农村集体经济循序良性发展。强化新型农村集体经济"三资"管理，建立健全集体资产登记、保管、使用、处置等制度，实行台账管理。加强村级民主管理，严格落实"四议两公开"工作法，发挥村监委会、村民代表的作用，搞好村级财务公开。加大财务监督管理力度，把经营情况列入村务公开的范围，广泛接受群众监督，确保管好资产、用好资产，保值增值，防止流失。发展公益事业要量力而行，不能随意铺摊子，给集体增加新的债务负担。积极开展农村集体产权制度改革试点，探索剥离村"两委"对集体资产经营管理的职能，理顺农村集体经济经营管理机制，促进新型农村集体经济健康发展。

5. 完善农村集体经济组织治理机制

一是完善治理结构。加强农村集体经济组织建设，建立健全股东大会、董事会、监事会，形成新型集体经济组织治理结构和激励约束相结合的运行机制。加强农村集体"三资"规范管理，健全集体"三资"民主决策、民主管理、村级财务收支预决算、出租转让及招投标、财务公开、一事一议、大额资金使用和非生产性开支控制等管理制度。继续完善农村集体"三资"委托代理服务，推进"三资"信息化管理平台建设，提高集体"三资"使用透明度，防止集体"三资"流失和浪费，增强集体经济发展后劲。二是完善管理服务机制。地方政府要切实加强县乡两级农经机构队伍建设，理顺关系，强化职能职责。三是完善利益分配机制。鼓励支持农村集体经济组织实行按股分红，从每年的利润中定额提取公益保障金、公积金、风险金，保证集体和成员都能从集体经济发展中得到合理利益，保障集体经济可持续发展。制定村干部奖励政策，使村干部的报酬增长与集体经济的发展、集体积累的增加有机挂钩，形成内在激励机制。四是完善民主监督机制。充分发挥村务监督委员会的作用，重点对村集体财务收支、经营管理等情况进行监督。村集体所有财务开支都要接受村民监督。

6. 建立考核激励机制

把发展壮大新型农村集体经济工作纳入县（市、区）、乡镇党委书记抓基层党建工作述职评议考核内容。纳入县、乡政府工作责任书，定期检查并公示村级集体经济发展情况，接受社会和群众监督。实行对集体经济增收突出的村委会的奖励制度，制定出台具体的考核奖惩办法，支持村"两委"班子成员兼任村级集体经济组织领导职务，鼓励按照村民集体协商制度拿年薪，对发展壮大村级集体经济贡献突出的领导班子和领导干部按有关规定给予奖励。

（作者单位：云南省农业广播电视学校；云南省农村经济经营管理站）

持续提升农村基本公共服务水平

陈亚山

观点概要

教育、医疗卫生、就业、社会保障等基本公共服务与人民生活密切相关,是乡村宜居宜业、吸引人、留住人,继而推动乡村振兴的先决条件。在全面建成小康社会的进程中,云南农村基本公共服务水平得到了显著的提高。一是公共服务体系更加健全,基本公共服务均等化水平稳步提高。教育方面,城乡一体化统筹管理,教育均衡发展取得实质性进展,129个县(市、区)实现县域义务教育发展基本均衡,达到全国平均水平。医疗卫生方面,乡镇卫生院和建制村卫生室全覆盖,医联体、医共体建设进程加快,基层医疗卫生资源快速增加,医疗卫生服务能力不断提高。公共就业方面,就业政策和服务体系不断完善,农村劳动力转移就业持续增加。社会保障方面,社会保障网进一步织密,兜底能力不断加强。新型农村合作医疗和城镇居民医保整合成城乡居民基本医疗保险,消除了城乡差异。城乡居民养老保险的覆盖范围不断扩大,农村低保标准也逐年提高。二是财政投入持续增加,2020年全省人均教育财政支出达2462.61元,人均医疗卫生财政支出达1502.22元,人均社会保障和就业财政支出达2072.87元,分别是2012年的1.69倍、2.61倍、2.19倍。三是公共服务的供给量和覆盖面也不断加大。农村教育入学率大幅提高,医疗卫生资源持续增加,就业服务体系不断健全，社会保障制度实现了全面覆盖。但是云南农村基本公共服务还面临有效供给不足、城乡差距仍然较大、人才资源缺乏、管理运行不畅等问题和挑战。中央和省都对农村基本公共服务未来的发展设定了发展目标和做了框架设计。为实现发展目标，全省需要适度增加财政投入，优化财政主导的多元投入机制；以需求为导向，提高公共服务精准性；加强系统设计，提高公共服务实效性；加强机制建设，促进人才均衡流动；强化法治保障，提高服务管理水平。

一、农村基本公共服务水平显著提升

教育、医疗卫生、就业、社会保障等基本公共服务与人民的生活密切相关，是乡村宜居宜业、吸引人、留住人，继而推动乡村振兴的先决条件。作为后发展和欠发达省份，云南农村基本公共服务长期处于较低水平。党的十八大以来，云南坚持把实现好、维护好、发展好最广大人民根本利益作为发展的出发点和落脚点，顺应各族人民对美好生活的向往，在全面建成小康社会的进程中，尤其是脱贫攻坚中强力"补短板"，不断增加投入、保障基本、补足短板、促进公平，使学有所教、幼有所育、病有所医、壮有所用、老有所养等持续得到加强，农村基本公共服务水平得到显著提升。

（一）农村基本公共服务发展概况

农村基本公共服务主要提供满足农村发展和农民生产、生活需要的基础性的公共产品，涉及农村公共设施、公共事业、公共福利等多个领域。本文主要介绍其中教育、医疗卫生、就业和社会保障四个方面。

1. 公共服务体系更加健全

近年来，云南大力推进城乡融合发展，农村公共服务体系更加健全，基本公共服务均等化水平稳步提高。教育方面，城乡一体化统筹管理，教育均衡发展取得实质性进展,129个县(市、区)实现县域义务教育发展基本均衡,达到全国平均水平。医疗卫生方面,乡镇卫生院和建制村卫生室全覆盖,医联体、医共体建设进程加快,基层医疗卫生资源快速增加,医疗卫生服务能力不断提高。公共就业方面,就业政策和服务体系不断完善,农村劳动力转移就业持续增加。社会保障方面,社会保障网进一步织密,兜底能力不断加强。2017年,新型农村合作医疗和城镇居民医保整合为城乡居民基本医疗保险,消除了城乡差异。2018年,新一轮机构改革后,云南省医疗保障局成立,使医疗保障管理体制更加管理顺畅、服务更加高效。城乡居民养老保险的覆盖范围不断扩大,农村低保标准也逐年提高。

2. 财政投入持续增加

近年来,随着云南经济的快速发展和财政收入的稳定增加,云南财政对各项公共服务事业的投入不断加大,服务供给水平不断提高。

教育方面,基础教育经费持续增加,连续多年占财政各项支出首位。2012—2020年,全省财政教育经费累计投入7982.54亿元,占同期地方财政支出的16.85%。年度财政教育支出从2012年的674.82亿元增长到2020年的1162.60亿元,年均增长7.04%,比全国同期增长高0.1个百分点。[1]

医疗卫生方面,健康云南建设加快。2012—2020年,全省医疗卫生投入累计4249.67亿元,占同期地方财政支出的8.97%。年度财政医疗卫生支出从2012年的266.94亿元增长到2020年的709.20亿元,年均增长高达12.99%,比全国同期增长高0.03个百分点。[2]

---

[1] 数据来源:国家统计局网站 https://data.stats.gov.cn,云南省2020年的教育支出来源于云南省财政厅公布的《云南省2020年财政收支情况》,http://czt.yn.gov.cn/news_des.html?id=1610507512622711662。

[2] 数据来源:国家统计局网站 https://data.stats.gov.cn,云南省2020年的医疗支出来源于云南省财政厅公布的《云南省2020年财政收支情况》,http://czt.yn.gov.cn/news_des.html?id=1610507512622711662。

社会保障和就业方面，民生保障不断加强。2012—2020年，全省社会保障和就业累计投入6359.82亿元，占同期地方财政支出的13.43%，比全国水平高1.76%。年度财政社会保障和就业支出从2012年的439.06亿元增长到2020年的978.60亿元，年均增长10.54%，比全国同期增长低2.09个百分点。①

从人均来看，2020年全省财政人均教育支出为2462.61元，人均医疗卫生支出为1502.22元，人均社会保障和就业支出为2072.87元，分别是2012年的1.69倍、2.61倍、2.19倍。②

由此可见，全省在民生领域的财政投入力度之大，见图32。

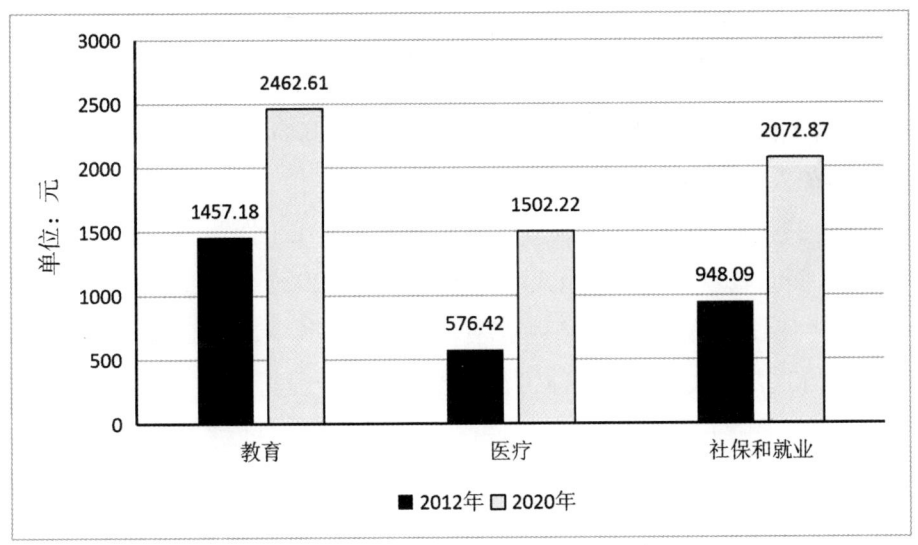

图32 云南财政在教育、医疗、社保和就业方面的人均投入增长情况

---

① 数据来源：国家统计局网站 https://data.stats.gov.cn，云南省2020年的社会保障和就业支出来源于云南省财政厅公布的《云南省2020年财政收支情况》，http://czt.yn.gov.cn/news_des.html?id=1610507512622711662。

② 根据前述数据计算得出。

3. 供给量和覆盖面不断加大

随着公共服务体系不断健全和财政投入的加大，云南农村公共服务的供给量和覆盖范围迅速扩大，农村受益群众数量不断增加。

在教育方面，2020年，全省学前教育三年毛入园率达88.79%，普惠性幼儿园覆盖率达82.5%，小学学龄儿童净入学率达99.87%，初中阶段毛入学率达106.68%，初中毕业生升学率达94.61%，九年义务教育巩固率达96.15%。[①]

在医疗卫生方面，2020年年末，全省共有农村基层医疗机构14954个，其中乡镇卫生院1372个，村卫生室13582个；乡镇卫生院床位数为6.19万张，比2012年增长39.41%；乡村医生和卫生员达3.65万人，农村每万人拥有卫生技术人员数达60人，比2012年增长114.29%；每万人拥有执业（助理）医师数达20人，比2012年增长81.82%；每万人拥有注册护士数达37人，比2012年增长184.62%。[②]

在公共就业方面，"就业彩云南·一部手机找工作"公共就业服务系统上线，面向城乡劳动者和用人单位全面开放。2020年，全省农村劳动力转移就业1515.52万人，转移就业率达70.2%。其中，新增农村劳动力转移就业160.62万人。农民群体工资性收入进一步提高。[③]

在社会保障方面，2020年年底，全省基本医疗保险参保4581万人，参保率稳定在95%以上，城乡居民住院费用报销比例达73.33%；城乡居民养老保险参保3151.52万人，基础养老金由每月60元提高到108元；

[①] 云南省教育厅：《云南省2020/2021学年初全省教育事业发展统计公报》，2021-03-24，https://jyt.yn.gov.cn/web/ac1f1eb64e6d4e36999869a47598935d/28d7a83ab4be4c3f8874d54ddb8afa7f.html。

[②] 数据来源：国家统计局网站，https://data.stats.gov.cn，以及云南省网上新闻发布厅：《云南省庆祝中国共产党成立100周年系列新闻发布会·卫生健康专题发布会》，2012-05-25，http://www.yn.gov.cn/ynxwfbt/html/2021/zuixinfabu_0525/3863.html。

[③] 云南省网上新闻发布厅：《云南省庆祝中国共产党成立100周年系列新闻发布会·民生保障专题发布会》，2021-05-13，http://www.yn.gov.cn/ynxwfbt/html/2021/zuixinfabu_0513/3828.html。

农村低保标准提高到 4500 元 / 年，特困人员月基本生活标准统一提高到不低于 832 元。"十三五"期间累计投入困难群众救助金 560 亿元，年均有 430 万困难群众获得经常性生活救助、85 万人次获得临时性生活救助。[①]

（二）农村教育条件大幅改善

在基本公共服务各项事业中，教育是城乡发展一体化、资源配置均等化实现程度较高的一项。云南高度重视教育的基础性作用，大力推进"科教兴滇"，实施教育优先发展战略。持续增加对教育的投入，建立起城乡统一、重在农村的义务教育经费保障机制。在实现全面小康中，注重教育公平，推动教育均衡发展，向农村贫困地区倾斜，通过"全面改薄"等工程，进行义务教育学校标准化建设，促进了城乡义务教育一体化发展。充分发挥教育的扶贫作用，阻断贫困的代际传递。不断深化教育综合改革，协调发展各类教育，不断提高教育现代化水平。

1. 教育投入持续增加

云南把教育作为财政保障的重中之重，教育支出规模连续多年占据财政支出的首位。2012—2020 年，全省财政教育经费累计投入 7982.54 亿元，占同期财政支出的 16.85%。教育支出资金从 2012 年的 674.82 亿元增长到 2020 年的 1162.60 亿元，年均增长 7.04%。同期全国教育支出从 21242.10 亿元增长到 36337.18 亿元，占同期财政支出的 15.03%，年均增长 6.94%。云南省教育支出占同期财政支出的比重高出全国 1.82 个百分点，年均增长也略高于全国水平。由此可见，从财政支出的角度，云南省对教育的投入略高于全国平均水平，见表 29。

---

① 云南省网上新闻发布厅：《云南省庆祝中国共产党成立 100 周年系列新闻发布会·民生保障专题发布会》，2021-05-13，http://www.yn.gov.cn/ynxwfbt/html/2021/zuixinfabu_0513/3828.html。

表29 云南与全国教育支出占财政支出的对比

年份	全国			云南		
	财政支出（亿元）	教育支出（亿元）	占比（%）	财政支出（亿元）	教育支出（亿元）	占比（%）
2012	125952.97	21242.10	16.87	3572.66	674.82	18.89
2013	140212.10	22001.76	15.69	4096.51	685.97	16.75
2014	151785.56	23041.70	15.18	4437.98	674.94	15.21
2015	175877.77	26271.88	14.94	4712.83	767.46	16.28
2016	187755.21	28072.80	14.95	5018.86	871.14	17.36
2017	203085.49	30153.18	14.85	5712.97	998.33	17.47
2018	220904.13	32169.47	14.56	6075.03	1077.43	17.74
2019	238858.37	34796.94	14.57	6770.09	1069.85	15.80
2020	245679.03	36337.18	14.79	6974.01	1162.60	16.67
累计	1690110.63	254087.01	15.03	47370.94	7982.54	16.85

数据来源：国家统计局网站，https://data.stats.gov.cn，云南省2020年的教育支出来源于云南省财政厅公布的《云南省2020年财政收支情况》，http://czt.yn.gov.cn/news_des.html?id=1610507512622711662。

2. 教育均衡发展取得实质进展

为解决教育发展不平衡不充分问题，云南省着力推进教育均衡发展。推进资金和优质教育资源向边疆、民族、农村、贫困等薄弱地区倾斜，缩小地区、城乡和校际的差距。以县为单位建立义务教育均衡发展责任制，进行标准化学校建设，推进城乡义务教育一体化发展。

学前教育得到快速发展。制定实施了《云南省学前教育条例》《云南省幼儿园行政许可管理办法》等，扶持普惠性幼儿园发展，基本实现"一村一幼、一乡一公办、一县一示范"目标。2020年年底，全省共有幼儿园13385所，比上年增加1300所，在园幼儿167.27万人，比上年增加17.4万人；幼儿园园长和教师共8.87万人，比上年增加0.7万人。学前教育三年毛入园率从2012年的48.95%提高到88.79%，比上年提高4.52个百分点。

普惠性幼儿园覆盖率82.5%，比上年提高6.31个百分点。①

义务教育基本实现均衡发展。制定实施《云南省人民政府关于深入推进义务教育均衡发展的意见》《云南省义务教育均衡发展督导评估办法》等，从2017年起统一实施城乡义务教育"两免一补"政策，实现农村义务教育学生营养改善计划和寄宿生生活补助两个"全覆盖"。发挥教育脱贫作用，着力"补短板"，通过实施"全面改善贫困地区义务教育薄弱学校基本办学条件"工程（简称"全面改薄"），改善了农村义务教育学校"硬件"办学条件，又通过实施义务教育薄弱环节改善与能力提升工程，改善了"软件"条件。重视乡村教师队伍建设，招聘特岗教师，实施乡村教师奖励制度，通过职称评定倾斜、差别化生活补助的政策，吸引优秀教师到教育薄弱地区工作。推动义务教育学校的校长、教师交流轮岗，促进教育资源均等化。依法加强"控辍保学"，不让一个学龄儿童因贫失学。完善农村特殊群体平等接受义务教育的制度。通过一系列举措，云南义务教育巩固率从2012年的90.34%提高到2019年的94.77%，全省129个县（市、区）实现县域义务教育发展基本均衡，达到全国平均水平。②

3. 农村职业教育积极推进

在农村地区通过"雨露计划"，对初、高中毕业后未能升学，有培训和就业愿望的贫困家庭学生实行100%的职业技能培训，并积极推荐就业，确保脱贫户户均有1人接受职业教育或技能培训。积极开展面向农民就业创业需求的职业技术教育与技能培训和乡村网络教育。支持涉农高校和职业院校的建设。

---

① 云南省教育厅：《云南省2020/2021学年初全省教育事业发展统计公报》，https://jyt.yn.gov.cn/web/ac1f1eb64e6d4e36999869a47598935d/28d7a83ab4be4c3f8874d54ddb8afa7f.html。

② 云南省网上新闻发布厅：《云南省决战决胜脱贫攻坚系列新闻发布会（第三场）》，2020-04-09，http://www.yn.gov.cn/ynxwfbt/html/2020/zuixinfabu_0409/2612.html。

(三)医疗卫生水平明显改善

健康是人民幸福生活的基础。2009年实施"新医改"以来,云南始终坚持"保基本、强基层、建机制"的工作原则,大力推进"健康云南"建设。特别是党的十八大以来,在实现小康进程中,云南省强力补齐农村医疗卫生短板,加强县、乡、村三级医疗体系建设,基层医疗卫生水平得到明显改善。居民的健康水平持续提升,"十三五"期间,全省人均期望寿命从2015年的72.76岁提升到2020年的75.26岁,是全国进步幅度最大的省份。①

1. 医疗投入高于全国水平

2012—2020年,云南省医疗卫生方面的公共财政支出累计为4249.67亿元,占同期地方财政支出的8.97%,比全国6.91%的占比高了2.06个百分点。云南省医疗卫生年度财政支出从2012年的266.94亿元增长到2020年的709.20亿元,年均增长高达12.99%。2020年,受新冠肺炎疫情影响,云南省医疗卫生支出比2019年多100.70亿元,占当年财政支出的10.17%,同比增长16.55%。同年全国医疗卫生支出19201.22亿元,占当年财政支出的7.82%。在医疗财政投入方面,云南省历年均高于全国平均水平。详见表30。

表30 云南与全国医疗卫生支出占财政支出的对比

年份	全国			云南		
	财政支出(亿元)	医疗卫生支出(亿元)	占比(%)	财政支出(亿元)	医疗卫生支出(亿元)	占比(%)
2012	125952.97	7245.11	5.75	3572.66	266.94	7.47
2013	140212.10	8279.90	5.91	4096.51	300.57	7.34
2014	151785.56	10176.80	6.70	4437.98	352.41	7.94
2015	175877.77	11953.18	6.80	4712.83	422.66	8.97

---

① 云南省网上新闻发布厅:《云南省庆祝中国共产党成立100周年系列新闻发布会·卫生健康专题发布会》,2021-05-25,http://www.yn.gov.cn/ynxwfbt/html/2021/zuixinfabu_0525/3863.html。

续表

年份	全国			云南		
	财政支出（亿元）	医疗卫生支出（亿元）	占比（%）	财政支出（亿元）	医疗卫生支出（亿元）	占比（%）
2016	187755.21	13158.80	7.01	5018.86	466.98	9.30
2017	203085.49	14450.63	7.12	5712.97	546.99	9.57
2018	220904.13	15623.55	7.07	6075.03	575.42	9.47
2019	238858.37	16665.34	6.98	6770.09	608.50	8.99
2020	245679.03	19201.22	7.82	6974.01	709.20	10.17
累计	1690110.63	116754.53	6.91	47370.94	4249.67	8.97

数据来源：国家统计局网站，https://data.stats.gov.cn，云南省2020年的医疗支出来源于云南省财政厅公布的《云南省2020年财政收支情况》，http://czt.yn.gov.cn/news_des.html?id=1610507512622711662。

2.医疗卫生资源快速增加

2020年末，全省医疗机构总数为26626个（包括医院、基层医疗卫生机构、专业公共卫生机构、其他医疗卫生机构），比2012年增加3231个；基层医疗机构24592个，农村基层医疗机构14954个（包括乡镇卫生院、村卫生室），比2012年增加253个；其中乡镇卫生院1372个，比2012年减少12个；村卫生室13582个，比2012年增加265个，如表31所示。云南于2009年已实现每个乡镇至少有一个卫生院，每个建制村至少有一个卫生室。乡镇卫生院的减少与村卫生室的增加，与基层行政单位的撤并、新设或实际需求有关。2020年，村卫生室13582个，当中，村办的村卫生室有10143个，乡卫生院设点的村卫生室1659个，联合办的村卫生室529个，私人办的村卫生室277个，其他办的村卫生室974个。①

2020年年末，全省乡镇卫生院床位数为5.49万张，比2012年增加1.51万张，增幅为37.94%。详见表31。

---

① 数据来源：国家统计局网站，https://data.stats.gov.cn。

表31　云南省2012年和2020年农村医疗机构数与床位数

	机构数（个）		床位数（万张）	
	2012年	2020年	2012年	2020年
全省医疗机构	23395	26626	19.47	32.52
基层医疗机构	21887	24592	4.44	6.19
农村基层医疗机构	14701	14954	3.98	5.49
乡镇卫生院	1384	1372	3.98	5.49
村卫生室	13317	13582	—	—

数据来源：国家统计局网站，https://data.stats.gov.cn。

2020年年末，全省共有卫生人员45.89万人（包括卫生技术人员、乡村医生和卫生员、其他技术人员、管理人员和工勤人员），比2012年增加22.55万人，增幅达96.62%。乡村医生和卫生员由2012年的3.53万人，持续增加到2018年的3.84万人之后，下降为2020年的3.65万人。2020年年末，农村每万人拥有卫生技术人员数达60人，比2012年增加32人，增幅114.29%；每万人拥有执业（助理）医师数达20人，比2012年增加9人，增幅81.82%；每万人拥有注册护士数达37人，比2012年增加20人，增幅184.62%，如表32所示。从医疗卫生机构和卫生人员指标来看，2012年以来，云南的医疗卫生资源有了快速增加。

表32　云南省2012年和2020年农村医疗人力数

	2012年	2020年
全省卫生人员数（万人）	23.34	45.89
乡村医生和卫生员数（万人）	3.53	3.65
每万人拥有农村卫生技术人员数（人）	28	60
每万人拥有农村执业（助理）医师数（人）	11	20
每万人拥有农村注册护士数（人）	13	37

数据来源：国家统计局网站，https://data.stats.gov.cn。

3. 医疗服务能力不断提升

通过建立三甲医院对口帮扶制度、基层医疗标准化建设、基层人才队伍建设、完善基层医疗服务方式、推进医疗卫生改革等举措，健康云南行动持续推进，基层医疗卫生服务能力不断提升。2020年，全省县域内就诊率提高至90.15%。[①]

2016年，针对县级医院，特别是贫困县县级医院医疗水平不高的状况，云南设立了省内外三甲医院对口帮扶贫困县县级医院、贫困县中医院制度。来自上海、广东和省内的三甲医院，通过派遣医护人员、提供进修机会、开展远程诊疗等方式对口帮扶县级医院，使县级医院的医疗技术水平和服务能力得到了显著提升，让广大农村患者不必出远门就能享受到优质的医疗服务。

2018年印发的《云南省县级公立医院提质达标晋级行动计划》要求加强基层医疗机构标准化建设。在县级医院进行"五大中心"[②]建设，加强学科建设；在乡镇一级，按照"填平补齐、按需配置"原则为乡镇卫生院补齐基础医疗设备，建设慢病管理中心和心脑血管救治站；在村级，建设标准化卫生室，规范乡村医生执业和台账管理。同时促进中医药的发展，提高基层医疗卫生机构中医药服务能力。

注重基层卫生人才培养。加强医疗服务人员的技术培训和技术提升，注重培养全科医生，提高综合医疗服务能力。全面落实基层医疗服务人员各种补助，推动优良医疗资源和优秀卫生人才向基层下沉。

完善医疗服务方式。2019年印发《关于做好紧密型县域医疗卫生共同体建设试点工作的通知》，进一步完善县乡村三级联动，"县级医疗机构为核心，乡镇卫生院和社区卫生服务中心为枢纽，村卫生室和社区卫生服

---

① 云南省网上新闻发布厅：《云南省庆祝中国共产党成立100周年系列新闻发布会·卫生健康专题发布会》，2021-05-25，http://www.yn.gov.cn/ynxwfbt/html/2021/zuixinfabu_0525/3863.html。

② 即胸痛中心、脑卒中中心、创伤中心、危重孕产妇救治中心、危重新生儿救治中心。

务站为基础,公共卫生机构全面融入,社会办医疗机构、康复机构、护理机构积极参与"的县域医共体框架。[①] 全面推广家庭医生签约全覆盖便民服务机制。实施大病、慢性病分类救治。

推进医疗卫生改革。全面推开公立医院综合改革、全面破除"以药补医"机制、推行分级诊疗制度以及"互联网+医疗健康"等。

(四)就业服务体系逐步健全

就业是最大的民生。为农村劳动力提供均等化的就业服务,是促进城乡劳动就业一体化的重要内容,是推动乡村产业发展,促进农民高质量就业创业的必然要求。

1. 劳动力就业结构变化明显

云南省第七次全国人口普查主要数据结果显示,全省总人口为4720.9万人,其中,居住在城镇的人口为2362.8万人,占总人口的50.05%;居住在乡村的人口为2358.1万人,占总人口的49.95%。[②] 云南进入城镇人口多于乡村人口的时期。与之伴随的是劳动就业结构的明显变化。数据显示,2020年云南在乡村就业的人口数为1514.00万人,比2012年的2038.34万人减少524.34万人。

从三次产业看,2020年第一产业就业人员达1226.00万人,第二产业就业人员达497.00万人,第三产业就业人员达1083.00万人,占就业人员的比例分别为43.7%、17.7%、38.6%。而2012年三次产业就业人口占比分别为56.8%、13.5%、29.7%。在结构上,第一产业就业人员比例下降13.1%,第三产业就业人员比例上升8.9%。[③] 劳动力就业结构呈现出"一

[①] 云南省卫生健康委员会:解读《关于做好紧密型县域医疗卫生共同体建设试点工作的通知》,2019-12-26,http://ynswsjkw.yn.gov.cn/web/doc/UU1577322312752833389。

[②] 云南省网上新闻发布厅:《云南省第七次全国人口普查主要数据结果新闻发布会》,2021-05-14,http://www.yn.gov.cn/ynxwfbt/html/2021/zuixinfabu_0514/3834.html。

[③] 数据来源:《云南统计年鉴2021》《云南统计年鉴2013》。

产下降，二产、三产增加"的趋势。

表33 云南省2020年和2012年三次产业就业人数对比

	2020年		2012年	
	就业人数（万人）	占比（%）	就业人数（万人）	占比（%）
第一产业	1226.00	43.7	1636.57	56.8
第二产业	497.00	17.7	388.65	13.5
第三产业	1083.00	38.6	856.68	29.7

数据来源：《云南统计年鉴2013》《云南统计年鉴2021》。

2.就业政策和服务体系不断完善

一是搭建平台促进就业。2020年利用公共就业服务平台，开展线上线下招聘活动7177场次，提供岗位464.86万个。[①]充分运用现代信息技术，创新服务手段，拓展服务领域，拓展服务效能，在2019年年底正式上线了"就业彩云南·一部手机找工作"云南省公共就业服务信息系统。这个网络系统可以把就业服务受理渠道延伸到用人单位和劳动者掌上，实现公共就业服务"一点登录、全网通办"，扩大了就业服务的覆盖面，大大提升了就业服务的便捷性和高效性。[②]

二是鼓励创业增加就业。通过"贷免扶补"和创业担保贷款扶持各类人员创业创新，累计发放贷款1000亿元，带动就业276.11万人，平均1人创业带动2.8人就业。[③]还实施了"十万能工巧匠""十万回乡创业就业能手"工程，培养和鼓励乡村人才干事创业。

---

① 云南省网上新闻发布厅：《2021年云南省两会新闻发布会·2020年省政府10件惠民实事新闻发布会》，2021-01-28，http://www.yn.gov.cn/ynxwfbt/html/2021/zuixinfabu_0128/3640.html。

② 云南省人民政府网：《云南：公共就业服务实现"一点登录、全网通办"》，2019-12-27，http://www.yn.gov.cn/bsfw/fwxx/201912/t20191227_186341.html。

③ 云南省网上新闻发布厅：《云南省庆祝中国共产党成立100周年系列新闻发布会·民生保障专题发布会》，2021-05-13，http://www.yn.gov.cn/ynxwfbt/html/2021/zuixinfabu_0513/3828.html。

三是职业培训服务就业。开展了大规模职业技能培训，提高劳动者的职业素质，满足就业岗位的要求。2016—2020年，全省累计投入17.36亿元，累计培训2001.17万人次，基本实现每名有意愿的劳动者都至少接受过一次技能培训。①

四是政策支持稳定就业。针对经济下行压力和新冠肺炎疫情的影响，云南出台了多项企业优惠政策，采取减免税收、缓缴、延缴社保费等，帮助企业渡过难关，稳住就业岗位。在产业薄弱的脱贫地区、乡村振兴重点帮扶地区，继续加大扶贫车间建设力度，稳定公益性岗位，吸纳农村劳动力。

3. 农村劳动力转移就业持续增加

2020年，全省农村劳动力转移就业1515.52万人，转移就业率达70.2%。其中，新增农村劳动力转移就业160.62万人，完成全年新增转移就业100万人目标的160.62%；新增贫困劳动力转移就业38.68万人，完成全年新增转移就业10万人目标的386.80%。②农村常住居民人均可支配收入12842元，同比增长7.9%。③相关数据比疫情前的2019年仍有明显增长2019年农村劳动力转移就业1211.19万人，其中，乡（镇）内就地转移就业307.76万人，占比25.41%；乡（镇）外县内转移就业284.99万人，占比23.53%；县外省内转移就业260.65万人次，占比21.52%；省外转移就业357.79万人（含境外1.49万人），占比29.54%。④

---

① 云南省网上新闻发布厅：《云南省庆祝中国共产党成立100周年系列新闻发布会·民生保障专题发布会》，2021-05-13，http://www.yn.gov.cn/ynxwfbt/html/2021/zuixinfabu_0513/3828.html。

② 云南省网上新闻发布厅：《2021年云南省两会新闻发布会·2020年省政府10件惠民实事新闻发布会》，2021-01-28，http://www.yn.gov.cn/ynxwfbt/html/2021/zuixinfabu_0128/3640.html。

③ 云南省网上新闻发布厅：《云南省庆祝中国共产党成立100周年系列新闻发布会·乡村振兴专题发布会》，2021-05-24，http://www.yn.gov.cn/ynxwfbt/html/2021/zuixinfabu_0524/3855.html。

④ 云南省人民政府网：《云南省农村劳动力转移就业情况》，2020-03-02，http://www.yn.gov.cn/ztgg/jjdytpgjz/ynjy/202003/t20200302_191370.html。

(五)社会保障制度全面覆盖

党的十八大以来,云南按照全覆盖、保基本、多层次的要求,打破城乡二元结构,基本建立起了覆盖城乡、更加公平、更可持续的社会保障制度。

1. 社会保障投入稳步增加

2012—2020年,云南省社会保障和就业方面的公共财政支出累计为6359.82亿元,占同期地方财政支出的13.43%,比全国11.67%的占比高了1.76个百分点。云南省社会保障和就业年度财政支出从2012年的439.06亿元增长到2020年的978.60亿元,年均增长10.54%,低于全国12.63%的增长速度。在财政投入占比方面,云南省历年均高于全国平均水平,但在年均增长速度方面低于全国平均水平,见表34。

表34 云南与全国社会保障和就业支出占财政支出的对比

年份	全国			云南		
	财政支出(亿元)	社会保障和就业支出(亿元)	占比(%)	财政支出(亿元)	社会保障和就业支出(亿元)	占比(%)
2012	125952.97	12585.52	9.99	3572.66	439.06	12.29
2013	140212.10	14490.54	10.33	4096.51	505.45	12.34
2014	151785.56	15968.90	10.52	4437.98	584.08	13.16
2015	175877.77	19018.69	10.81	4712.83	648.69	13.76
2016	187755.21	21591.50	11.50	5018.86	692.38	13.80
2017	203085.49	24611.68	12.12	5712.97	750.33	13.13
2018	220904.13	27012.09	12.23	6075.03	846.23	13.93
2019	238858.37	29379.08	12.30	6770.09	915.00	13.52
2020	245679.03	32580.57	13.26	6974.01	978.60	14.03
累计	1690110.63	197238.57	11.67	47370.94	6359.82	13.43

数据来源:国家统计局网站,https://data.stats.gov.cn,云南省2020年的社会保障和就业支出来源于云南省财政厅公布的《云南省2020年财政收支情况》,http://czt.yn.gov.cn/news_des.html?id=1610507512622711662。

2. 充分发挥医疗保障作用

2007年，云南省通过城镇职工医疗保险、新型农村合作医疗、城镇居民基本医疗保险，实现了基本医疗保险制度上的全覆盖。2017年，新型农村合作医疗和城镇居民医保整合为城乡居民基本医疗保险，消除了城乡差异。2018年，新一轮机构改革后，云南省医疗保障局成立，使医疗保障管理体制的管理更加顺畅、服务高效。

医保在促进农村贫困人口脱贫方面起到了重要作用。通过实施"云南省健康扶贫30条措施"，全省756.15万建档立卡贫困人口实现基本医保、大病保险、医疗救助全覆盖，看病就医"一站式"结算，住院实际报销比例达89.45%。有效解决了困难人群因病致贫、因病返贫问题。截至2020年年底，全省基本医疗保险参保4581万人，参保率稳定在95%以上，城镇职工医保政策范围内住院费用报销比例达86.94%，城乡居民达73.33%。①

3. 统一城乡养老保险制度

2014年，云南省出台《云南省城乡居民基本养老保险实施办法》，建立了统一的城乡居民基本养老保险制度。党的十八大以来，城乡居民养老保险的覆盖范围不断扩大，参保人数从2511.23万人增加到2020年年底的3151.52万人，增幅达25.5%。保障水平稳步提升，城乡居民基础养老金由每月60元提高到108元。截至2020年年底，养老、失业、工伤三项社保基金累计结余1985.53亿元，比2015年增长90%以上，社保基金可持续能力进一步增强。②

---

① 云南省网上新闻发布厅：《云南省庆祝中国共产党成立100周年系列新闻发布会·民生保障专题发布会》，2021-05-13，http://www.yn.gov.cn/ynxwfbt/html/2021/zuixinfabu_0513/3828.html。

② 云南省网上新闻发布厅：《云南省庆祝中国共产党成立100周年系列新闻发布会·民生保障专题发布会》，2021-05-13，http://www.yn.gov.cn/ynxwfbt/html/2021/zuixinfabu_0513/3828.html。

4. 增强社会救助体系兜底功能

"十三五"期间,云南先后出台《进一步完善农村最低生活保障制度》等20多项政策措施,不断加强社会救助制度体系建设,增强社会救助体系兜底功能。2020年,农村低保标准提高到4500元/年,比2015年增长了94.6%。特困人员月基本生活标准统一提高到不低于832元。全省5年累计投入困难群众救助金560亿元,年均有430万困难群众获得经常性生活救助、85万人次获得临时性生活救助。[①] 经过不懈努力实现脱贫攻坚的全面胜利,农村居民最低生活保障人数从2012年的437.51万人下降到2019年的251.10万人,下降幅度达42.61%。[②]

5. 关注重点人群优抚和保障

积极应对人口老龄化。云南省第七次全国人口普查数据显示,2020年云南60岁及以上人口为703.8万人,占总人口的14.91%,其中65岁及以上人口为507.3万人,占总人口的10.75%。云南积极推进养老服务发展,出台加快发展养老服务业等政策文件。2020年启动实施云南省特困人员供养服务设施(敬老院)改造提升三年行动计划(2020—2022年)、云南省民办养老机构消防安全达标提升工程,积极组织实施养老服务设施建设,持续开展养老院服务质量提升专项行动,不断提升养老服务质量。截至2020年年底,累计投入养老服务设施建设资金26.8亿元,建成和在建养老机构1168个,城乡社区居家养老服务中心2681个,养老床位较2015年增长46%。[③]

加强儿童关爱。2016年出台《云南省人民政府关于加强农村留守儿童

---

① 云南省网上新闻发布厅:云南省"回眸'十三五'奋进彩云南"系列新闻发布会·社会民生建设专题发布会,2020-12-29,http://www.yn.gov.cn/ynxwfbt/html/2020/zuixinfabu_1229/3454.html。

② 数据来源:《云南统计年鉴2020》《云南统计年鉴2013》相关数据计算而来。

③ 云南省网上新闻发布厅:《云南省"回眸'十三五'奋进彩云南"系列新闻发布会·社会民生建设专题发布会》,2020-12-29,http://www.yn.gov.cn/ynxwfbt/html/2020/zuixinfabu_1229/3454.html。

关爱保护工作的实施意见》和《云南省人民政府关于加强困境儿童保障工作的实施意见》，建立留守儿童和困境儿童保障机制和关爱保护体系。截至2020年年底，建成儿童福利机构47个、儿童之家1.4万余个，配备乡镇（街道）儿童督导员1841名、村（居）儿童主任14945名，将集中供养和散居孤儿等基本生活补助标准分别提高到每人每月1980元和1280元，较2015年分别提高13.2%和22%。①

强化困难残疾人救助。2016年开始实施残疾人生活补贴和重度残疾人护理补贴制度，并建立补贴标准动态调整机制。截至2020年年底，累计发放残疾人两项补贴22.49亿元，年均惠及73.53万名残疾人。②

二、面临的问题与挑战

（一）有效供给不足

影响农村基本公共服务有效性的因素主要有三个：一是公共产品供给的充分性，当前状况下基本等同于财政的投入；二是供给的精准性，即提供的公共产品是否切合农村居民的需求；三是供给的实效性，即提供公共产品是否发挥了其设计之初希望达到的效果。

云南在全面建成小康社会的进程中，特别是脱贫攻坚中，对农村贫困地区投入和建设的范围之广、力度之大前所未有。云南农村基本公共服务的水平也因此有了显著提升。但是作为一个仍然欠发达的省份，云南农村基本公共服务的水平距离全国，特别是东部发达地区还有不小差距，需要在迈向现代化的进程中努力追赶。

---

① 云南省网上新闻发布厅：《云南省"回眸'十三五'奋进彩云南"系列新闻发布会·社会民生建设专题发布会》，2020-12-29，http://www.yn.gov.cn/ynxwfbt/html/2020/zuixinfabu_1229/3454.html。

② 云南省网上新闻发布厅：《云南省"回眸'十三五'奋进彩云南"系列新闻发布会·社会民生建设专题发布会》，2020-12-29，http://www.yn.gov.cn/ynxwfbt/html/2020/zuixinfabu_1229/3454.html。

1. 财政投入仍需加强

2012—2020 年，云南财政在教育、医疗卫生、社会保障和就业方面投入，虽然占财政支出的比重都高于全国水平，详见表29、表30、表31，但人均支出还是低于全国水平，而且呈波动扩大趋势，详见表32。理论上，云南作为一个欠发达的省份，需要有更多的投入和增长，才能追赶上全国的现代化步伐。

表35　云南与全国人均财政基本公共服务投入对比　　单位：元

年份	全国				云南			
	人均教育支出	人均医疗支出	人均社保和就业支出	三项合计	人均教育支出	人均医疗支出	人均社保和就业支出	三项合计
2012	1562.82	533.03	925.94	3021.79	1457.18	576.42	948.09	2981.69
2013	1609.19	605.58	1059.82	3274.59	1478.07	647.64	1089.10	3214.81
2014	1673.98	739.35	1160.14	3573.47	1450.55	757.38	1255.28	3463.21
2015	1899.27	864.13	1374.92	4138.32	1645.85	906.41	1391.14	3943.40
2016	2016.26	945.10	1550.76	4512.12	1862.60	998.46	1480.39	4341.45
2017	2153.63	1032.11	1757.84	4943.58	2127.27	1165.54	1598.83	4891.64
2018	2288.97	1111.67	1922.01	5322.65	2290.94	1223.52	1799.34	5313.80
2019	2467.73	1181.87	2083.50	5733.10	2269.52	1290.84	1941.03	5501.39
2020	2573.86	1360.07	2307.77	6241.70	2462.61	1502.22	2072.87	6037.70

数据来源：根据国家统计局网站 https://data.stats.gov.cn 数据计算得出，云南省2020年的社会保障和就业支出来源于云南省财政厅公布的《云南省2020年财政收支情况》，http://czt.yn.gov.cn/news_des.html?id=1610507512622711662。

2. 供给精准性不足

农村公共服务一直存在供需脱节问题。实践中，很多农村公共产品都是以项目的方式来提供。受多种因素影响，项目建设的精准性不足。提供的一些项目农民并不迫切需要，而农民迫切的需求又没有项目支持。如笔者调研过的 X 村，农民最需要解决的是危房改造和人畜饮水问题，但当年上级下达的是路灯建设的项目。又如在信息时代，农民更喜欢高质量的互联网内容，而在公共服务提供中仍存在放电影等接受度不高的项目。

3.供给实效性不够

农村公共服务存在效用不完全发挥或没有发挥问题。实践中,很多工程建设项目都存在"重主体、轻配套"现象。例如,学校建设了现代化的教学楼,但购买设施设备、实验仪器等的资金不足;建设了标准化的运动场,但因维护费用不足,平时不对学生开放。又如,村委会建设了信息化图书阅览室,但因缺乏电费和网费支持,所谓信息化也成了摆设。

(二)城乡差距仍然较大

随着各项基本公共服务事业的一体化发展,云南农村的"短板"尽管得到有力补充,但城乡之间的差距仍然较大。例如教育方面,虽然乡村建设了各级各类学校,但教学质量普遍较低。出于对优良教学资源的追求,多数家长倾向于把孩子往更好的学校送,村里的送乡上,乡里的送县上,县里的送州(市),州(市)里的送省城,导致"城满、乡弱、村空"现象比较普遍。医疗卫生方面,2020年云南城市每万人拥有卫生技术人员为149人,拥有执业(助理)医师数为52人,拥有注册护士数为75人;而乡村对应的数字是60人、26人、27人。且不论城乡医疗水平存在较大的差别,仅是人员数就有明显的差距。

(三)人才资源缺乏

由于人才天然会向机会更多、待遇更好的城市流动,而目前又缺乏有效的均衡调节机制,导致提供农村基本公共服务的人才资源匮乏。教育方面,农村师资力量薄弱,存在农村教师编制少、职称名额少、工资待遇低、教师年龄大、流动性大等问题,影响了农村教育的良性发展。医疗卫生方面也存在村医数量不足、收入不高、年龄老化等问题。

(四)管理运行不畅

在农村公共服务建设的过程中,全省存在公共设施管理不善、利用率低、资源浪费严重等现象，这反映出农村公共服务体系管理运行机制还存在不少问题。一是各级政府在农村公共服务供给上的权责还没有清晰的划分。二是各部门之间的职能职责及权力责任也没有完全厘清，例如农业农村部门和乡村振兴部门。三是缺乏系统的公共服务供给制度及管理运行制度，"重建轻管"没有后续服务，造成资源浪费严重。四是相关的管理信息平台建设不足，部门间的信息难以统一整合，对公共服务的效果难以评测、监督和考核。

三、展望和建议

（一）展望

《中共中央、国务院关于全面推进乡村振兴加快农业农村现代化的意见》明确提出："到2025年将实现城乡基本公共服务均等化水平明显提高的目标"。《云南省国民经济和社会发展第十四个五年规划和二〇三五年远景目标纲要》把目标具体化为：基本公共服务均等化水平明显提高，全民受教育程度不断提升，多层次社会保障体系更加健全，卫生健康体系更加完善，并指出将通过健全城乡普惠共享公共服务体系，注重加强普惠性、兜底性、基础性民生建设，改善民族地区社会民生等各项任务来完成。[①] 2021年11月，中国共产党云南省第十一次代表大会进一步指出，未来五年的奋斗目标之一是：基本公共服务均等化水平明显提高，高质量的教育体系、卫生健康服务体系更加完善，社会保障体系更加健全，中等收入群体的比重大幅提高，各族人民共同富裕迈出坚实步伐。[②]

立足于全面建成小康社会的新方位可以看出，城乡基本公共服务均等

---

① 云南省人民政府网：《云南省国民经济和社会发展第十四个五年规划和2035年远景目标纲要》，2021-02-09，http://www.yn.gov.cn/zwgk/zcwj/yzf/202102/t20210209_217052.html。

② 云南网：《聚焦中国共产党云南省第十一次代表大会》，2021-11-27，http://yn.yunnan.cn/cms_udf/2021/xy2021ddh/index.shtml。

化是发展的方向,城乡标准统一、制度并轨、保障更加充分、内容更加精准、实效更加突出、方法更加先进的高水平公共服务体系将会实现。

(二)建议

习近平总书记2020年9月在湖南考察期间,非常关注乡村治理和农村基层公共服务情况,强调"基层公共服务关键看实效,要提高针对性,老百姓需要什么,我们就做什么""要把村为民服务中心作为基层治理体系的重要阵地建设好,完善充实服务事项,提高为民服务水平,增强为民服务的精准性和实效性"。① 可见,增强精准性和实效性是提升农村基本公共服务水平的核心要义。

1. 适度增加财政投入,优化财政主导的多元投入机制

基本公共服务的供给离不开财政的支持。作为后发展和欠发达省份,云南农村基本公共服务建设的历史欠账较多,需要保持高出全国平均水平的财政投入,才能跟上全国实现农业农村现代化的步伐。当然,农村公共服务的水平必须与当地经济发展水平和财政承受能力相适应,不能盲目提高标准、增加项目,必须遵循"量力而行、尽力而为"的原则适度增加财政投入。通过考察全国、发达省份以及与云南省情类似的省份,建议财政投入在医疗卫生方面维持13%左右的年均增速,突发性公共卫生事件开支单列;教育方面需要达到8%左右的年均增速;社会保障和就业方面需要达到13%左右的年均增速。

此外,除了财政主导投入之外,可以调动社会资源参与提供公共服务,形成多元投入机制,通过建立融资平台和激发社会投资,扩大基本公共服务资金来源渠道。

2. 以需求为导向,提高公共服务精准性

地方政府是农村基本公共服务的主要提供者,服务内容精准性是对服

---

① 夏志强、史军:《着力增强为民服务精准性实效性》,人民网,2020-10-27,http://opinion.people.com.cn/n1/2020/1027/c1003-31906870.html。

务提供者的要求。建立需求响应式的公共服务供给机制，扩大农民参与和需求表达，合理配置财政资源，提高公共服务精准性。例如，开远市在新农村建设和精准脱贫过程中使用"菜单式管理"，将政府公共产品供给和农民的需求精准结合在了一起。

3. 加强系统设计，提高公共服务实效性

加强农村基本公共服务项目设计的系统性。项目需要满足的全面性和全过程，例如，既要建设项目的主体工程，又要建设项目的配套工程，才能发挥项目真正的作用。加强项目设计的专业性，既包括实用性也包括预见性，才能确实保证公共服务项目的长期实效。

4. 加强机制建设，促进人才均衡流动

农村基本公共服务项目需要各类人才来具体实施。不断建立健全机制，吸引优秀人才加入，加强人才队伍建设。继续实施倾斜人才政策，如教师特岗计划、偏远地区生活补贴等，还要在编制、待遇、职称评定等方面向农村基层倾斜。在教育、医疗等的联合体、共同体内实施轮岗换岗制度，促进人才在城乡和地区之间均衡流动。发挥信息技术的作用，完善"互联网＋教育""互联网＋医疗"等平台建设，使身处不同地方的人都能便捷地接触到优质资源，促进优质资源的均衡配置。

5. 强化法治保障，提高服务管理水平

农村公共服务体系管理运行机制上的问题，有必要从制度层面加以解决。一是针对公共服务供给主体权责不清的状况，制定行政法规进行界定和规范。二是制订公共服务各项事业一体化发展的制度安排和行动计划。三是保障作为公共服务消费者的农民权益，落实他们的参与权、监督权等。四是完善农村基本公共服务建设项目的评测、监督和考核，切实提高服务管理水平。

（作者单位：云南省社会科学院农村发展研究所）

努力提高乡村治理能力

崔江红

观点概述

乡村治理体系和治理能力现代化是农业农村现代化的重要组成部分。而"治理有效"则是乡村治理体系和治理能力现代化的基本要求。作为乡村振兴的目标之一,"治理有效"也是实现乡村振兴的重要保证和支撑。围绕建立与经济社会发展相适应的治理机制以及"四治融合"的发展思路,云南不断完善村民自治制度,创新民主管理平台,推动科技与网格化管理服务结合,改善自我服务;加强基层党组织对村民自治的领导,推动党支部成员与自治组织成员交叉任职,推动党支部领办各类经济社会组织。持续推进乡村治理法治化,加强平安乡村建设,加强对"小微权力"的监督,持续推进扫黑除恶行动,深入推进法治进村活动。提高乡村德治水平,挖掘德治资源,以村规民约整合传统文化中的优秀内容,加强社会主义核心价值观的培育,推进移风易俗活动,以乡村振兴引导新乡贤参与乡村治理。但由于村民自治起步晚、村民自我管理能力不足、集体经济支撑不足、集体人员外流与外来人员无法获得集体成员资格等原因,村民自治仍然面临一些困难和问题。由于自身因素与法治宣传的不足,村民对法治理念的接受和运用不足,对德治资源的开发仍然不够深入。进入新发展阶段,从治理主体角度讲,乡村治理开放性更强;从治理目的上讲,乡村治理的价值性增强，尤其是促进共同富裕的价值目标导向更加明显；从治理手段上讲，"四治融合"趋势更加明显。适应乡村治理的新趋势，破解存在的问题，要进一步探索建立与经济社会相适应的自我管理制度，以治理共同体建设为目标，健全村民自治制度，搭建多元主体参与管理平台，建立村庄范围内相关利益主体广泛参与的自我管理制度。以党建乡村振兴"双推进"和集体经济发展为依托，突出乡村治理的共同富裕价值导向。以党建为基础，强化对传统优秀文化和人才资源的整合；规范村民自治权力运行，利用好法治手段，促进乡村治理"四治融合"发展。

一、促进"三治"融合发展

自2001年全面实施村民自治制度以来，云南共进行了七届村级换届选举。2017年，党的十九大提出的乡村振兴战略，把新农村建设"管理民主"的要求改为"治理有效"，提出"形成德治、法治、自治有机结合的乡村治理格局"的目标。2019年5月，《中共云南省委、云南省人民政府关于坚持农业农村优先发展做好"三农"工作的实施意见》从增强乡村治理能力、加强农村精神文明建设、扎实推进平安乡村建设对云南乡村治理进行了部署。同年6月，中共中央办公厅、国务院办公厅印发《关于加强和改进乡村治理的指导意见》，多部委随后联合启动了乡村治理体系建设试点示范工作。根据中央安排和自主申报，云南省安宁市、沧源县、西畴县成为乡村治理体系建设试点。此外，开远市依托全国农村改革试验区平台，也通过申报启动了乡村治理体系建设试点工作，重点探索乡村治理体系建设、服务管理机制创新，旨在通过3年左右的试点探索，为云南乡村振兴战略推进治理有效的实现提供参考。2019年11月12日，中共云南省委农村工作领导小组印发《关于贯彻落实〈关于加强和改进乡村治理的指导意见〉的任务清单的通知》，从"三治"融合发展对乡村治理进行了部署。党的十九届四中全会通过的《中共中央关于坚持和完善中国特色社会主义制度推进国家治理体系和治理能力现代化若干重大问题的决定》提出"加强和创新社会治理，完善党委领导、政府负责、民主协商、社会协同、公众参与、法治保障、科技支撑的社会治理体系，建设人人有责、人人尽责、人人享有的社会治理共同体"后，云南以治理共同体建设促进治理有效的路径更加明显。

（一）健全村民"自治"体系

云南不断完善村民自治制度，加强基层组织建设和人才培养，加强和改进党对村民自治的领导，逐步建立起以村民自治为基础的乡村治理格局。

1. 完善村民自治制度

虽然 1982 年《宪法》就将村民委员会定性为农村群众自治组织，1987 年 11 月第六届全国人民代表大会常务委员会第 23 次会议通过了《村民委员会组织法（试行）》，并于 1988 年 6 月 1 日开始试行，但在云南，建立在农民生产专业合作社或自然村基础之上的村民委员会，范围太小，有的仅有几户人家，村民自治难以推行。所以，云南村民自治的启动相对要晚。直到 1998 年 11 月《中华人民共和国村民委员会组织法》正式颁布实施后，云南才于 1999 年 5 月在昆明、玉溪、曲靖、临沧等地方进行村民自治的试点工作。① 1999 年 12 月 28 日，云南省第九届人民代表大会常务委员会第 13 次会议通过了《云南省实施〈中华人民共和国村民委员会组织法〉办法》《云南省村民委员会选举办法》。2000 年 5 月 19 日，云南省委、省政府出台《关于改革村级体制、实行村民自治的意见》。随后，云南将村公所（办事处）改革为村民委员会。在原村公所（办事处）辖区范围设立村民委员会，以合作社或自然村为单位设立村民小组，原来以合作社或自然村为单位设立的村民委员会自然消失。改革村干部管理和选任体制，村干部退出乡（镇）干部编制序列，由选聘制改为选举制，采取村

---

① 当代云南编辑部：《当代云南大事纪要 1949～2006》，当代中国出版社 2007 年版，第 701 页。

民提名、公开报名、公开答辩、公开选举、公平竞争的新机制公推直选村干部[①]。从2000年下半年开始，云南陆续完成了农村管理体制的改革，到2001年8月份，全省13498个村已有13489个村依法民主选举产生了村民委员会。自此，云南农村进入"乡政村治"时代。2013年以来，云南普遍建立了村务监督管理委员会，村级治理主体从"两委"增加到"三委"。村务监督管理委员会由三人组成，主任最初由村党支部副书记兼任。近年来，多数由纪委委员担任，负责监督"村两委"的村务管理活动。

在村民自治中，云南部分州（市）、县（市、区）根据山区面积大、村庄分散、村委会自我管理有效性不足的现实问题，开始探索以自然村为单位的村民自治。其中，大理州在每个乡镇选择了一个自然村作为试点；红河州开远市选择10个村开展以自然村为单位的村民自治，通过强化村委会一级公共服务职能，突出自然村在集体经济发展、自我管理中的作用。

为保证村民自治正常运转，云南省从集体经济不发达的现实出发，执行以财政稳定投入为主的村级组织运转经费保障政策。重点保障村干部基本报酬、村级组织办公经费，同时保障农村公共服务运行维护支出、正常离任村干部生活补贴、村民小组干部误工补贴等。2016年以来，按照每村每年不低于10万元的标准，加大贫困村、脱贫村村级组织运转经费保障力度。在村民自治的前18年，村干部的任职期限为3年。2019年，云南本应进行新一届的村级换届选举，但新修订的《村民委员会组织法》将村委会干部的任职期限从3年延长到5年。因此，直到2020年年底才启动新一届的换届选举工作，并于2021年年初完成。

2. 加强基层组织建设和人才培养

一是开展阵地标准化建设。持续推动健全基本组织、基本队伍、基本活动、基本制度、基本保障活动。2016年，云南在建制村活动场所全覆盖的基础上，积极推进村民小组活动场所建设；筹资9000万元，支持25个

[①] 当代云南编辑部：《当代云南大事纪要1949～2006》，当代中国出版社2007年版，第701—702页。

边境县贫困村建设1200个村民小组活动场所。2017年，全省再筹集5.69亿元专项资金，整合项目资金12.12亿元，建设村民小组活动场所25981个，其中88个贫困县建设村民小组活动场所21886个。2016—2020年，全省连续实施了基层党建"推进年""提升年""巩固年""创新提质年""智慧年"建设活动。2020年，全省采取"项目化＋清单式"的方式，把抓党建促决战决胜脱贫攻坚作为基层党建工作重点任务推动落实。同时，通过实施万名党员进党校活动，分批次对农村党员进行社会主义核心价值观、发展能力等培训，提高农村党员带领群众发展的能力。

二是实施"领头雁"工程。2016年以来，云南坚持"选拔""培养""管理""激励"并重，提升农村带头人队伍整体素质。同时，实施优秀人才回引计划，加大从退役军人、返乡大学生、外出务工人员、致富带头人中选优配强村党组织书记力度。发挥乡镇青年人才党支部作用，采取示范培训、任职挂职、导师帮带等措施，为每个村培养2—3名后备力量。在日常工作中，全省采取省级示范培训、州市重点培训、县级兜底培训的方式，每年把村党组织书记、村委会主任、村务监督委员会主任集中培训一遍。积极推进县、乡领导班子成员对新任的村党组织书记"一对一"帮带，让其迅速进入战斗状态。2018年开始实施"村（社区）干部能力素质和学历水平提升行动计划"，依托云南开放大学，对符合条件的村（社区）干部实施专科、本科学历提升行动，每年招生5000人，连续招生5年。

通过实施农村优秀人才回引计划，农村致富带头人、回乡大中专毕业生、外出务工返乡人员、退役军人等竞选村（社区）干部的积极性提高，在2021年的换届选举中，95.62万名党员、2971.1万名选民参选，参选率分别达到93.54%、92.38%；从本村致富能手、外出务工经商人员、本乡本土大学生、退役军人等人员中选举产生了党组织书记8039名，占比55.18%；高中（中专）及以上文化程度的65967名，占比62.38%，较上届提高20.58个百分点，其中大专以上学历的36703名，92.34%的村（社区）"两委"中至少有一名大专学历成员。换届选举后，云南村（社区）

党组织书记平均年龄44.03岁,较上届下降2.67岁,其中45岁以下的占比52.59%,较上届提高5.65个百分点;高中(中专)及以上文化程度的占比72.75%,较上届提高10.64个百分点;妇女占比13.81%,较上届提高5.34个百分点。同时,"两委"班子结构得到优化,共选举产生村(社区)"两委"成员105822名,村(社区)平均7.26名,较上届精简1.66名。[①]

此外,各地根据实际情况,逐步提高村干部的待遇水平。玉溪市在2021年的村级换届选举中,推行村级组织大岗位制,整合各级各部门到村的岗位和补贴,统一核定行政村、村改社区的村"两委"和监委岗位按7—9名设置,按正职、副职、委员"543"(千元)标准确定岗位补贴。师宗县从2019年开始实施"缩面提标"改革,按照"一人兼多职、一人取多酬、宜整合则整合、宜兼职则兼职"的原则,探索建立村(社区)干部专业化管理长效机制,在不增加财政支出的情况下,使村(社区)书记、主任待遇提高到4000元/月左右,副书记、副主任、监委主任提高到3500元/月左右,其他"两委"成员提高到2000元/月左右。

三是开展专项整治活动。2018年,云南全面开展基层党组织软弱涣散和党员"双带"能力不足专项整治,由县级领导带队,逐村进行软弱涣散村党组织排查,采取"县级领导包村、乡镇领导联村、第一书记驻村、县直部门结对"的方式,集中整顿软弱涣散的村(社区)党组织。

四是加强人才支持。在新农村建设、脱贫攻坚中,云南通过下派"第一书记",不断加强组织涣散、战斗力不足村的基层组织建设,改善党对村民自治的领导。2006年开始,云南就形成了下派新农村指导员,加强人才支持的制度。2015年以来,云南共组建驻村扶贫工作队6770支,选派工作队员37379名,做到每个贫困村都有一支5人以上的工作队,驻村扶贫工作队长全部兼任第一书记。2020年6月,开远市为加强对村(社区)的人才支持,面向全国招聘108名乡村振兴员、社区治理员,"两员人员"

[①] 郎晶晶:《全省村(社区)"两委"换届选举工作圆满完成——选好"领头雁"开启乡村振兴新征程》,《云南日报》2021年4月16日,第01版。

享受村副职待遇。

3. 加强和改进党对村民自治的领导

推进党组织成员与自治组织成员交叉任职。早在2007年云南省第三届村民委员会换届选举时,部分县(市、区)就倡导党支部书记通过竞选,兼任村民委员会的主任;或引导当选村民委员会主任的党员,通过党支部内部选举担任党支部书记,即实行"一肩挑"。在此后的换届选举中,推广村党支部书记和主任"一肩挑"的做法。近年来,落实村(社区)党组织书记县级党委备案管理制度,把问题人员挡在"门外"。2019年以来,鼓励村党组织负责人通过合法程序,兼任村民自治组织负责人、集体经济组织负责人。如开远市根据中共云南省委组织部印发的《关于深化农村"领头雁"培养工程开展选优配强村(社区)党组织书记专项行动的工作方案的通知》要求,在首轮对21名村(社区)党组织干部配置进行调整基础上,组织开展了第二轮调整,对29个行政村(含村改居)进行调整,调整党总支书记"一肩挑"20个,调整村委会主任"一肩挑"7个,调整党总支副书记"一肩挑"1个,调整村委会副主任"一肩挑"1个,调整村务监督委员会主任"一肩挑"1个。调整配备后,55个行政村(含村改居)100%实现党总支书记和村委会主任"一肩挑"。

2021年,借助村级换届选举,云南进一步加强党对村民自治的领导。全省选举产生的14570名新一届村(社区)党组织书记中,通过法定程序担任村(居)民委员会主任"一肩挑"比例达98.71%,较上届提高71.1个百分点。2021年参与换届的5929个村级集体经济组织,由党组织书记通过法定程序担任负责人的有5699个,占96.12%。14573个村(居)务监督委员会中,由党组织纪检委员(纪委书记)担任主任的有14564个,占99.94%,党在城乡基层的领导得到了有力加强。[①]譬如,玉溪市借助换届选举进一步推进党组织成员交叉任职,709个村(社区)共选举产生村(社

[①] 郎晶晶:《全省村(社区)"两委"换届选举工作圆满完成——选好"领头雁"开启乡村振兴新征程》,《云南日报》2021年4月16日,第01版。

区)"两委"成员4940人(行政村平均6.4人、社区平均7.9人),较上一届减少1255名,其中:党组织班子成员3565名(上届3752名)、村(居)民委员会成员2730名(上届3483名),交叉任职1355名(上届交叉任职1040名)、占49.6%。除14名下派党组织书记和1个情况特殊的村(社区)外,694名村(社区)党组织书记通过法定程序推选为村(居)民委员会主任,"一肩挑"比例达99.9%;推选出村(居)民小组党支部书记5556名、小组长6677名,村(居)民小组党支部书记或党员担任小组长3663名、占65.9%。

4. 完善民主管理和服务机制

一是拓展民主参与机制。在村民大会、村民代表会议、村"两委"(2013年增加监督委员会)会议之外,多数村庄都增设了"村两委扩大会议"或"村两委联席会议"制度。通过制度创新,将村庄中的精英及村庄外但与村民利益关联紧密的企业、个人纳入民主治理中来,提高民主治理的能力及效力。同时,一些村在新农村建设、脱贫攻坚中,建立新农村建设理事会、易地扶贫搬迁项目管理理事会等民主管理平台及机制。此外,农民专业合作社、农村专业技术内部也建立了民主管理、民主决策制度,成为实现农村民主管理的新途径。

二是完善管理服务机制。2015年以来,普遍实行村干部坐班制,周一到周五,由村干部轮流坐班,为群众提供户口迁移、养老保险、新农合以及土地流转等基本服务。多数村庄推出了"代办制度",即村民将需要到乡镇、县级部门办理的事项,交由村干部代办。村民只需要将相关材料交到村委会,由村委会专人帮助办理,办理完后再通知村民到村委会领取。

(二)加强"法治"建设

从构建法治云南出发,云南不断加强乡村"法治"建设,按照中共中央办公厅、国务院办公厅的《关于加强和改进乡村治理的指导意见》、中共云南省委农村工作领导小组印发的《关于贯彻落实〈关于加强和改进乡村治理的指导意见〉的任务清单的通知》要求，细化工作任务，加强平安乡村建设，健全乡村矛盾纠纷调处化解机制，加强小微权力监督，深入推进法治进村活动。

1. 加强平安乡村建设

一是推进农村社会治安防控体系建设。建立领导负责制，由乡（镇）派出所所长兼任政法委员，负责推动农村平安建设各项工作开展，加强基础性制度、设施、平台建设。在乡（镇）成立综治中心，整合派出所、交警中队、法庭、司法所、信访办等力量，共同推动社会治安综合治理。

二是推进农村地区技防系统建设。依托"雪亮工程"，加强公共安全视频监控建设联网应用工作。在农村地区重要地段、路口安装视频监控，形成覆盖乡镇集镇所在地、农村重要交通要道的视频监控网，为农村派出所配备视频监控查看系统，提高运用视频监控打击违法犯罪如盗窃耕牛、等案件的能力。同时，鼓励有条件的村在村内重要路段安装视频监控，并接入当地治安防控系统。目前，"雪亮工程"建设已基本实现农村地区全覆盖。

三是广泛开展平安教育。组建普法宣讲团，深入乡镇（街道），在会议室、田间地头、小广场等场所开展面对面、点对点的"菜单式"法治宣讲。强化交通安全、网络电信安全知识的宣传，提高群众安全意识。

四是持续开展扫黑除恶专项斗争。推进村（社区）、村组干部任职资格审查及备案制度，对现任村（社区）和村（居）民小组干部进行任职资格联审"回头看"，坚决把受过刑事处罚、存在"村霸"和涉黑涉恶等问题人员从村（社区）干部队伍中清理出去。整治村组干部与民争利、优亲厚友甚至欺压百姓问题。在换届选举中，组织、民政部门加强和政法部门的沟通联系，实时掌握涉黑涉恶人员情况，坚决防止涉黑涉恶等不符合条件的人员进入村（社区）"两委"班子。整治利用家族宗族势力采取贿赂、暴力、欺骗、威胁等手段干扰破坏换届选举行为。深入开展涉黑涉恶案件线索"清零"行动，推进扎实扫黑除恶专项斗争，健全防范打击长效机制。

2021年以来，持续巩固三年扫黑除恶专项斗争成果，制定《云南省公安机关常态化开展扫黑除恶斗争的实施意见》，配套出台打击"村霸"、整治涉信息网络黑恶犯罪等工作方案，不断健全扫黑除恶常态化制度体系。

2. 健全乡村矛盾纠纷调处化解机制

一是推广"枫桥经验"。按照"小事不出村、大事不出乡"的原则，在村委会设立人民调解委员会，每个调委会设一名人民调解主任和若干名调解员，将矛盾纠纷化解在基层。

二是探索建立"互联网＋网格管理"服务管理模式。按照网格化管理的思路，将农村按区域划分成不同的网格，设立网格员。加强网格员队伍建设，构建网格化管理、精细化服务、信息化支撑、开放共享的基层管理服务平台。采取线上线下相结合，实际网格与微信工作群相结合等方式，推动基层网格员工作开展。依托网格化管理，由熟悉情况的村干部、党员、村民代表等开展组织动员与矛盾排查、调解工作，提高矛盾纠纷调解能力和效率。

3. 加强"小微权力"监督

在村民自治中，云南健全完善村级小微权力清单，形成村级重大决策、村级财务管理、村级集体资产资源处置、村组招投标管理、阳光村（居）务、村民救助救灾款申请、村民宅基地申请、计划生育办证流程、服务村民其他事项、村级工作人员任用等事项的权力清单，明晰村（社区）干部权力"边界"。运用公开公示栏、村民大会、微信公众号、网站等各种载体向群众宣传"小微权力"，让村（社区）干部明白权力界限有关要求清单及运行内容，提高群众知晓度，方便群众办事。

同时，加大乡（镇、街道）纪委对小微权力运行清单执行的检查督促力度，对村干部"小微权力"清单规定事项实行全程纪实、全程监管。加强对村级事务决策、执行等权力运行过程的社会监督，监督村（社区）、村（居）民小组自觉按清单办事，对村级事务实施过程中发现的问题、群众提出的质疑，及时问询，督促整改。建立执行"小微权力"清单考评、监督、问责等制度体系，将清单落实情况纳入村（社区）干部年度考核，考核结果与年度奖惩和评先选优等直接挂钩，推动工作落实。把制定和执行村级"小微权力"清单作为抓基层党建的一项重点工作，加强组织领导，督促村一级建立村级事务全程参与制度，凡"小微权力"清单规定事项要全程参与，发现问题，及时上报，确保权力清单落地见效。

4. 深入推进法治进村

一是加强法治村创建。通过开展民主法治村、民主法治社区创建活动推动乡村法治建设，提高群众法治意识，强化依法治村、依法管理。

二是稳步推进公共法律服务工作。在县乡两级组建法律服务中心，在村委会（社区）组建公共法律服务站，为群众提供全方位一条龙式法律服务。

三是实施"一村一法律顾问"工程。为每个村配备一名法律顾问，发动基层法律服务工作者参与矛盾纠纷调解，为群众提供法律咨询，引导群众运用法律途径维护合法权益。

（三）发挥"德治"作用

在加强"法治"建设的同时，云南通过修改完善村规民约，将传统治理资源整合到乡村治理中来；加大社会主义核心价值观的宣传培养力度，促进移风易俗；以乡村振兴战略的推进为平台，广泛号召和吸引各类新乡贤参与乡村治理，推广"爱心超市"，倡导崇尚、崇德的良好风气，不断挖掘乡村治理的软实力，促进乡村"德治"发展。

1. 以村规民约整合传统治理资源

把村规民约作为深化村民自治、推进移风易俗、激发群众内生动力的重要抓手。在乡村治理中，云南以县为单位，逐步推进村规民约规范化，通过修改完善村规民约，将邻里互助、维护环境卫生等方面的传统文化吸纳到村规民约之中，尽量把村里一些得到群众认可的"土政策""土办法"制度化，用于规范村民的日常行为。如开远市到2020年年底，55个行政村全部制定村规民约，550个村民小组已经制定村规民约412个，成立村民议事会374个、红白理事会374个、道德评议会356个、爱心超市19个。其中，碑格乡左美果村民小组在村规民约中规定，"家里卫生脏乱，不听劝者，罚扫街心和公厕一天；乱丢乱倒垃圾在路边，罚把自己倒的垃圾清扫干净，再罚扫街心一天；不爱护公共设施、故意破坏公共设施，造成损坏按原价十倍处罚；不参加集体劳动和公益活动的，每次罚款100元；不尊老爱幼，婆媳、夫妻、兄弟、姊妹经常吵架、打架，家庭关系不和谐的，不让参加村组的集体活动；经常跟隔壁邻居、亲戚朋友吵架、打架、挑拨是非的，不让参加村组集体活动；手脚不干净，偷鸡摸狗者，抓到处罚十倍，不给予享受村组任何好处；好吃懒做、整日喝酒醉醺醺，不干农活，生老病死村组不给予任何帮助；红白喜事大操大办、铺张浪费的，罚杀羊一只请全村人吃等"。通过建立惩罚机制，村中一些不文明的行为得到有效整治。

2. 以社会主义核心价值观推动移风易俗

加强社会主义核心价值观培育。在推进乡村德治中，县乡两级通过开展社会主义核心价值观宣传教育、乡风文明建设、文体活动等丰富多彩的创新活动，培养规矩意识，提升农村群众文明素质和文明程度，杜绝好吃懒做、封建迷信、赌博成性、垃圾乱堆乱放等不良现象。具体实践中，以广播电视、互联网、报刊、墙壁绘画、手机等为载体，大力宣传社会主义核心价值观，宣传积极向上，通过努力勤劳致富的实例；宣传通过改变大吃大喝、喜事新办、丧事从俭减少开支，实现致富的实例；宣传通过互帮互助，集体维护环境卫生、生态环境，形成良好村风，实现和谐发展的实例。一些县（市、区）通过发布禁止铺张浪费的号召，甚至出台禁止除结婚、丧事以外的宴请，改变大操大办红白喜事的陋习。一些村庄设立"红白"理事会和道德评议会，改变和避免群众大操大办、盲目跟风、相互攀比等现象，促进了厚养薄葬、丧事简办、喜事新办的新风尚。

3. 以乡村振兴引导新乡贤参与

新乡贤是心系农村，投身和致力于农村公益事业的社会贤达。既有经济能人，也有社会名流和文化名人。从居住和工作地看，可分为在场新乡贤和不在场新乡贤两种类型。新乡贤在乡村治理中发挥着文化传承、道德教化、经济发展、社会治理四个方面的作用。近年来，云南以乡村振兴为契机，整合新乡贤资源，推动乡村治理有效。

一是加强对在场新乡贤的整合利用。在新农村建设和脱贫攻坚实践中，云南部分县（市、区）对"土专家""乡秀才"进行认定和管理，并给予物质奖励，对整合利用新乡贤资源进行了探索。

二是鼓励"不在场"新乡贤参与乡村振兴规划。云南鼓励党政机关、企事业单位职工回乡参与乡村振兴规划，发挥乡贤作用，促进乡村全面振兴。

三是引导"不在场"的经济精英回乡创业。云南鼓励外出打拼的村民回乡创业，通过带动村庄产业发展，促进乡村全面发展。

此外，广泛开展"爱心超市"建设。一些村庄通过爱心捐赠、集体经济经营等多种途径筹措"爱心超市"商品，对村民维护环境卫生、遵守村规民约、孝老爱亲、教育子女、发展致富等情况进行考评积分，根据积分免费兑换相应商品，提高村民崇尚崇德的观念。

二、存在的问题

在乡村治理中，村民自治是基础，法治是保障，德治是重要方向，但受到长期行政管理的影响，云南村民自治基础仍然薄弱，法治建设尚处于起步阶段，德治资源开发利用不足。

（一）村民自治尚有不足

云南村民自治的推行比全国晚10多年，目前，村民自我管理能力仍然不足，加之集体经济不发达、大量年轻人外流，村民自治仍然不完善。

1. 村民自我管理能力仍然不足

由于村民自治起步晚，村民自我管理实践时间尚短①，村民对民主选举、民主决策、民主监督、民主管理等知识的掌握尚有不足。同时，云南村民自治的推行是在"强调性制度变迁"下实现的，受到村民接受程度的影响，村民自治相关的文化普及也存在一定的不足。

2. 集体经济对村民自治的支撑能力不足

云南农村集体经济收入渠道单一，主要是资产收益、经营性收益较少。集体资金入股年收益低于10%，有的甚至低至3%；基础设施、物业等出租受基础设施规模、市场需求的影响，稳定性不足。云南省集体经济最发达的玉溪市，村级集体经济收入平均达到25万元，但集体经济薄弱的198个脱贫村集体经济收入刚超过5万元，还有89个经济收入在5万元以下的村集体。笔者对开远市的调查发现，集体经济收入达到10万元以上的村庄不到20%，多数山区村庄的集体经济收入低于5万元。

薄弱的集体经济对村庄治理的支撑能力不足。由于集体经济薄弱，云南农村党组织、自治组织的运转经费主要依靠财政投入。村集体经济薄弱，无法改善村庄内部公共产品供给，无法提供集体福利，群众幸福感、满意度难提高，村级治理绩效总体不高。

3. 年轻人流出影响村民自治

近年来，云南加快了农村劳动力转移就业的步伐，尤其是在脱贫攻坚中。大量的农村劳动力转移进入城镇，或在农村不同区域之间流动。大多数青壮年劳动力外出打工，外出打工的劳动力占全村劳动力的比例最高达到60%以上，一般村庄达到40%。劳动力向外流动，使民主选举变得困难，以村庄为基础的自我服务能力下降，尤其是集体应对干旱等自然灾害的能力下降，维护村庄公共环境卫生的行动能力下降等。治理主体面临着年轻人外出打工，以集体经济组织成员为基础，年富力强、有能力的自我管理人才难寻的问题。

---

① 按照2001年全面推行村民自治算起，只有20年时间。

(二)法治水平尚待提高

法治水平的提高既受到治理主体能力的限制,也受到治理客体观念的限制,同时还受到法治环境的影响。目前来看,云南农村法治宣传力度仍然不足,矛盾纠纷调解的专业化水平不足,信息化带来的社区虚拟化增加了法治的难度。

1. 法治宣传仍然不足

由于云南农村居住分散,目前农村法治宣传工作依然存在覆盖面不广、工作深度不够的问题。加之云南农村居民受教育水平总体不高,对法治思想的接受较慢,法治宣传仍然存在不足。更严重的是在一些少数民族地区,群众尚无法熟练掌握国家通用语言,而掌握少数民族语言的法治宣传人员有限,法治宣传效果进一步降低。

2. 矛盾纠纷调解专业性不足

虽然云南普遍成立了村级矛盾调解站,但由于纠纷调解员补贴少,无工作经费,导致部分调解员积极性不高,调解工作正常开展困难。同时,目前云南农村矛盾纠纷呈现多发、多样化趋势,多数纠纷涉及法律专业知识,而农村普遍缺少熟悉法律专业知识的专职调解员,难以将矛盾纠纷化解在基层。

3. 社区虚拟化增加了法治难度

随着信息技术的发展,传统具有明确边界的乡村治理格局正在被打破。乡村治理的物理边界表面看还是村庄,但在信息技术快速发展下,涉及的一些纠纷和事务已远超村庄物理边界。简单如快递进村、电商进村后,与互联网销售和购物相关的纠纷虽然涉及村民,但已不是发生在村庄范围内,而是发生在互联网这个虚拟的社区内。与社区虚拟化相关,法治的专业化、隐性化更加明显,增加了法治的难度。

(三)德治资源整合利用不足

德治资源是一种软实力,德治的推行与德治资源的开发利用具有重要的关系。目前，传统优秀文化开发不足、新乡贤资源整合不足，是云南农村德治推广面临的现实问题。

1. 传统优秀文化开发不足

虽然多数村庄利用村规民约对传统文化优秀的一面进行了整合，但更多集中在鼓励参与公共事务、邻里互助、孝老敬亲方面，尚未将传统文化中真正的精华"各美其美、美美与共"等文化精髓整合到乡村治理中。乡村治理对传统文化的整合利用工具性较强，而价值性利用较少，即将传统文化中的优秀一面作为治理目的的少，而作为工具的多。

2. 新乡贤资源整合不足

由于新乡贤认定和管理机制建设滞后，云南尚没有全省性的新乡贤认定和管理机制。只有极少数县（市、区）对"土专家""乡秀才"的认定和管理进行了探索，尚未有以"新乡贤"为对象的认定和管理机制探索，新乡贤资源整合利用不足。同时，受到农村医疗条件及享受医疗服务的制约（如农村卫生所、乡镇卫生院无法报销城镇职工医疗保险）和住房条件（如在农村已没有住房）等限制，部分新乡贤有心回村而无法回村。此外，新乡贤作用发挥缺少制度性平台。由于村民自治限制，新乡贤作为体制外精英无法进入村民自治体系中来，包括宗教方面的文化传承人、退休干部、企业职工等，作用发挥缺少制度化的平台，服务农村发展的合法性受到质疑。由于政府对新乡贤管理的缺位，导致新乡贤"无名无分"，容易被体制内精英排挤；形成个人利益至上的现象，影响公共利益成长；强调宗法族规，影响法治下乡进村；甚至影响民主决策，滋生黑恶势力。

（四）智慧治理发展滞后

智慧治理是应用现代信息技术、物联网等平台，将传统管理服务内容搬到网络上来；利用大数据分析，提高基层服务能力及服务满意度的一种治理方式。在智慧治理中，信息基础设施建设是基础，干部队伍服务理念转变是条件，管理服务模式创新是动力。虽然云南在平安乡村建设、基层组织建设中加快了智慧治理的发展步伐，但由于基础设施障碍、基层干部队伍能力、群众参与能力等方面的影响，云南乡村治理中智慧治理的发展相对滞后。目前，全省仅实现了乡村 4G 网络的覆盖，5G 网络建设刚起步，智慧治理的硬件基础设施建设滞后。同时，乡村治理还停留在传统的固定时间、固定场所服务机制建设阶段，还在偏重办公场所的建设，以及"坐班"及考核制度的建设阶段，尚没有转向以智慧治理基础设施建设及互联网为基础的"零距离"服务上。

三、发展展望及建议

伴随着农村发展战略向乡村全面振兴的转变，云南乡村治理的大背景已从城乡一体化向城乡融合发展转变，治理的开放性、共同富裕的价值性进一步凸显。同时，数字技术的应用将带动"智治"实践的发展，"四治融合"发展趋势将进一步明显。2022 年及今后一段时期，从治理有效的角度出发，提高云南乡村治理能力，需要建立与"四大趋势"相适应的治理体系和治理机制，以治理共同体建设为基本路径，搭建多元主体参与平台，发展壮大集体经济，整合治理资源，推进"四治融合"。服务于农业农村现代化，对外开放、包容、促进共同富裕的治理体系将在 2035 年左右建成。

（一）适应治理开放性增强趋势，加强制度创新

随着农村人口流动的加快，以及城乡融合发展的推动，从治理有效出发，云南乡村治理的开放性将进一步增强。这体现在两个方面：一是治理客体的流出与变化；二是治理主体的流入与变化。流出、流入与变化具体表现在两个方面：一是大量农村人口流入城市，村民自治的主体格局发生变化。二是与农地经营权的流转相伴，大量"新农人"进入乡村。实现乡村治理有效，就要按照构建治理共同体的思路，完善乡村治理体系，创新

乡村治理机制。

首先，打破封闭的治理运行机制，建立治理单位范围内各利益相关主体，包括治理主体和治理对象共同参与的治理机制。换句话说，在原来以村民为基础的治理机制背景下，外来者仅作为治理对象存在，而无法参与治理即无法成为治理主体，新形势下，急需打破这一格局，及时建立外来者参与的治理主体格局，让外来者也有发表自己利益需求的权利。

其次，建立与农村产权制度改革相适应的治理机制。应当围绕"民主选举、民主决策、民主管理、民主监督"四个环节和内容对治理机制进行创新，对于集体经济组织成员，"四种权利"是完整的。对于外来经营者或其他迁入人群，"四种权利"在设计上应当是不完整的。现阶段应逐渐强调外来者在民主决策、民主管理两个方面的权利，逐步将其纳入村庄民主决策与民主管理中来，建立与集体产权制度改革相适应的治理机制。

（二）适应治理价值性凸显趋势，突出共富导向

脱贫攻坚以来，随着党建扶贫"双推进"的深入推进，党组织领办各类经济社会组织的实行，乡村治理服务于脱贫攻坚，服务于全面建成小康社会，服务于共同富裕的价值导向凸显。乡村治理已从原来工具性特征明显（如农业税征收、社会治安维护）转向促进人的全面发展、实现共同富裕。"十四五"期间，鉴于巩固拓展脱贫攻坚成果的需求，乡村治理服务于共同富裕的价值导向更加明显。适应治理价值性凸显的趋势，依托组织振兴，创新产业兴旺的方式，实现集体经济与产业协同发展。建立集体经济性分配机制，促进社会公平，改善社区福利。通过移风易俗、文化振兴，促进乡风文明，践行社会主义核心价值观，弘扬互帮互助。

具体来说，一方面发挥基层治理贴近群众的优势，做好返贫监测及帮扶；另一方面依托组织振兴，经营方式创新，实现产业兴旺，在产业兴旺

过程中，壮大集体经济。依托集体经济的发展，带动半劳动力、弱劳动力充分就业，增加一次分配收入。建立对弱者进行倾斜的分配制度，发挥集体经济收入分配对二次分配的补充作用，促进社区公平。通过治理方式创新，弘扬社会主义核心价值观等，促进社区互助，以社区为单位做强三次分配。当然，共同富裕是全面富裕，除了物质分配方面外，通过调动群众的参与积极性，发挥主体作用，增强获得感、幸福感也是重要的内容。而在实现经济发展的同时，促进社区社会结构转型、乡风文明、生态文明也是应有的内容。

（三）适应"四治融合"趋势，加快"智治"发展

随着中国特色社会主义现代化建设实践的推进，民主化、法治化逐步融入农村社会的方方面面，民主意识将得到长足发展，法治理念会深入人心，而传统文化中优秀的一面也不会消失，反而会随着民主理念、法治理念的发展而发扬光大。在这样的背景下，云南乡村治理"四治融合"趋势会更加明显，这是农村治理体系与治理能力现代化的重要体现。适应新的发展趋势，要以治理共同体建设来推动"四治融合"发展，尤其是"智治"的发展。乡村治理共同体，是党组织、自治组织、社会组织、企业、个人等相关主体基于村庄这个地域空间和利益关联，在多元协商基础上形成的稳定的有机体。通过治理共同体建设，可以将乡村范围内具有利益关联的各类主体网罗到党组织的领导下，并与村民自治有机结合在一起。为此，需要做好以下四个方面的工作。

一是健全村民自治，构建多元主体参与和管理平台。以村民自治为基础，搭建党委政府、党组织、自治组织、集体经济组织、企业、农民合作组织、其他社会组织、农民个人等相关主体广泛参与，制度化、常态化的管理平台，为不同主体参与乡村治理提供平台。具体建设中，按照民主协商和科技支

撑两条重要的建设路径来推进。① 把民主协商作为构建管理平台的价值理念，把科学技术应用到民主协商和管理中来，提高民主协商和管理的效率。

二是深入推进法治进村活动，促进乡村法治专业化、制度化。进一步加大法治宣传力度，开展形式多样、内容丰富的法治宣传活动，尤其是在少数民族聚居地区。在语言交流困难的背景下，可通过电视节目、文艺小品等形式多样的宣传方式，加大法治宣传力度。同时，加强村级法治专业化建设，在无法配备专业化法治宣传员、纠纷调解员的背景下，通过县域内法律专业机构、专业人员联系包村制度，提高乡村法治的专业化水平。

三是加强制度建设，进一步挖掘德治资源。首先，深入挖掘传统文化中优秀的资源，将其转化为治理资源和工具；同时，在乡村治理价值性凸显的背景下，将传统文化中优秀的一面上升为治理的目的，强化引导性作用。其次，依托村民自治民主协商方式创新，进一步整合各类德治人才，促进乡村德治的发展。如通过组建红白喜事理事会、易地搬迁理事会和农地经营权流转协调理事会等，将村庄中的老年人、文化精英吸纳到社区治理中来。最后，重视新乡贤资源的整合利用。通过建立县域范围内新乡贤识别、认定、管理体系，规范新乡贤参与乡村振兴、乡村建设、社会治理行为。从打造乡村治理共同体角度出发，为新乡贤参与乡村振兴搭建统一平台。在乡镇、村一级设立乡村振兴理事会，广泛网罗乡镇、村范围内的乡贤达人，将新乡贤整合到服务乡村振兴的人才队伍中来。或在乡镇、村成立乡贤理事会，整合各类新乡贤，服务乡村振兴。建立新乡贤服务农村的激励机制，对那些在乡村振兴中积极贡献，在经济发展、村庄治理、文化传承、道德教化等方面具有重大贡献的乡贤达人给予奖励和表彰，让他们获得物质和心灵的慰藉。

四是加强数字技术应用，加快"智治"发展。首先，加快以信息技术

---

① 郁建兴：《社会治理共同体及其建设路径》，《公共管理评论》2019年第1期，第59—65页。

为核心的数字基础设施建设步伐,为适应"智治"奠定坚实的物质基础。其次,创新基层治理模式,建立以信息技术为支持,跨越时空的网络服务与管理模式,将传统的固定时间、固定场所服务与管理模式搬到网络上来,打造"零距离"式的网络化服务。最后,将线上和线下有机结合起来,将年轻人线上参与为主和中老年人线下参与为主有机结合起来,引导农村居民广泛参与到治理中来,提高政治参与水平。

(作者单位:云南省社会科学院农村发展研究所)

全面加强乡村文化建设

张源洁

观点概述

文以载道，汇则兴邦。"中国文化以乡村为本，以乡村为重，所以中国文化的根就是乡村"①。乡村文化建设不仅是乡村振兴的重要内容和基本手段，而且是全面建设农业农村现代化的精神基石和不竭动力。

云南高度重视文化建设，始终坚持高位推动，加快建设文化强省步伐，促进乡村文化繁荣发展。尤其是党的十八大以来，云南各族群众的积极性和文化创造力空前迸发，乡村文化建设在新的起点上实现了更高水平的发展。云南在全面贯彻落实中央关于农村文化事业发展系列要求部署的基础上，针对农村发展和文化需求实际，通过建立健全政策体系、提升乡村公共文化服务体系建设水平和服务效能、充分挖掘优秀传统文化资源助力文化产业发展等举措，实现了五级公共文化服务设施网络全覆盖、服务效能和群众文化生活质量"双提升"、农村居民文化娱乐消费水平稳步增长。在用好用活民族文化资源的同时实现了乡村文化产业的良好发展，在充分保障农民群众基本文化权益的同时创造了更高的社会文化价值。然而，云南乡村文化建设的现实基础与实现乡村文化振兴和农业农村现代化发展要求之间仍存在不小差距，公共文化产品供需匹配性低、农民主体意识薄弱、

---

① 中国文化书院学术委员会编：《梁漱溟全集》（第1卷），山东人民出版社2005年版，第612—613页。

文化产业发展尚不成熟等问题仍阻碍着乡村文化的全面提升。

进入新发展阶段,云南乡村文化建设要从全面完善公共文化服务有效供给、增强农民群众文化自觉自信、大力弘扬优秀民族传统文化、实现农村文化产业现代化的方向奋力前行,实现满足人民文化需求和增强人民精神力量相统一,乡风文明程度和农村公共文化服务现代化水平显著提升,充分保障人民基本文化权益,广大农民群众的文化参与感、获得感和幸福感显著增强,到2035年基本实现"文化强省"目标。

一、乡村文化发展呈现欣欣向荣态势[①]

长期以来,云南省委、省政府把乡村文化建设放在农村发展的重要位置,立足实际,按照网络健全、运行有效、惠及全民的原则,以推进公共文化服务体系现代化为抓手,从制度保障、基础设施、服务体系、人才培育和产业发展等多个层面,内外兼顾,整体协同。经过多年努力,全省农村公共文化服务网络基本健全,公共文化产品和服务供给能力明显增强,群众精神文化生活品质得到较大提升,民族传统文化得到大力弘扬,农村文化产业蓬勃发展。

(一)制度保障体系日趋完善

长期以来,云南省委、省政府在贯彻落实好中央关于乡村文化建设精神的基础上,结合实际积极推动公共文化服务供给机制的创新,出台了一系列支持促进乡村文化建设的政策举措。2009年1月,云南在全国率先颁布实施《中共云南省委办公厅、云南省人民政府办公厅关于加强农村公共文化服务体系建设的意见》,并提出安排农村"文化惠农"活动补助经费,

---

① 本节数据(除特别标注以外)均来源于《云南省庆祝中国共产党成立100周年系列新闻发布会——提升文化软实力建设文化强省专题发布会》,云南省网上新闻发布厅,http://www.yn.gov.cn/ynxwfbt/html/2021/zuixinfabu_0514_3833_2.html。

选派文化副县（市、区）长、副乡（镇）长，给民间艺人评定职称，对乡镇综合文化站及工作人员实行"双重管理"等创造性举措。2012年4月，《云南省人民政府关于加强公共文化惠民服务体系建设的意见》成为全国首个从文化惠民的角度对公共文化服务体系建设做出制度性安排的文件。2015年11月，中共云南省委办公厅、云南省人民政府办公厅印发《关于加快构建现代公共文化服务体系的实施意见》，并制定了《云南省基本公共文化服务实施标准（2015—2020年）》。为进一步推进基层公共文化资源有效整合和统筹利用，提升基层公共文化设施建设、管理和服务水平，2016年8月《云南省人民政府办公厅关于推进基层综合性文化服务中心建设的实施意见》明确提出，到2020年全省范围内的乡（镇、街道）和村（社区）普遍建成集宣传文化、党员教育、科学普及、普法教育、体育健身等多功能于一体的基层综合性公共文化设施和场所。同时《云南省基层综合性文化服务中心建设指导标准》就基层综合性文化服务中心的功能定位、职能职责、硬件建设、软件服务等方面提出了19条指导标准。2018年，《云南省现代公共文化服务体系建设三年行动计划（2018—2020年）》提出用3年时间基本解决县乡村基层公共文化服务设施不足的短板问题，全方位构建省、州（市）、县（市、区）、乡（镇）、村（社区）五级公共文化基础设施网络。2020年起云南推动出台《云南省公共文化服务保障条例》工作。这一系列政策文件为推进全省乡村现代公共文化服务体系建设提供了重要的政策依据和制度保障。

（二）基础设施网络五级覆盖

1984年，云南省有农村放映队4178个，仅能覆盖全省4.48%的村委会；有农村集镇文化中心48个，仅占全省乡（镇）的0.36%。[①] 为给乡村文化活动开展创造良好的条件，云南不断调整优化支出结构，积极争取中

---

① 国家统计局农村社会经济调查司编：《中国农村统计年鉴1986》，中国统计出版社1986年版，第257页。

央财政支持，整合省财政文化惠民专项资金，加大对公共文化服务体系建设的投入，突出"打基础、补短板、填空白、提效能"。全省大力推进九大文化民生工程，加快基层公共文化惠民服务体系提档升级建设，深入开展"云南省公共文化服务体系建设补短板三年行动计划"，还实施两批"贫困地区百县万村综合文化服务中心示范工程"（959个）和"贫困地区民族自治县、边境县村综合文化服务中心覆盖工程"（3169个），基本实现省、州（市）、县（市、区）、乡（镇）、村（社区）五级公共文化服务设施网络全覆盖。截至2020年年底，全省共有公共图书馆151个，县均拥有量达1.17个；文化馆149个，县均拥有量达1.16个；农家书屋13994个、国门书社19个以及文化惠民示范村235个、农村文化产业合作社300个、非遗中心27个；已达标乡镇综合文化站1450个，覆盖率为102.6%；村级综合性文化服务中心14455个，村级覆盖率达到95%以上；文化信息资源共享工程乡镇以上全覆盖，县级基本公共文化服务标准化建设完成率100%。

"十三五"以来，中央和省级财政共投入18亿元支持广播电视事业建设，全省广播人口覆盖率从2008年的93.10%提高到了2020年的99.26%，电视人口覆盖率从2008年的94.30%提高到了2020年的99.38%，满足了农民群众对于广播电视节目的基本需求。截至2020年年底，全省共有影院369家、农村数字电影院线公司15个、农村电影管理站1个、农村数字电影放映小队780个，全省8502个贫困村、11个"直过民族"和人口较少民族主要聚居区、易地扶贫搬迁集中安置点均实现广播电视信号全覆盖。农村用户通过广播电视卫星户户通设备，能够免费收听收看到87套电视节目（其中标清62套、高清25套）和47套广播节目（中央台18套、省级广播29套）。城乡密集人口地区通过无线接收可免费收看到12套中央数字电视节目，收听到3套中央数字广播节目，极大丰富了广播电视节目供给，较好地满足了人民群众精神文化需求。

（三）公共服务水平显著提升

一系列文化惠民工程的深入实施满足了广大农村居民的基本文化需求，保障了群众基本文化权益，提升了云南基本公共文化服务水平。首先，基本公共文化服务免费开放。全省公共美术馆、图书馆、文化馆（站）、博物馆的公共空间场地、基本服务项目全部向社会公众免费开放。以县级文化馆、图书馆为中心的总分馆制的实施，推动了优质资源向基层倾斜和延伸，促进城乡均衡化发展。其次，云南省通过国家公共文化服务体系示范区（项目）提高公共文化服务效能，发挥了明显的带动作用。先后创建保山市（第一批）、楚雄州（第二批）、曲靖市（第三批）国家公共文化服务体系示范区，把农村留守群体和贫困群众作为公共文化服务重点对象，有针对性地开展公益性文化艺术培训服务、展演和科普，满足了特殊群体的基本文化需求。保山市公共文化设施网络由四级向五级延伸，建成一批既体现乡土文化特色，又发挥爱国爱乡教育作用的文化大院。曲靖市深度挖掘农村传统文化资源打造"乡贤书院"，通过文化带动形成农村文化大户群，形成农村群众接受新时代中国特色社会主义文化熏陶、接受"乡贤"精神洗礼、传承传统优秀文化和传统民俗技艺的乡村文化振兴主阵地。楚雄州的"农民素质教育网络培训学校建设"、昭通市的"送文化百千万工程"和"西部贫困地区精神文化家园建设"等国家公共文化服务体系示范项目，以及昆明市"公共文化服务包"、保山市隆阳区芒宽镇"整合资源、综合利用"、昭通市大关县"背篓图书馆"、泸西县"错时服务、提升效能"等经验，贴近基层、贴近群众、贴近生活，将公共文化服务送到田间地头，打通了基层公共文化服务的"最后一公里"，实现了公共文化服务与农村群众的"零距离"，有效保障了基层特别是边远山区群众的基本文化权益。

（四）群众文化生活形式多样

由于地形复杂、群众居住分散，为了保证人民群众共享文化成果，云南文化和旅游部门采取"送文化上门"的服务方式，通过"戏曲进乡村"、农村电影放映、国门文化形象建设、文化遗产保护、"建设者之歌"云南省农民工文化节、"彩云奖"获奖优秀作品巡演、中国（福保）乡村文化艺术节、"文化大篷车千乡万里行""三下乡"集中示范文艺演出等一系列保障文化资源向基层、向农村倾斜的举措，把党的政策、社会主义核心价值观、脱贫攻坚先进典型和疫情防控宣传通过歌舞、小品、快板、滇剧、京剧、花灯等老百姓喜闻乐见的形式送到群众身边，让群众"零距离"接触文艺精品。从2009年以来，以省级6个院团和招标采购的24支文艺队伍为主干，带动全省16个州（市）、129个县（市、区）、1368个乡（镇），每年惠民演出1万余场，文化受益人群突破1250万人。全面实现一村一月放映一场电影的公益文化活动，全省每年为农村放映电影达1万多场次，满足了广大农民群众看电影的需求。"十三五"期间，全省文化惠民深入推进，各级文艺院团完成惠民演出49396场，观众人数达7000余万人次。

（五）数字文化建设提档升级

公共数字文化服务提档升级，重点实施文化信息资源共享工程、数字图书馆推广工程和公共电子阅览室建设计划等三大公共数字文化惠民工程，为贫困县的贫困乡镇数字文化驿站配发设施设备。文化共享工程在全省范围建成1个省级分中心、16个州（市）支中心、129个县级支中心、1375个乡（镇）服务点暨"农文网培学校"、10942个村级服务点暨"农文网培分校"，州（市）、县（市、区）、乡（镇）覆盖率均达100%，形成了上有省级分中心、州市支中心，下有县级支中心、乡镇服务点和行政村服务点的五级服务网络。[①] 全省各地农村文化网络培训学校累计开展各类培训达2万多次，培训农民200多万人次。

实施中国文化网络电视工程，以点带面、加快推进。玉溪、大理、丽

---

① 云南省图书馆：《发展中的云南省图书馆之"数字文化建设篇"服务》，搜狐网，2019-11-08，https://www.sohu.com/a/352497685_779499。

江、迪庆、文山、普洱、西双版纳、红河、曲靖、昭通建成了州（市）、县、乡镇三级中国文化网络电视服务点919个。此外，基本建起全省公共电子阅览室信息管理平台，实现了公共电子阅览室建设的全省乡镇全覆盖。全省边境线上建成乡镇基层服务点22个、数字文化驿站（村级）服务点754个，并逐步在全省边境地区推广。① 同时，通过加强中西部贫困地区提档升级建设，全省贫困地区建成乡镇基层服务点200个、村级数字文化驿站80个；在省内13个州（市）建成中国文化网络电视州（市）、县、乡镇三级基层服务点1001个，实现乡镇以上基层服务点100%覆盖，并完成专项资源建设。②

（六）文化志愿服务氛围浓厚

全省志愿服务事业从20世纪60年代学雷锋活动起步，改革开放后有长足发展。党的十八大以来，全省深入学习贯彻习近平总书记关于志愿服务的重要指示精神，贯彻落实党中央关于志愿服务工作的决策部署，大力推动全省志愿服务事业蓬勃发展。文化志愿者服务坚持以人民为中心的思想，对接人民群众的需求，逐渐形成百姓"点单"、组织"派单"、志愿者"接单"、群众"评单"相贯通的工作模式。深入边疆民族地区、贫困农村、劳动生产一线，开展"文化进万家""到人民中去""送欢乐·下基层""文艺轻骑兵基层行"等志愿服务活动，将京剧、滇剧、花灯、话剧、曲艺说唱、民族歌舞、器乐演奏等基层群众通俗易懂、喜闻乐见的艺术形式与党的路线、方针、政策和党的十九大宏伟蓝图有机融合。782支文化志愿服务队伍和2.3万文化志愿者长期活跃在基层，成为全省公共文化服务的生力军，有效弥补了体制内文化人才资源的不足，有力地推动了农村文化的繁荣发

---

① 云南省图书馆：《发展中的云南省图书馆之"数字文化建设篇"服务》，搜狐网，2019-11-08，https://www.sohu.com/a/352497685_779499。

② 云南省图书馆：《发展中的云南省图书馆之"数字文化建设篇"服务》，搜狐网，2019-11-08，https://www.sohu.com/a/352497685_779499。

展,云岭大地4700多万人民基本上可以在家门口"零距离"接触文艺精品。

(七) 文化娱乐消费水平稳步增长

随着农村公共文化基础设施日益完善,群众性文化活动的丰富多样,全省农村居民的文化娱乐消费水平也逐步提升。统计显示,云南农村居民教育文化娱乐人均消费性支出由2013年的538.20元增长到2020年的1324元,年均增长35.14%[①];教育文化娱乐人均消费性支出占人均消费总支出比从2013年的10.3%提高到2020年的11.96%,提高了1.66个百分点。从全国平均水平来看,2013年,全国农村居民教育文化娱乐人均消费性支出为754.61元,2020年增加到1309元,年均增长24.78%;教育文化娱乐人均消费性支出占人均消费总支出比从2013年的10.1%降低到2020年的9.5%,下降了0.6个百分点。[②] 云南农村居民教育文化娱乐人均消费性支出年均增速高于全国10.36个百分点,教育文化娱乐人均消费性支出占人均消费总支出的增幅也均高于全国。云南省农民文化娱乐支出指标已经实现小康目标,为农业农村现代化打下了坚实的基础。

(八) 传统文化焕发勃勃生机

历史文化名镇名村数位居全国前列。截至2020年年底,全省共有国家级和省级历史文化名城(镇、村、街)88处,共有708个中国传统村落列入中国传统村落名录,数量位居全国第二。

文化遗产传承保护取得新突破。全省非物质文化遗产保护弘扬工作不断加强,少数民族类非物质文化遗产成果位居全国前列。全省有世界文化遗产2项(丽江古城、红河哈尼梯田),红河哈尼梯田入选"中国十大魅

---

① 国家统计局云南调查总队:《2020年云南省居民人均可支配收入达23295元》,光明网,2021-01-25,https://m.gmw.cn/2021-01/25/content_1302069615.htm。

② 国家统计局:《2020年人均教育文化娱乐消费支出2032元》,中国经济网,2021-01-18,http://www.ce.cn/culture/gd/202101/18/t20210118_36234995.shtml。

力湿地",正在申遗1项(景迈山茶林文化景观),有世界自然遗产3项(三江并流、石林、澄江化石地)、世界记忆遗产1项(丽江纳西族《东巴经》手稿)。有国家级非遗代表性项目105项(居全国第12位,目前还有23个非遗项目入选第五批国家级非物质文化遗产代表性项目公示名单)、代表性传承人125人,省级非遗代表性项目541项、代表性传承人1419人,州(市)级非遗代表性项目3015项、代表性传承人3568人,县(市、区)级非遗代表性项目7766项、代表性传承人12563人,并有"傣族剪纸"和"藏族史诗《格萨尔》"两个项目入选联合国教科文组织"人类非物质文化遗产代表作名录",14个传统技艺入选第一批国家传统工艺振兴项目。成功创建2个国家级文化生态保护实验区、85个省级民族传统文化生态保护区,命名28个省级非遗保护传承基地。

民族文化"双百"工程项目成效显著。"十三五"期间,云南省共扶持少数民族传统文化抢救保护项目709个、世居少数民族文化精品工程项目110个、民族文化"百项精品"项目102个、民族文化"百名人才"100人,建设85个民族传统文化生态保护区、29个少数民族特色乡镇、780个少数民族特色村寨,有效地推动了民族文化的传承保护和创新交融,增强了文化认同,夯实了铸牢中华民族共同体意识的思想基础。

民间文化艺术活力绽放。全省先后建立《民族文学》丽江、玉溪等多个国家级、省级创作基地,少数民族作家累计104人次获全国少数民族文学创作"骏马奖",数量为全国之最。曲靖市陆良县民间书法艺术、昆明市石林县彝族撒尼民间歌舞、普洱市澜沧县拉祜族摆舞、红河州石屏县龙朋镇海菜腔烟盒舞、大理州南涧彝族自治县宝华镇彝族跳菜、红河州建水县临安镇紫陶烧制技艺、丽江市古城区大东乡热美蹉等20个单位获"中国民间文化艺术之乡"称号。[1]

---

[1] 《文化和旅游部关于公示2018—2020年度"中国民间文化艺术之乡"名单的公告》,中国政府网,2019-01-16,http://www.gov.cn/xinwen/2019/01/16/content_5358280.htm。

（九）人才队伍建设提质增效

创新岗位设置。设立社区公共文化服务岗位，对高校毕业生报考文化部门公务员、相关专业研究生实行定向招录。按照服务人口规模，除在乡镇（街道）社会服务中心核定编制内配备专职文化员外，还以文化志愿者为基础，拓展优秀基层文化艺术队伍。在选派有大学生村官的村（社区），由大学生村官兼任村（社区）文化辅导员，这是云南省在全国的首创。建立文化遗产督导制度，负责对本辖区文化遗产保护工作进行监督、检查、评估、指导等，这也是云南省在全国的创新举措。省文化厅与省残联合作，安排财政专项资金选聘农村贫困残疾人担任农家书屋管理员，建立了一支专兼职的农家书屋管理员队伍。

加强人才培训。每三年对全省文化系统干部进行一遍轮训，逐步实行公共文化单位从业人员持证上岗制度。并组织开展"三区"人才培训，注重对农村文艺骨干、文艺人才的培训辅导。创新采用分级培训、网络培训方式开展文化共享工程人员培训，并利用"春雨工程"和"空中文化大讲堂"等远程培训实施立体型培训，提高基层文化队伍的组织能力和业务水平。

专业人才资源下沉。采取"请上来、送出去、走下去"的方式，认真组织开展"三区"人才支持计划文化工作者专项活动。建立健全以城带乡联动机制，通过开展"结对子、种文化"活动，把"送"文化与"种"文化结合起来，鼓励和组织专业文化工作者深入农村开展群众性文化培训、辅导、讲座和展演、展示等文化服务，引导和培育各种形式的自办文化。

（十）文旅融合助力产业发展

2013年，《中共云南省委、云南省人民政府关于建设旅游强省的意见》提出"把文化内涵的提升和文化元素的注入贯穿于旅游产业建设发展的全过程，渗透到吃、住、行、游、购、娱的各环节"，《云南省文旅融合发展实施方案（2020—2022年）》聚焦打造文旅融合重点示范项目。2012—2020年，云南规模以上文化企业营业收入从337.8亿元增加到

687.59亿元。其中，2019年全省共有规模以上文化及相关产业企业731家，从业人数7.94万人，合计实现营业收入725.50亿元，资产1414.92亿元；丽江、保山、迪庆、昆明4个州（市）文化产业增加值占GDP比重在4%以上或接近4%，其中丽江市占比达到6.02%。[1]《云南省民族民间工艺品发展规划》确定了发展以"金木土石布"为核心的民族民间工艺品特色产业。经过多年的努力，原来藏在深山和边远村寨的刺绣、土陶、木雕、银饰等被推广到全世界。如今建水紫陶、鹤庆银器、个旧锡器、剑川木雕、开远根雕等具有浓郁地方特色的民族民间工艺品年产值均在10亿元以上；石林阿着底、鹤庆新华村、剑川狮河村、腾冲荷花乡、香格里拉尼西村等50多个村寨通过发展具有浓郁地方特色的民族民间工艺品，转移了农村剩余劳动力，增加了农村群众收入，优化了农村经济结构。

此外，全省先后建成建水紫陶国家文化产业示范园区，元阳哈尼梯田等30余个文旅融合示范景区，大理、丽江、建水等30余个文旅融合示范小镇以及60余个文旅融合示范村，昆明老街、畹町边境风情街等多条文化旅游特色街区，推出80条精品非遗体验线路和10条乡村精品旅游路线，开发了"云南印象"等41项精品旅游演艺节目，成功举办46项国际性文旅活动和100多项体育旅游赛事活动，以文促旅、以旅彰文，全面推进文旅融合发展。截至2020年年底，全省共有A级旅游景区247家，其中，5A级8家、4A级74家；国家级旅游度假区5个，省级旅游度假区22个；还包括扎西会址、皎平渡口等467个具有革命纪念价值的红色旅游资源点。[2]

---

[1] 《七彩云南给你好看 云南文化产业走向高端化、国际化、特色化发展》，搜狐网，2019-09-22，https://www.sohu.com/a/491225396_99986045。

[2] 《云南省庆祝中国共产党成立100周年系列新闻发布会·提升文化软实力 建设文化强省专题发布会》，云南省人民政府网，2021-05-14，http://www.yn.gov.cn/ynxwfbt/html/2021/zuixinfabu_05141。

二、乡村文化建设仍存在短板弱项

经过不懈努力，云南乡村文化建设尽管取得了显著成就，但是对照"文化强国"建设战略部署要求，全省乡村文化建设的现实基础与实现乡村文化振兴、农业农村现代化发展要求之间仍存在不小差距。由于主体作用发挥匮乏、载体功能弱化、内生动力不足的现实困境，表现出"保基本"与"提效能""强外植"与"育内生""需求多样化"与"供给格式化"之间不匹配，制约着云南乡村文化建设水平的提升。

（一）服务体系未实现由量到质的提升

首先，五级公共文化服务硬件设施建设虽然实现了"全覆盖"，但相应的软件配套和服务能力依然不足，还存在空白不少、短板突出、弱项明显、效能不高的问题。目前一些已通过评估达到标准化建设的基层文化站还缺乏相应的配套使用设施，偏远地区乡镇不同程度上存在着文化场馆设施陈旧简陋、房屋年久失修、挪作他用等情况。在一些偏远山区，看电视、听广播是家庭主要甚至是唯一文化生活的现状仍未得到根本改观。其次，农村基层文化阵地管理水平滞后。各州（市）之间因财力、交通、开放程度、群众思想观念等方面存在差异，农村基层文化阵地管理存在区域间、群体间不均衡现象。对边远民族地区群众以及外来务工、农村留守（老人、妇女、儿童）等特殊人群的工作存在服务盲点。再次，现有的公共文体场所和设施缺乏统一规划，重复投入。公共文化服务多头管理，资源难以有效整合。乡镇综合文化服务中心实行双重管理模式，造成乡镇文化工作陷入"双重管难于管"的尴尬境地。最后，基层文化人才队伍存在不专干、不稳定、专业技能水平不足和积极性不高的现象。很多地方出台的乡村文化服务与管理制度"上得了墙"但"落不了地"，没有发挥任何实际作用。

（二）文化服务供给与实际需求不匹配

不同于利用市场手段进行资源分配、平衡供求和调节再生产比例的运作方式，现阶段全省农村公共文化服务供给仍然对政府包办模式存在较强的"路径依赖"，政府兼具文化生产与分配的角色，这种"格式化"的公共文化供给模式看似公平却难以兼顾农民多样化的文化需求，以致效率低下。[①] 云南"边疆、民族、山区"的省情实际，注定了民族间和区域间的文化差异，而文化差异进而形成了多样化的文化消费需求与选择。在乡村文化建设中，虽然各级各部门加大了公共文化服务和产品的供给，但大多是自上而下、固定内容的"格式化"供给，输送的文化服务和产品没有充分考虑针对地域、民族、年龄等需求差异进行精准投放，公共文化服务的供给与群众的需求不能及时有效对接，出现地方政府习惯性"端菜"与群众不能按自己的需求"点菜"之间的供需错位问题。加之社会力量参与公共文化服务的机制不健全，公共文化服务供给主体、形式单一，一些乡（镇）综合文化站、村（社）综合文化服务中心使用主体参与度低，致使农村公共文化建设针对性欠佳。比如，送电影下乡活动受到电影题材、放映环境、语言表达、农村空心化等因素影响，观影率不高。留守村民（主要是老人和妇女）需要的文艺活动等供给不足。少数民族文字出版物及音像制品和图文并茂、通俗易懂的适合农民群众的读物在基层图书馆和农家书屋还有待充实，多数农民群众还未形成阅读习惯，导致现有的农家书屋资源浪费。基层公共文化需求自发性、多样化与公共文化"格式化"服务方式之间协同体制机制不健全，农民处于被动参与乡村文化建设过程中。

（三）引外力与育内力未能有机结合

乡村文化建设包括"外引"和"内育"两种行为逻辑，一种是外部文化产品的直接引入，即通过提供公共文化服务产品缓解乡村文化供给不足

---

① 傅才武、刘倩：《农村公共文化服务供需失衡背后的体制溯源——以文化惠民工程为中心的调查》，《山东大学学报》（哲学社会科学版）2020年第1期，第47—59页。

的现实;另一种是培植乡村内部本土文化,即以农民为主体,以传统文化形式为载体开展的文化自组织与再生产。在现阶段,文化配送是乡村公共文化服务供给的主要方式,即通常所说的"文化下乡",包含图书报刊下乡、送戏下乡、电影电视下乡等诸多内容。在文化下乡的话语体系中,通过行政命令将决策部门认为农民所需的文化产品配送至乡村。文化下乡的优势在于易操作、见效快,农民名义上享有的公共文化资源数量增长明显。但在这种供给方式之下,农村公共文化服务更像是一种基于他者视角的文化安排,难以真正成为乡村文化振兴的"拉力"。大部分送文化下乡的过程具有即时性,农民对文化活动的体会和认知大都停留在感官层面,无法亲身获得参与感,也就无法将文化"种植"在农民的日常生活之中。[①] 这样一来,国家持续性的投入只是带来了"不间断"的文化产品输入,且文化产品只是到达了农村,却不能真正有效嵌入农民生活,文化引得进来却种不下去,而种不下去的关键原因是文化主体——人及人才的流失。随着城市化的快速推进,越来越多的年轻人走出农村,走进城市,扎根城市,导致"农村成为老弱病残群体的留守地,农业变成以老年人为主的老人农业"[②]。村庄精英外流,人才不回村,农民群众对乡村文化建设均表现出不同程度的疏离感,认同度较低,自觉意识和参与意识不强,农村文艺创作和表演人才及非物质文化遗产的传承面临后继无人的困境。

人才流失的同时还存在基层文化人才队伍建设滞后的问题。据省文旅厅初步统计,云南省"十三五"期间共有政府购买的公益文化岗位3277人,仅占已建12863个村(社区)综合文化服务中心的25.5%。除了昆明、曲靖、楚雄、玉溪落实较好外,有10个州(市)还是空白[③],远低于《云南

[①] 韩鹏云:《乡村公共文化的实践逻辑及其治理》,《中国特色社会主义研究》2018年第3期,第103—111页。

[②] 贺雪峰:《关于实施乡村振兴战略的几个问题》,《南京农业大学学报》(社会科学版)2018年第3期,第19—26页。

[③] 根据云南省文化与旅游厅《贯彻落实〈"十三五"时期云南贫困地区公共文化服务体系建设实施方案〉情况汇报》整理。

省基本公共文化服务实施标准》要求的"到 2020 年，村（社区）综合文化服务中心设有由县级政府购买的公益文化岗位不少于 1 个"的目标。同时，云南农村基层文化工作队伍不稳，缺乏有力的组织领导，乡镇文化干部虽做到了编制配备但多为兼职人员，随着年龄和知识结构日益老化，缺乏必要的业务指导和培训，难以适应乡村文化建设新形势和新任务的要求。

（四）民族文化赋能产业发展效益不显

首先，文化内涵的挖掘不够深入。全省历史文化、民族民俗文化特色资源尚未得到很好的彰显，旅游景区特色定位不够准确、清晰，一些地方忽略了民族文化在旅游业发展中的核心地位，在优秀传统文化的创造性转化、创新性发展上存在短板，文旅产业与农业生产创意、乡村功能创意、乡土生活创意、乡村景观创意的深度结合不足，给游客带来的体验性和娱乐性不强。文创产品研发缺乏特色和差异化，围绕农村优秀传统文化或非遗项目的文创产品开发步伐缓慢。文化创意、高科技元素在融合中的应用较少，产业链的纵向延伸不充分，缺乏具有竞争力及市场影响力的融合精品。

其次，一些地区虽然对乡村文化的价值有一定重视，但在挖掘开发资源过程中传承和创意略显不足。最重要的是忽视了自身本土文化所具有的特色，仅仅是复制其他地区的成功案例，加上基层政府在推进各种政策时，盲目套用标准化建设，陷入同质化的尴尬境地，造成乡村文化产业的产品和服务低端、雷同以及无差别。况且现阶段乡村文化产业又刚刚兴起，规模小，产业形态尚未形成，更谈不上形成产业链、产业集群，村民也无法得到长期稳定的收益。

三、乡村文化建设步入新发展阶段

党的十九届五中全会对开启全面建设社会主义现代化国家新征程的

"文化强国"建设做出了战略部署,提出"提高社会文明程度、提升公共文化服务水平和健全现代文化产业体系"的明确要求。"十四五"时期,我们要始终把发展好、实现好最广大人民的根本利益作为出发点和落脚点,不断满足广大农民群众日益增长的多层次、多样化、多方面的文化需求,让乡村文化发展成果更多、更公平地惠及全省乡村人口,实现满足人民群众多样化文化需求和增强人民精神力量相统一、乡风文明程度与农村公共文化服务现代化水平显著提升的良好局面。

(一)加快健全体制机制,提档升级服务阵地

一是尽快健全相应法治体系。健全的法规制度体系是农村公共文化服务供给的有力保障。确保《云南省公共文化服务保障条例》在2022年内出台实施,这将是云南第一部保障公共文化服务的法律条例。全面构建公平合理的农村公共文化服务供给的评价机制。根据农村公共文化服务的发展目标和群众的文化需求,建立科学完善的服务质量评价指标体系,从多层次、多角度对农村的公共文化服务水平进行科学评价。科学合理的评价机制能更好地满足农村居民的文化需求,保证文化服务供给质量。[①] 到2025年,乡村文化建设的规范化和法制化水平将大大提升,切实保障人民群众依法享有的基本文化权益。

二是加快补齐农村公共文化设施和服务短板。坚持"补短板、强弱项、提质量、增效能"原则,按照有标准、有网络、有内容、有人才的要求,补齐农村公共文化设施和服务短板。整合宣传、文旅、教育、体育、民政、妇联等不同系统的文化建设项目资源,同时提升政府向社会力量购买服务的水平,形成资源合力,推进州(市)、县(市、区)文化馆、乡(镇)文化站、村(社区)综合性文化服务中心专项治理、提档升级,启动实施基层综合性文化服务中心薄弱村服务效能提升工程,加紧建设硬件和软件"双配套",力争乡村两级公共文化服务覆盖率2022年达到98%,2025

---

① 张芬:《乡村振兴战略下农村文化建设研究》,吉林大学出版社2020年版,第108页。

年实现全覆盖，实现全省村（社区）以上公共文化设施全部达到国家建设标准。同时推动县级图书馆、文化馆总分馆制建设，发挥县级公共文化机构辐射作用。到2025年，全省县级文化馆图书馆总分馆制建设、基层综合性文化服务中心建设达标率实现100%。抓紧实施七彩云南全民健身工程，完善乡村公共体育服务体系，推动公共体育场地设施行政村全覆盖并向自然村延伸。

三是加大公共数字文化工程建设力度，补齐公共数字文化服务短板。各级政府应进一步加大财政投入力度，加强乡村宽带通信网、移动互联网、数字电视网建设，推进乡村公共文化基础设施的数字化、智能化，完善农村新闻出版广播电视公共服务覆盖体系，推进数字广播电视户户通，探索农村电影放映的新方法新模式，推进农家书屋延伸服务和提质增效。大力推动乡村文化治理的信息化建设，提升乡村文化治理的能力和水平，实现乡村文化治理现代化。

（二）有效衔接供给需求，精准投放文化产品

文化是人为的，也是为人的。[①] 乡村公共文化服务供给的有效性是建立在人民群众的满意度基础上的。[②] 坚持以人民为中心的工作导向，针对文化需求多样化、复杂化的特征，加强与农民群众之间的交流、互动和对话，建立完善供需反馈和纠偏机制，提高政府优质文化产品供给的效率，满足农民的所思所盼。

一方面注重差异，准确把握新时代乡村村民对公共文化的需求。根据每个地区、每个村落，针对不同年龄、不同层次农民群众特殊的、变化的文化需求，突出公共文化建设的特色，避免文化产品供给的同质性和不实用性。另一方面，坚持以需求为导向，构建精准的需求识别与表达机制，

---

① 费孝通：《论人类学与文化自觉》，华夏出版社2004年版，第183页。
② 廖晓明、徐海晴：《新时代农村公共文化服务供需问题探析》，《长白学刊》2019年第1期，第149—155页。

不断提高公共文化服务精准化水平。习近平总书记指出："文艺只有植根现实生活、紧跟时代潮流，才能发展繁荣；只有顺应人民意愿、反映人民关切，才能充满活力。"① 全方位多角度掌握老百姓的文化需求动态，及时调整公共文化服务的政策措施，按需求提供能体现地域和民族特色、贴近群众生活的文化产品和服务，构建有效的文化需求反馈机制和供给机制。鼓励基层开展群众性节日民俗活动，以"我们的节日"为主题平台，持续开展好具有云南民族特色的群众性自编自导自演形式为主的传统节日民俗和体育竞技活动。同时，加强"三农"题材文艺创作生产的组织引导和规划，结合"深入生活、扎根人民"主题实践活动，充分运用文化进万家、戏曲进乡村、"大家乐"群众文化广场、"文化大篷车千乡万里行"等平台载体，鼓励文艺工作者推出反映农民生产生活尤其是乡村振兴实践的优秀文艺作品。各县（市、区）每年开展戏曲进乡村演出活动，每个乡镇不少于1次，推动实现戏曲进乡村制度化、常态化、普及化。与此同时，还要注重加强农村科普工作，推动全民阅读进家庭、进农村，提高农民科学文化素养。

到 2025 年，农村公共文化服务供给将全面实现由"粗放、漫灌式"服务向"精准、订单式"服务机制转变。到 2035 年，便捷、高效、互动和多样的乡村文化产品和服务供给全面形成，农民的文化参与感、获得感和幸福感显著提升。

（三）加强人才队伍建设，激活乡村文化内力

一是加强现有文化队伍的培训和拓展。通过技能培训、文艺演出，充分挖掘农村优秀文化人才，提升其专业技能和职业道德，培养一支懂文艺、爱农村、爱农民、专兼职结合、综合素质较高的农村文化工作队伍。加大对农村文化团队建设的投入，可以通过购买文化服务，大力培育和扶持大批"小、弱、散"的业余文艺团队，引导民间文艺社团广泛参与公共文化服务，促进农民自办文化，扶持壮大农村业余文艺演出队伍和群众文化活

---

① 习近平：《习近平谈治国理政》（第二卷），外文出版社 2017 年版，第 317 页。

动积极分子队伍，将农村文化建设做大做强。

二是多渠道吸纳人才充实乡村文化队伍。构建政府、高校、科研院所和文化企业合作培养机制，运用好文化能人、传承人、带头人、返乡文化人才资源，着重培育一批既具备专业知识技能又擅长经营管理的人才队伍。积极引导有情怀有实力的企业家和文化工作者、科普工作者、退休人员、文化志愿者等投身乡村文化建设，成为乡村文化服务的一股强大力量，丰富乡村文化业态。

三是创新机制配齐岗位人员。建立村（社区）公益性岗位由县级文化部门培训考核、乡（镇、街道）聘任、村（社区）使用的"县考乡聘村用"管理使用机制，认真落实"在村综合文化服务中心设有由县级政府购买的公益性文化岗位不少于1个"及"村综合性文化服务中心由两委确定1名兼职工作人员"，确保到2025年年底全省范围内公益文化岗位人员全部配齐，每个乡镇（街道）综合文化站编制配备不少于1—2名，规模较大的乡镇（街道）可适当增加。

四是加强国家、省、市、县四级非物质文化遗产代表性传承人推荐认定培养工作，提高文化能人、民间艺人、非物质文化遗产代表性传承人等农村文化骨干的专业技能。到2025年，农村基层文化的自我发展能力得到全面提升。

（四）用好特色优势资源，推动文化产业升级

紧紧围绕云南民族文化强省建设，用好用活民族文化资源，与优秀传统文化深度融合，充分利用传统农耕文化、少数民族传统村落保护、传统手工艺、民族民间艺术等资源，实现传承保护乡村优秀传统文化和优化乡村产业结构的双提升。

一是充分挖掘和弘扬云南优秀传统农耕文化，加大农业文化遗产宣传推广力度。到2025年，全省建成一批特色鲜明、优势突出的农耕文化产业展示区和示范区，打造一批文化产业特色乡镇、文化产业特色村和文产业群。二是重塑乡村文化生态资源。推进历史文化名镇（村）、传统村落、民族特色村寨、民族文化生态旅游村、生态文化村建设，到2022年遴选200个基础条件较好、民族特色鲜明、发展成效突出、示范带动作用强的少数民族特色村寨，打造成为少数民族特色村寨建设典范。三是从2022年起大力推动农村地区实施传统工艺振兴行动计划，建立传统工艺工作站，支持开发少数民族刺绣、扎染、木雕、蜡染、大理石工艺品、银器、编织物、陶器制作、斑铜工艺、玉雕等具有潜力的少数民族手工艺品，培育具有民族和地域特色的传统工艺产品品牌，提高传统工艺产品设计、制作水平，培育具有民族和地域特色的乡村传统工艺产品，促进文化资源与现代消费需求有效对接。推动文化、旅游与其他产业深度融合、创新发展。

同时，打造乡村特色文化产业示范工程，促进乡村文化市场优化升级。到2022年，培育50个特色文化产业示范企业、50个特色文化产业示范村、50个民族民间工艺品知名品牌、50个以金木土石布为代表的特色文化产业销售示范街区。到2025年，全省形成一批具有鲜明特色的地方和民族文化产业形态，优秀传统文化和技艺得到有效弘扬和传承，打造100个特色文化产业知名企业和特色文化产业示范村，形成一批有特色、有品牌、有市场的文化产品。为实现云南旅游文化业到2025年实现总收入达到2万亿元，到2030年达到3.5万亿元、占GDP比重达到12%的目标贡献乡村文化的重要力量。

（作者单位：云南省社会科学院农村发展研究所）

参考文献

一、著作

[1] 本书编写组编：《粮食安全干部读本》，人民出版社 2021 年版。

[2] 本书编写组编著：《〈中共中央关于制定国民经济和社会发展第十四个五年规划和二〇三五年远景目标的建议〉辅导读本》，人民出版社 2020 年版。

[3] 陈锡文、韩俊主编：《中国农业供给侧改革研究》，清华大学出版社 2017 年版。

[4] 当代云南编辑部：《当代云南大事纪要 1949～2006》，当代中国出版社 2007 年版。

[5] 费孝通：《论人类学与文化自觉》，华夏出版社 2004 年版。

[6] 国家发展和改革委员会价格司编：《全国农产品成本收益资料汇编 2014—2020》，中国统计出版社 2014—2020 年版。

[7] 国家统计局编：《中国统计年鉴 2011—2020 年》，中国统计出版社 2012—2021 年版。

[8] 国家统计局农村社会经济调查司编：《1985—2020 中国农村统计年鉴》，中国统计出版社 1985—2020 年版。

[9] 国家统计局云南调查队编：《云南调查年鉴 2014—2021》，中国统计出版社 2014—2021 年版。

［10］韩俊主编：《实施乡村振兴战略五十题》，人民出版社2018年版。

［11］金鹏辉等编著：《我国粮食安全问题研究——兼论耕地保护、农业现代化和对外开放》，中国金融出版社2016年版。

［12］裴长洪：《利用外资与产业竞争力》，社会科学文献出版社1998年版。

［13］王永龙：《分工与融合视角的现代农业发展研究》，中国社会科学出版社2012年版。

［14］王禹：《新形势下我国粮食安全保障研究》，中国农业科学技术出版社2016年版。

［15］魏后凯、闫坤主编：《中国农村发展报告——新时代乡村全面振兴之路》，中国社会科学出版社2018年版。

［16］习近平：《决胜全面建成小康社会夺取新时代中国特色社会主义伟大胜利——在中国共产党第十九次全国代表大会上的报告》，人民出版社2017年版。

［17］习近平：《习近平谈治国理政》（第二卷），外文出版社2017年版。

［18］云南高原特色农业理论与实践研究创新团队：《云南发展高原特色农业与构建新型农业经营体系研究》，云南人民出版社2015年版。

［19］云南高原特色农业理论与实践研究创新团队：《云南推进现代农业发展路径研究》，云南人民出版社2017年版。

［20］云南省人民政府办公厅、云南省统计局、国家统计局云南调查总队编：《云南领导干部手册2021》，云南人民出版社2021年版。

［21］云南省社会科学院农村发展研究所主编：《摆脱小农之困——云南农村改革发展40年》，云南人民出版社2018年版。

［22］云南省统计局编：《云南统计年鉴2006—2020年》，中国统计出版社2007—2021年版。

［23］张芬：《乡村振兴战略下农村文化建设路径》，吉林大学出版社2020年版。

［24］郑宝华主编：《云南农村发展报告2017—2018——云南农业供给侧结构性改革》，云南人民出版社2018年版。

［25］中共中央党史和文献研究院编：《习近平关于"三农"工作论述摘编》，中央文献出版社2019年版。

［26］中国文化书院学术委员会：《梁漱溟全集》（第1卷），山东人民出版社2005年版。

［27］朱泽：《中国粮食安全：实证研究与政策选择》，湖北科学技术出版社1998年版。

二、期刊

［1］陈俊江、李金兆、眭海霞：《"互联网+"视角下现代农业体系创新路径研究——以成都市为例》，《农业经济》2018年第1期。

［2］陈锡文：《实施乡村振兴战略，推进农业农村现代化》，《中国农业大学学报》（社会科学版）2018年第1期。

［3］丁威、解安：《习近平社会主义现代化强国目标体系研究》，《学术界》2017年第12期。

［4］杜志雄：《农业农村现代化：内涵辨析、问题挑战与实现路径》，《南京农业大学学报》（社会科学版）2021年第5期。

［5］郭迎锋、张永军：《我国2035年基本实现社会主义现代化指标体系构建及评估》，《全球化》2019年第10期。

［6］国家发改委宏观经济研究院"宏观经济政策动态跟踪"课题组：《粮食安全评估指标与方法研究综述》，《经济研究参考》2007年第13期。

［7］韩鹏云：《乡村公共文化的实践逻辑及其治理》，《中国特色社会主义研究》2018年第3期。

［8］何传启、刘雷、赵西君：《世界现代化指标体系研究》，《战略与决策研究》2020年第1期。

［9］贺雪峰：《关于实施乡村振兴战略的几个问题》，《南京农业大学学报》（社会科学版）2018年第3期。

［10］加快构建新型农业经营体系课题组：《安徽省加快构建新型农业经营体系研究》，《安徽农学通报》2014年第22期。

［11］贾帅帅、张旭辉：《新形势下中国粮食安全战略调整的现实逻辑——基于粮食、谷物与口粮自给率的分析》，《价格理论与实践》2016年第10期。

［12］孔祥智、周振：《新型农业经营主体发展必须突破体制机制障碍》，《河北学刊》2020年第6期。

［13］李刚、李双元：《青海省农业农村现代化发展水平研究》，《农业现代化研究》2020年第1期。

［14］梁冰倩、赵首：《经济新常态背景下新型农业经营主体发展的障碍与破解》，《河北青年干部管理学院学报》2019年第5期。

［15］廖晓明、徐海晴：《新时代农村公共文化服务供需问题探析辑》，《长白学刊》2019年第1期。

［16］刘国斌、方圆：《吉林省率先实现农业现代化发展研究》，《农业现代化研究》2021年第3期。

［17］刘晓梅：《我国粮食安全战略与粮食进口规模》，《宏观经济研究》2004年第9期。

［18］龙芳、曾福生：《中国粮食安全的战略目标与模式选择》，《农业经济问题（月刊）》2008年第7期。

［19］罗必良：《家庭经营仍是新型农业经营体系基础》，《中国集体经济》2014年第3期。

［20］罗雁等：《云南省农业种质资源保护利用对策研究》，《中国种业》2021年第8期。

［21］秦小立等：《云南省农业社会化服务体系和模式研究》，《热带农业科学》2015年第10期。

［22］任雅彤、许彩丽等：《吉林省农产品加工各子行业竞争力比较分析》，《延边大学农学学报》2014年第2期。

［23］申坤、谭鑫：《健全农业社会化服务体系引领云南小农户跟上现代化》，《创造》2018年第5期。

［24］苏李、臧日宏：《中国农产品加工业竞争力实证分析——基于国家和民族视角》，《国际经贸探索》2010年第8期。

［25］孙林华：《云南农作物种质资源保护现状、问题及对策》，《种子科技》2016年第10期。

［26］王亚华、侯涛：《立足国情农情推进农业农村现代化》，《中国党政干部论坛》2021年第1期。

［27］魏后凯：《深刻把握农业农村现代化的科学内涵》，《农村工作通讯》2019年第2期。

［28］习近平：《把乡村振兴战略作为新时代"三农"工作总抓手》，《求是》2019年第11期。

［29］肖路遥：《广州实现社会主义现代化指标体系研究》，《广州社会科学》2019年第02期。

［30］杨红杰：《我国畜禽遗传资源保护利用现状与展望》，《中国家禽》2011年第10期。

［31］郁建兴：《社会治理共同体及其建设路径》，《公共管理评论》2019年第1期。

［32］张应武、欧阳子怡：《我国农业农村现代化发展水平动态演进及比较》，《统计与决策》2019年第20期。

［33］中国社会科学院农村发展研究所课题组：《农村全面建成小康社会及后小康时期乡村振兴研究》，《经济研究参考》2020年第9期。

［34］朱鹏、王泽敏、穆瑞章：《基于高质量发展的天津都市农业产

业体系研究》,《天津经济》2020年第12期。

三、其他文献

[1] 新华社:《认真贯彻党的十八届三中全会精神汇聚起全面深化改革的强大正能量》,《人民日报》2013-11-29,第01版。

[2] 杨昆:《云南扎实推进新型农业社会化服务体系试点》,《中国财政报》2015-11-05,第08版。

[3] 杜尚泽:《微镜头·习近平总书记两会"下团组"(两会现场观察)》,《人民日报》2020-05-24,第01版。

[4] 朱海:《云南省大力发展乡村旅游》,《云南日报》2020-12-10,第01版。

[5] 刘子语:《2020年云南农产品出口逆势上扬鲜花出口量和出口额均居全国各省区市第一位》,《云南日报》2021-02-17,第01版。

[6] 郎晶晶:《全省村(社区)"两委"换届选举工作圆满完成——选好"领头雁"开启乡村振兴新征程》,《云南日报》2021-04-16,第01版。

[7] 谭鑫:《以"八化"促高原特色农业高质高效》,《云南日报》2021-05-05,第003版。

[8] 王淑娟:《全省秋粮播种完成97.7%》,《云南日报》2021-08-18,第01版。

[9] 云南省农业农村厅农村经营管理总站编:《云南省农村经营管理统计资料(2016—2020年)》,2017—2021年。

[10] 郑宝华:《以农业供给侧结构性改革确保云南粮食安全的对策》,《云南智库要报》2019年第19期。

[11]《2021年上半年中国国内生产总值532167亿元,同比增长12.7%》,新浪网,2021-07-15,https://finance.sina.com.cn/tech/2021-07-15/doc-ikqcfnca7010872.shtml。

［12］《农业部、国家发展改革委、科技部关于印发〈全国农作物种质资源保护与利用中长期发展规划（2015—2030年）〉的通知》，农业农村部网站，http://www.moa.gov.cn/nybgb/2015/si/201711/t20171129_6134098.htm。

［13］《农业部、国家发展改革委、科技部关于印发〈全国农作物种质资源保护与利用中长期发展规划（2015—2030年）〉的通知》，农业农村部官网，http://www.moa.gov.cn/nybgb/2015/si/201711/t20171129_6134098.htm。

［14］《文化和旅游部关于公示2018—2020年度"中国民间文化艺术之乡"名单的公告》，中国政府网，http://www.gov.cn/xinwen/2019-01/16/content_5358280.htm。

［15］《云南省"回眸'十三五' 奋进彩云南"系列新闻发布会·高原特色现代农业发展专题发布会》，云南省人民政府网站，2020年12月15日，http://www.yn.gov.cn/ynxwfbt/html/2020/zuixinfabu_1215/3425.html。

［16］《云南省农业农村局长会议：云南"十四五"期间将实施"一二三行动"加快打造世界一流"绿色食品牌"》，搜狐网，2021-01-25，https://www.sohu.com/a/446952528_120207611。

［17］《云南省庆祝中国共产党成立100周年系列新闻发布会——提升文化软实力建设文化强省专题发布会》，云南省网上新闻发布厅，http://www.yn.gov.cn/ynxwfbt/html/2021/zuixinfabu_0514/3833_2.html。

［18］《云南省深入推进乡村振兴"百千万"示范工程》，云南信息网，2021/05/29，http://www.yn16.com/news/931.html。

［19］《云南省深入推进优质粮食工程加快粮食产业高质量发展新闻发布会》，云南省人民政府网站，2021年10月16日，http://www.yn.gov.cn/ynxwfbt/html/2021/zuixinfabu_1016/4448.html。

［20］贵州省人民政府办公厅：《关于加强农业种质资源保护与利用的实施意见》，贵州农经网，2021-01-26；http://www.gznw.com/gznjw/kzx/njzx/qwfb/753868/index.html。

［21］国家畜禽遗传资源委员会办公室：《关于公布〈国家畜禽遗传资源品种名录（2021版）〉的通知》，中国畜牧网，http://www.chinafarming.com/axfwnh/2021/01/26/3307297899.shtml。

［22］国家统计局：《2020年人均教育文化娱乐消费支出2032元》，中国经济网，http://www.ce.cn/culture/gd/202101/18/t20210118_36234995.shtml。

［23］国家统计局：《中华人民共和国2020年国民经济和社会发展统计公报》，国家统计局网站，http://stats.yn.gov.cn/tjsj/tjgb/202103/t20210326_1048207.html。

［24］李树芬、乐志伟：《"云品""云企"如何提质增效：升级产业决胜市场》，云南日报网，https://www.yndaily.com/html/2017/yunguanzhu_0311/106968.html。

［25］李熙临：七彩云南给你好看云南文化产业走向高端化、国际化、特色化发展，搜狐网，2021-09-22，https://www.sohu.com/a/491225396_99986045。

［26］罗宗伟：《2020年云南省居民人均可支配收入达23295元》，云南网 http://society.yunnan.cn/system/2021/01/26/031255330.shtml。

［27］农业农村厅种业管理处：《解读〈云南省省级作物种质资源圃（库）管理办法〉》，云南省农业农村厅网站，https://nync.yn.gov.cn/html/2020/zhengcejiedu-new_0808/371846.html。

［28］前瞻产业研究院：《2020年云南省花卉行业市场现状及发展前景分析在较长时间内将保持在全国优势地位》，搜狐网，https://m.sohu.com/a/431315837_114835。

[29] 四川省人民政府办公厅：《关于加强农林业种质资源保护利用工作的意见》，四川省人民政府网站，http://www.sc.gov.cn/10462/10464/13298/13301/2018/8/30/10458360.shtml。

[30] 唯恒农小蜂：《2020年云南省中药材产业数据分析报告！》，唯恒农业：https://zhuanlan.zhihu.com/p/158151296。

[31] 吴洁：《云南省级财政补助6亿元支持"一县一业"示范县创建》，昆明市人民政府网站，http://www.km.gov.cn/c/2021-07-29/4032234.shtml。

[32] 伍策、尚槿：《云南：红色旅游、乡村旅游等新业态持续升温》，中国网 2021/02/08,http://travel.china.com.cn/txt/2021-02/08/content_77200168.html。

[33] 熊理然：《人口流动趋势更加明显人口集聚效应进一步加强——云南省第七次全国人口普查公报解读》，云南省统计局网站，http://stats.yn.gov.cn/tjsj/jjxx/202105/t20210517_1051973.html。

[34] 杨亚楠：《农业农村部：农业科技进步贡献率超过60% 现代农业建设取得明显成效》，光明网，https://economy.gmw.cn/2021-01/13/content_34539449.htm。

[35] 杨质高：《云南打造"绿色食品牌"成效显著！5个特色产业要实现"5年翻番"》，网易网，2021-05-07，https://www.163.com/dy/article/G9CQEHBJ0550QIIP.html。

[36] 亿邦动力：《阿里发布数据：18年云南109款地标农产品网络销售额超过44亿元》，中国投资咨询网，2019-04-30，http://www.ocn.com.cn/keji/201904/dfsot30165951.shtml。

[37] 云南省粮食和物资储备局：《坚定信心乘势而为不断开创粮食和物资储备行业改革发展新局面》，云南省粮食和物资储备局网站，2021-01-25，http://lswz.yn.gov.cn/gzdt/74173。

[38] 云南省粮食和物资储备局：《我省4个粮油产品上榜"中国

好粮油"》，云南省粮食和物资储备局网站，http://lswz.yn.gov.cn/gzdt/74255。

［39］云南省粮食和物资储备局：《云南省32个粮油产品入选2021年度"云南好粮油"》，云南省粮食和物资储备局网站，http://lswz.yn.gov.cn/gzdt/76824。

［40］云南省粮食和物资储备局：《云南省首个进境粮食保税加工项目落地红河综合保税区》，云南省粮食和物资储备局网站，http://lswz.yn.gov.cn/gzdt/77201。

［41］云南省农业农村厅办公室：《2018年云南省农业农村经济发展稳定》，云南农业信息网，http://www.ynagri.gov.cn/news8305/20190718/7021375.shtml。

［42］云南省农业农村厅种业管理处：《云南省农业农村厅关于公布第一批省级作物种质资源圃（库）的通告》，云南省农业农村厅网站，https://nync.yn.gov.cn/html/2021/yunannwenjian-qtwj_0305/377089.html。

［43］云南省统计局、国家统计局云南调查总队：《云南省2020年国民经济和社会发展统计公报》，云南省统计局网站，http://stats.yn.gov.cn/tjsj/tjgb/202103/t20210326_1048207.html。

［44］云南省统计局、云南省第七次全国人口普查领导小组办公室：《云南省第七次全国人口普查公报》，云南省统计局网站，http://stats.yn.gov.cn/tjsj/jjxx/202105/t20210517_1051975.html。

［45］云南省统计局副局长、新闻发言人胡明武：《上半年云南经济稳中加固持续向好》，云南省统计局网站，http://stats.yn.gov.cn/xxgk/gkml/zmfd/zm1/202108/t20210802_1058474.html。

［46］云南省图书馆：《发展中的云南省图书馆之"数字文化建设篇"服务》，搜狐网，2019-11-8，https://www.sohu.com/a/352497685_779499。

［47］在线《现代汉语词典》，https：//cd.hwxnet.com/view/lhjllblnnfmkjjml.html。

［48］中华人民共和国国务院新闻办公室：《中国的粮食安全》，中华人民共和国国务院新闻办公室网站，2019-10-14，http://www.scio.gov.cn/zfbps/ndhf/39911/Document/1666231/1666231.htm。

［49］周佳艺：《2020年云南省933万农村贫困人口全部脱贫》，中国网，2021-05-21，http://union.china.com.cn/txt/2021-05/21/content_41569913.html。

［50］《中共云南省委　云南省人民政府关于全面推进乡村振兴加快农业农村现代化的实施意见》，2021年5月10日。

［51］《云南省人民政府关于建立粮食生产功能区和重要农产品生产保护区的实施意见》，2017年12月28日。